天皇の国史［下］

竹田恒泰

○本表紙図柄＝ロゼッタ・ストーン（大英博物館蔵）
○本表紙デザイン＋紋章＝上田晃郷

第三部　日本の中世

第四部 日本の近世

第五部　日本の近代

第六部　日本の現代

装丁◎スリーデザイン

第三部

日本の中世

8 鎌倉時代

❖「大天狗」後白河院と源頼朝

壇ノ浦《だんのうら》の合戦で平氏を滅亡させると、源頼朝《みなもとのよりとも》は弟の源義経《みなもとのよしつね》と対立した。急激に勢力を拡大する頼朝に危機感を覚えた後白河上皇《ごしらかわじょうこう》が、義経に官位を授けて頼朝を牽制しようとしたことでその対立は決定的になった。上皇は頼朝追討の院宣《いんぜん》（上皇の命令）を発するも、義経は謀反人《むほんにん》として頼朝から追われる立場になり、義経は平泉《ひらいずみ》（岩手県）の奥州藤原《おうしゆうふじわら》氏の元に逃れた。

鎌倉幕府の成立期、朝廷は後白河上皇の院政下にあった。平清盛《たいらのきよもり》によって幽閉されていた後白河上皇は、清盛が没すると院政を復活させ、源平の争乱が終結したあとも専制政治を敷いていた。寿永《じゆえい》二年（一一八三）に後白河上皇の命によって満三歳で皇位に就いた第八十二代後鳥羽《ごとば》天皇は、皇位の証《あかし》である三種の神器《しんき》が平氏によって持ち去られていたため、神器なしで践祚《せんそ》（皇位に就くこと）しただけでなく、平氏が擁立した安徳《あんとく》天皇と並立する、極めて異例な存在だった。

武家による幽閉を経験した後白河上皇は、武家が台頭することにただならぬ警戒心を抱いていた。平氏を倒すために頼朝らを用い、今度は頼朝を牽制するために源義経や奥州藤原氏を利用する「夷《い》を以って夷を制する」方策を実行し、長期間に亘《わた》って隠然とした影響力を持ち続けた後白河上皇は、頼朝に「日本国第一の大天狗」と揶揄《やゆ》された。

頼朝は文治《ぶんじ》元年（一一八五）、京都の上皇の元に軍を送って朝廷を威圧し、義経追討のために、国毎の守護《しゅご》と、荘園や公領の地頭《じとう》を任命する権限を認めさせた。そして、守護には国を警備させ、地頭には年貢を取り立てて土地と百姓を管理させた。これにより、頼朝は全国の武士を掌握しようとした。それら守護と地頭は義経などの対立勢力を監視する役割も担った。頼朝は義経を匿《かくま》ったことを理由に、平泉の奥州藤原氏を討った。

そして、建久《けんきゅう》元年（一一九〇）、頼朝は上洛を果たし、後白河上皇と対面した。上皇とはその後の朝幕関係について話し合い、頼朝は権大納言《ごんだいなごん》に任じられた。続けて右《う》近衛大将《こんえのだいしょう》にも任命されるが、間もなく頼朝は両官を辞任して鎌倉に戻った。上皇と頼朝は訣別《けつべつ》こそしなかったが、頼朝にとっては右近衛大将の官職に不満があったのではないかと思われる。宮中を護衛することを任務とするこの職に在っては、京都を離れることができない。頼朝は鎌倉を本拠とする強い意志があった。頼朝が欲したのは征夷大将軍だった。

征夷大将軍とは、蝦夷《えみし》を征討する総司令官を意味するが、頼朝が奥州征伐を成し遂げたことで、既に蝦夷は存在していない。にもかかわらず頼朝がその官職に拘ったのは、平時ではなく戦時の総司令官の地位を得て、強い権力を握ることを望んだからと思われる。近代国家においても、戦時の政府には強い権限が与えられるが、それと同じである。

後白河上皇は頼朝が征夷大将軍になることを拒絶していたが、建久三年（一一九二）に崩御となると、第八十二代後鳥羽《ごとば》天皇が頼朝を征夷大将軍に任命し、ここに正式に鎌倉幕府が成立し、平氏政権に続く二番目の武家政権が誕生した。これにより、朝廷と幕府が並び立つ時代に入る。かつて平清盛《たいらのきよもり》は上皇の近臣として政権を手中に収めたが、結局は武家が公家に取って代わることはできずに滅亡した。公家との関係を持たない頼朝は、朝廷内で地位を築くのではなく、平氏とは別の方法で政権の確立を図ったと思われる。それが、朝廷の下に朝廷とは別の機関を作るという発想である。それが後世「幕府」と呼ばれるようになる。

そもそも幕府とは、支那では出征中の将軍の幕営のことをいう。それが日本では、近衛大将や征夷大将軍の幕営、さらには政権自体を意味するようになった。したがって、朝廷の内部機関である太政大臣《だいじょうだいじん》として権勢を揮った平清盛の政権は幕府とはいわず、征夷大将軍として東国に陣を張った源頼朝の政権は幕府と呼ばれる。

幕府の成立といっても、全国を支配する完全なる政府が突如として成立したわけではない。東国に武家政権が誕生しようとも、天皇一族の首長である「治天の君《ちてんのきみ》」（上皇の筆頭）を頂点とする従来の朝廷権力は健在であり、むしろ西国は幕府の管轄が及ぶ範囲ではなく、当初、幕府は朝廷の権益に介入することを避けていた。この構造が崩れ、幕府が朝廷の無力化に乗り出すのは、後に記すように後鳥羽《ごとば》上皇の挙兵以降のことである。

鎌倉幕府が成立してから元弘《げんこう》三年（一三三三）に鎌倉幕府が滅亡するまでの、およそ一四〇年間が鎌倉時代である。鎌倉（神奈川県）に幕府が置かれていたので、この時代を鎌倉時代という。近年は中世の起点を平氏政権の成立まで遡る考え方が一般的だが、本書では平安時代と鎌倉時代の区切りを中世とする。

❖鎌倉幕府の幕開けと執権政治

鎌倉幕府の中央には軍事や警察に当たる侍所《さむらいどころ》、訴訟を取り扱う問注所《もんちゅうじょ》、財政などの一般事務を行う政所《まんどころ》を設置した。また、京都には幕府の出先機関として京都守護を置き、九州には鎮西奉行《ちんぜいぶぎょう》を、また奥州には奥州《おうしゅう》総奉行を置いた。

頼朝は、将軍と御家人《ごけにん》の間に御恩《ごおん》と奉公《ほうこう》に代表される強い主従関係を結んだ。御恩とは、将軍が御家人に従来の領地を保証し、新たな所領や一定の権利を与えること、奉公とは、御家人が平時には自らの負担で幕府の警備などの役を務め、戦時には命を懸けて戦うことである。土地の権利を基礎として、御恩と奉公の主従関係で成り立つ制度を封建制度という。

強大な武家政権を築いた頼朝だったが、朝廷対策には手を焼き、思うままにはならなかった。朝廷との縁戚関係を築くことも同様だった。かつての為政者たちと同じように、自分の娘を天皇に嫁がせようとしたが、頼朝はこれが実現する前の建久《けんきゅう》十年（一一九九）、不慮の落馬事故で命を落とした。その後、長男の源頼家《みなもとのよりいえ》が二代将軍になり頼朝の後を継いだ。

しかし、満十六歳の若い将軍が独裁的な政権運営を始め、有力御家人たちの所領を削ろうとしたため、御家人たちの間に不満が巻き起こり、激しい主導権争いに発展した。そして、有力な御家人が次々と滅ぼされる事態となった。この騒動を取りまとめて幕府内で台頭してきたのが頼朝の妻北条政子《ほうじょうまさこ》とその父北条時政《ほうじょうときまさ》である。

時政は頼家の専制を防いで自ら主導権を握るために合議制を敷くが、これに対して頼家が権力の回復を意図するも御家人たちの強い反発に遭った。北条氏を排除しようとする頼家と、頼家の権限を封じようとする北条氏が対立を深める中、建仁《けんにん》三年（一二〇三）、頼家が病気に罹り一時危篤となった際に、まだ存命にもかかわらず、朝廷には将軍が死亡したと伝えられ、頼家に信任されていた御家人の比企能員《ひきよしかず》は時政に討たれた。頼家は快復するも反乱者として伊豆の修禅寺《しゅぜんじ》に幽閉され、翌元久《げんきゅう》元年（一二〇四）に時政の刺客により暗殺された。満二十一歳だった。

　頼家を失脚させた時政は頼家の弟である源実朝《みなもとのさねとも》を三代将軍とし、自らは政所《まんどころ》の別当《べっとう》となって、政権を掌握する。時政が初代執権《しっけん》と呼ばれるのはそのことを指す。ところが、元久《げんきゅう》二年（一二〇五）に時政が娘婿の平賀朝雅《ひらがともまさ》を将軍に擁立しようとしたところ、時政の娘である北条政子《ほうじょうまさこ》とその弟の北条義時《ほうじょうよしとき》が、時政を失脚させ、義時が政所別当となった。その後義時は、侍所《さむらいどころ》別当の和田義盛《わだよしもり》を攻め滅ぼして自ら侍所別当を兼務するようになった。政所と侍所の両方を押さえたことで、義時は幕府の実権を完全に掌握した。以降、政所別当と侍所別当を兼ねたものを執権と呼ぶようになる。北条氏は一御家人にすぎない家柄ながら幕府の事実上の最高権力者である執権の地位を代々独占していくことになる。幕府の政治は、執権を中心とする有力な御家人たちの合議制によって行われた。これが執権政治である。

　一方、建保《けんぽう》七年（一二一九）、三代将軍の実朝が頼家の子公暁《くぎょう》に暗殺され、源氏は三代にして途絶えることになった。源氏の将軍の血が途絶えると、京都から五摂家（摂政・関白を出す家柄の五家。近衛家、九条家、鷹司家、一条家、二条家）で頼朝の妹の曾孫《ひまご》に当たる九条頼経《くじょうよりつね》を迎えて将軍とし、以降将軍職は完全に形骸化した。将軍宣《せん》下《げ》を受けた時、頼経はまだ満七歳だった。鎌倉幕府の将軍は、御家人連合に担がれる「王」であり「御家人にとって不都合な将軍は廃される」という不文律が確立されたと見てよい。

❖戦う後鳥羽上皇と北条義時

一方朝廷は、後白河上皇が崩じて六年後の建久《けんきゅう》九年（一一九八）、満十七歳の後鳥羽天皇は早くも譲位して院政を開始し、衰退した朝権の回復に専念した。この時、後鳥羽天皇の第一皇子で、まだ満二歳の第八十三代土御門《つちみかど》天皇が即位した。後鳥羽上皇はその後、第八十四代順徳《じゅんとく》天皇、第八十五代仲恭《ちゅうきょう》天皇の計三代の天皇の上で、計二十三年間の院政を敷くことになる。

後鳥羽上皇は文武両道に秀で、特に和歌の才能は歴代天皇の中でも突出し、夥《おびただ》しい数の御製《ぎょせい》を遺しただけでなく、和歌所《わかどころ》を設置して『新古今和歌集《しんこきんわかしゅう》』を勅撰《ちょくせん》した上皇として知られる。しかも藤原定家《ふじわらのさだいえ》らが編纂したものをただ承認しただけでなく、『新古今和歌集』の撰集《せんじゅう》作業には上皇が自ら加わった。そこに、上皇の和歌に対する強い思い入れを見出すことができる。

また「新古今」という名称も『古今和歌集』を強く意識したものと思われる。『古今和歌集』を勅撰した第六十代醍醐《だいご》天皇の治世は「延喜《えんぎ》の治」と呼ばれ、天皇統治の理想とされてきた。後鳥羽上皇は、醍醐天皇の統治を自ら実践する思いを和歌集の名に込めたのだろう。『新古今和歌集』の仮名の序には「世を治め民を和《やわ》らぐる道とせり」とある。天皇が和歌を詠むことは祈りそのものであり、和歌を詠むことで自ずと民を束ね国を治めることは、天皇統治の理想といえる。そして、実際に『新古今和歌集』により、和歌の文化が再び興隆することになった。上皇は和歌以外にも文化の発展に大きく寄与し、朝廷による文化的統合を成した。しかし、後鳥羽上皇の生涯は、決して穏やかなものとはならなかった。

後鳥羽上皇は、北面《ほくめん》の武士を増強し、幕府に対抗するために新たに西面《さいめん》の武士を設置するなどして、上皇直属の武力を強化した。武家の興隆を牽制した亡き後白河上皇の気概を受け継ぎ、幕府を政治的に統制しようとしていた後鳥羽上皇にとって、三代将軍源実朝が暗殺されたことは大きな衝撃だった。後鳥羽上皇は、実朝を重く用いることで幕府を統制しようとしていたからである。だが、それが幕府の一部勢力に警戒された可能性もある。

幕府は上皇の皇子から将軍を出すことを求めたが、皇子の東下は、将来国を二分することになると考えた後鳥羽上皇はこれを拒絶。九条頼経《くじょうよりつね》が鎌倉に下ったのは上皇の強い意志だった。だが当時頼経はまだ子供で、将軍になるのは七年後のことである。その間将軍が不在となった。そして、将軍不在は倒幕の絶好の機会となった。この頃から後鳥羽上皇による倒幕計画は進められたと思われる。

三代将軍が暗殺されて清和《せいわ》天皇の子孫である頼朝の系譜が断絶し、出自不明な北条氏が実権を握ったことは、幕府が朝廷の統制から外れることを意味する。親族同士で骨肉の争いを繰り広げ鎌倉幕府の内部が混乱したことと相まって、幕府との対決は避けられない状況に至った。

そして遂に承久《じょうきゅう》三年（一二二一）、後鳥羽上皇は執権北条義時の討伐を命ずる院宣《いんぜん》を発し、践祚したばかりでまだ四歳（満二歳）の仲恭《ちゅうきょう》天皇にも同様の宣旨《せんじ》を出させ、上皇自ら挙兵した。承久の変である。上皇の挙兵で幕府の御家人たちに衝撃が走った。『吾妻鏡《あづまかがみ》』と『承久記《じょうきゅうき》』には、北条政子《ほうじょうまさこ》が御家人たちに頼朝の御恩を説き、鎌倉武士を結集させたことが記されている。『吾妻鏡』に記されている北条政子の言葉は次のような内容である。

「皆、心を一つにして聞きなさい。これが私の最期《さいご》の言葉です。亡き頼朝公が朝敵を征伐して関東に幕府を開いてから、貴方たちの官位と俸禄《ほうろく》〈収入〉はどれだけ上がったでしょうか。頼朝公の御恩は、山岳よりも高く大海よりも深いのです。御恩に報いる気持ちが浅くないか今一度考えてみるとよいでしょう。今、逆臣の讒言《ざんげん》によって非義の綸旨《りんじ》〈勅命〉が下りました。誇りある武士の名を惜しむ者は、早く逆臣を討ちとり、三代にわたる将軍が遺した鎌倉を守りなさい。ただし、朝廷に味方しようという者があれば、それは構わないので申し出なさい」(『吾妻鏡』北条政子の演説、承久三年、一二二一年、現代語訳、部分要約)(引用文中の〔　〕は筆者注、以下同じ)

これで御家人たちの動揺は収まったと伝えられる。軍議が開かれると、箱根《はこね》か足柄《あしがら》で迎撃する防衛策と、京都へ攻め上る積極策で意見が対立したが、政子が積極策を強く後押しし、京都への進軍が決定した。多くの武士が幕府軍に結集し、その規模は約一九万に膨れ上がった。幕府は、義時の長男である北条泰時《ほうじょうやすとき》を総大将とする軍勢を東海道、東山道、北陸道の三方から京都へ進軍させた。

他方、上皇方の軍勢は二万数千程度で士気も十分でなく、幕府軍との差は歴然としていた。後鳥羽上皇は自らも武装して兵の獲得に奔走したが、院宣の効果を過大評価していたようで、西国《さいごく》の武士に動員を掛けるも十分な兵力は集まらなかった。関東武士と将軍との間に御恩と奉公による強い結び付きがあったのは上皇の誤算で、まして大軍が短期間の内に京都に攻め上ってくることは想定していなかった。

「君の御輿に弓は引けぬ」

出立した翌日、幕府軍の総大将である北条泰時が一人で鎌倉に戻って来た時の親子の会話が『増鏡《ますかがみ》』に次のように記されている。脚色されている可能性はあるが、当時の皇室観が分かる。

泰時が、君自ら兵を率いて現れた場合の対処を父に尋ねると、義時は「よくそれを尋ねた。君の御輿に弓は引けぬ。その時は直ちに兜を脱ぎ、弓の弦を切って、降伏して上皇に身を任せよ。しかし、もし上皇は都においでになり、軍兵だけを差し遣わすのなら、その時は、命を捨てて千人が一人になるまでも戦うべし」と言い、これを聞いた泰時は急いで出立したという。

後鳥羽上皇が遠征軍を自ら率いるのは考えにくいが、官軍が京都で幕府軍を迎え撃つのであれば、上皇が錦の御旗《みはた》を靡《なび》かせ、戦場に現れることはあり得た。敵将が自ら兵を率いて現れたら、無条件に降伏せよというのは、世界史の常識では理解されないだろう。だが、日本では天皇と上皇に弓を引くことは、いかなる名分も立つ余地がない。全面降伏の考え方は至極当然なのである。例え上皇が倒幕の兵を挙げようとも、それは上皇に仕える逆臣の策略によるものであり「君側《くんそく》の奸《かん》」を払うことは道理が通る。しかし、上皇を射掛けることは道理が通らないのである。この時の義時と泰時の問答は、日本の戦争を記した書物における、最高の美談ではなかろうか。

しかし、戦場に後鳥羽上皇の姿はなかった。泰時は思いのままに戦い、勝利を収めた。京都周辺の合戦はいずれも短期間で勝負が決し、幕府軍は一気に京都まで攻め上り、京都は幕府軍によって完全に制圧された。上皇の挙兵から僅か一カ月のことだった。

承久の変で敗れた後鳥羽上皇は隠岐《おき》（島根県）に、また順徳《じゅんとく》上皇は佐渡《さど》（新潟県）に島流しにされ、挙兵に反対していた土御門《つちみかど》上皇も、父後鳥羽上皇が流されるのに自分が京都に残るのは忍びないと、自ら土佐《とさ》（高知県）に赴き、そして幼い仲恭天皇は幕府によって退位させられた。幕府は、後鳥羽上皇の兄で皇位に就いたことのない守《もり》貞《さだ》親王を治天《ちてん》の君《きみ》に推し、その皇子を天皇に立て、第八十六代後堀河《ごほりかわ》天皇とした。守貞親王は、後に「後高倉院《ごたかくらいん》」と呼ばれるようになる。

当時まだ満二歳の仲恭天皇は、戦火を避けるために、三種の神器を内裏《だいり》に置いたまま摂政の九条道家《くじょうみちいえ》の邸宅に身を潜めていたという。しかも仲恭天皇は、践祚から僅か七十八日で即位礼も大嘗祭《だいじょうさい》も行われないまま退位となり、歴代天皇の中で在位期間が最も短い天皇となった。そのため、諡号《しごう》も贈られず、長らく「九条廃帝《くじょうはいてい》」「半《はん》帝《てい》」「後廃帝」「承久《じょうきゅう》の廃帝」などと呼ばれ、歴代天皇にも数えられていなかった。「仲恭」という諡号《しごう》が定められ、歴代天皇に加えられるのは、六四九年後の明治三年（一八七〇）を待たなくてはならない。

この後、幕府は、朝廷の守護と監視、京都の治安維持、西国の軍事・裁判などの沙汰を行うため、京都に六波羅探題《ろくはらたんだい》を置いた。さらに、上皇側に味方した公家や武士から取り上げた土地を東国の武士に恩賞として与えたので、幕府の支配は西国にまで広がった。

❖北条氏はなぜ上皇を処刑しなかったか

ここで重要なことを指摘しなくてはならない。北条氏は、天皇や上皇を処刑し、皇室を廃止し、新たな王朝を立てることもできた。なぜ北条氏は上皇方の処罰を配流《はいる》に留め、しかも乱の首謀者である後鳥羽上皇の兄宮を上皇とし、その息子を皇位に就け、さらには、約四〇〇カ所の朝廷領荘園を全て没収したものの、後に後高倉院に返還して朝廷の経済基盤を保障したのだろうか。

ときにヤマト王権成立から既に約一〇〇〇年が経過し、日本の朝廷は早くも世界最古の王朝となっていた。これまで為政者たちの中には天皇を利用することはあっても、自らが天皇に取って代わろうとした者はいない。天皇を滅ぼして別の王朝を立てることに、一縷《いちる》の正義も見出すことはできなかった。『増鏡』にある「君の御輿に弓は引けぬ」という言葉はそのことを意味する。朝廷をも動かせる幕府とて、上皇と天皇を処刑することはできなかった。北条氏は、天皇が任命する征夷大将軍の補佐役であり、天皇を否定することは自らを否定することになる。

しかも、鎌倉幕府が強大な権力を持っているとはいえ、この時点ではその権力は東国に限定されていた。もし北条氏が皇室を打倒していたならば、西国の勢力は易々と幕府の支配下に組み込まれることはなく、群雄割拠の大混乱に陥ることは必至である。

であるなら、上皇と天皇を処刑せず、政界に復帰できないように島流しに留め、後高倉院と後堀河天皇を立てて朝廷を存続させた上で、その朝廷を自由に操れるようにしておくことが、北条氏にとって最も簡単に全国支配を実現する方法だったことになる。保元《ほうげん》の乱で配流となった崇徳《すとく》上皇の先例が参照されたことも間違いない。後鳥羽上皇は十九年に及ぶ隠岐での生活の末、崩御となった。そして、崩御後は崇徳上皇同様に怨霊として恐れられた。

承久の変以降、幕府の支配は全国に及び、これまでの公武二元支配体制は崩れ、幕府が一元的に支配する体制が確立された。以降、武家は容赦なく朝廷に干渉するようになり、この流れは幕末まで続く。倒幕を目指した後鳥羽上皇の思いとは裏腹に、承久の変は皮肉にも、武士の世を完成させてしまうことになった。保元の乱では天皇が上皇を配流したが、承久の変では武士が二上皇を配流したのであり、これまでこのような前例はない。

他方、承久の変で朝廷はにわかに力を落としたが、それでも存続したことは「皇室の底力」の一つといえる。逆に何者によっても倒されることのない最強の地位を確保したこともまた事実である。後にも先にも日本史において、朝廷を倒すための戦争は一度も起きたことがない。

得宗政治を敷いた鎌倉幕府の最盛期

三代執権となった北条泰時は、執権を補佐する連署《れんしょ》と、重要な政務を合議する評定《ひょうじょう》衆《しゅう》を設置して幕府の体制を整備した。そして、貞永《じょうえい》元年（一二三二）、御成敗式目《ごせいばいしきもく》（貞永《じょうえい》式目）を定めた。これは五一条から成る初の武家法で、武家社会の慣習や頼朝以来の判例を成文化したものである。御家人の権利義務、所領相続に関する規定、裁判の基準などを定めている。御成敗式目には「二十年間土地を支配《しはい》したら、その土地の権利を取得できる」との条項があるが、これは土地の時効取得を定めるもので、現行民法第一六二条第一項「二十年間、所有の意思をもって、平穏に、かつ、公然と他人の物を占有した者は、その所有権を取得する」に踏襲されている。

また「何の落ち度もない前の妻に与えた土地を、離別後に取り返すことはできない」「御家人が相続のことを決めずに死亡した場合、その財産は、その働きや能力に応じて妻と子に分配しなければならない」といった規定は、妻への相続を定めるもので、注目される。鎌倉時代の武家社会では、女性も男性と同様に領地を与えられ、自分の財産を持ち、地頭《じとう》や御家人になる者も現れた。御成敗式目からは鎌倉時代の女性の地位が高かったことが窺える。御成敗式目は、その後も長く武家法の手本となった。幕府は御成敗式目により、御家人を掌握し統率することになる。

仁治《にんじ》三年（一二四二）一月、満十一歳の第八十七代四条《しじょう》天皇が廊下で転んで崩御となった。これは、まだ子供の天皇が、御所の廊下に滑石《かっせき》を塗って人を転ばせようとしたところ、誤って自らが転倒したのが直接の原因と伝えられている。四条天皇は承久の変の後に幕府が立てた後堀河天皇の皇子だった。まだ少年だった四条天皇に後継ぎがいるはずもなく、皇位継承の論争が巻き起こったが、北条泰時の意見によって、承久の変で中立的立場を取った土御門上皇の皇子を即位させることになり、ここに第八十八代後嵯峨《ごさが》天皇が成立した。

幕府と激しく対立して島流しとなった後鳥羽上皇の子孫は永遠に皇統に戻ることはないと誰もが思っていた。土御門上皇は後鳥羽上皇の子であるから、後嵯峨天皇は後鳥羽上皇の孫に当たる。かくして、承久の変から僅か二十一年にして、後鳥羽上皇の子孫が皇統に返り咲いたのである。そして、現在の皇族は全方、後鳥羽上皇の子孫になる。ゆえに、当時は四条天皇の事故による崩御は、後鳥羽上皇の怨霊の成せる業と恐れられた。

さて、鎌倉幕府が全国支配の基盤を整えると、北条氏は専制的な地位を確立していった。五代執権の北条時頼《ほうじょうときより》は、謀反に関わった嫌疑で前将軍九条頼経《くじょうよりつね》を京都へ送還し、将軍派だった御家人を処分した。そして、宝治《ほうじ》元年（一二四七）、執権時頼は北条氏に次ぐ勢力を誇る三浦《みうら》氏を攻め滅ぼした。これを宝治合戦《ほうじかっせん》という。

また執権時頼は建長《けんちょう》四年（一二五二）、第八十八代後嵯峨《ごさが》天皇の第一皇子《おうじ》である宗尊親王《むねたかしんのう》を将軍に迎えた。皇族が征夷大将軍になったのは初めてのことで、北条氏の念願がここに実現した。既に将軍は名目的な地位で実権はなかったが、皇族将軍は鎌倉幕府滅亡まで四代続く。鎌倉幕府は後鳥羽上皇の軍と戦った過去を持つも、皇族将軍が実現したことで、朝廷との関係は大きく改善された。康元《こうげん》元年（一二五六）、時頼は執権を辞任するが、時頼はその後も実権を握り続け、政治は得宗家直属の家臣である御内人《みうちびと》たちで構成する寄合《よりあい》という会議で決められるようになった。北条時宗《ときむね》の八代執権期になると、北条得宗家《とくそうけ》に権力が集中していった。得宗家とは、北条氏嫡流で家督を相続する家のことである。そして、九代執権となった貞時《さだとき》が、御内人の平頼綱を滅ぼして、合議制だったこれまでの執権政治から、北条得宗家による専制政治に移行した。これを得宗専制政治という。

そして、後嵯峨天皇の次の代で、朝廷が二つの勢力に分裂する事件が起きた。後嵯峨天皇の二人の皇子の間で起きた皇統を巡る争いが発端だった。後嵯峨天皇は第二皇子の第八十九代後深草《ごふかくさ》天皇に退位を迫り、第三皇子の第九十代亀山《かめやま》天皇を践祚させたが、後嵯峨天皇が後継者を指名せずに崩じ、兄の後深草天皇と弟の亀山天皇の間で深刻な対立が生じ、皇室が分裂した。

後深草天皇系の持明院統《じみょういんとう》は後の北朝、そして亀山天皇系の大覚寺統《だいかくじとう》は後の南朝となり、結局は明徳《めいとく》三年（一三九二）に第一〇〇代後小松《ごこまつ》天皇の代で南北朝合一が実現するまでの百数十年間、二つの朝廷勢力が並立したことになる。そこで幕府の提案により両統から交互に天皇を出すことが決まり、皇位継承の度に幕府が主導することになった。これを両統迭立《りょうとうてつりつ》という。幕府は仲裁に入る形をとりつつ、皇位継承の順位を決定する権限を持った。

❖武士と民衆の生活

この時代の武士は、領地の農村に、堀や塀などで囲まれた館を構えて住み、土地を開墾して、農民を使って農耕させた。地頭は、荘園の年貢を取り立てる権限を持ったため、荘園領主との紛争も多くなった。幕府の勢力が伸びるほど地頭の権利は強化され、土地の支配を強めていった。地頭の中には、土地を分割して一部の土地の支配権が認められる者も現れた。

地頭などが積極的に新田を開発したことで、耕作面積は拡大した。麦を裏作《うらさく》とした二毛作《にもうさく》が普及し、牛馬が農耕に用いられるようになり、また鎌や鍬《くわ》などの鉄製の農具が普及し、草木灰《そうもくかい》などの肥料も使われるようになって、農業生産が向上した。染物に用いる藍《あい》、紙の原料の楮《こうぞ》、灯油《とうゆ》の原料の荏胡麻《えごま》、茶などの多くの種類の作物が栽培されるようになった。農具などを作る鍛冶屋、染物の紺屋《こんや》、建物を建てる大工、紙・絹《けん》布《ぷ》・麻布・土器などを作る手工業の専門職の職人が登場した。

商業では、寺社の周りや、交通の便利な場所などに月に三度ほど定期市が開かれるようになった。各地の特産品は行商人によって運ばれ、都市部や遠隔地から運ばれた商品も売られるようになり、都市部では見世棚《みせだな》という常設の小売店が現れた。運送業も発達し、物流が盛んになると、馬借《ばしゃく》が陸上の運搬で発展し、また大量輸送のために海上交通が活発となり、各地の港町では問《とい》（問丸《といまる》）という運送業者が飛躍し、後に問屋《といや》という卸売に発展する。

宋から輸入された宋銭が使われるようになったのもこの時代である。定期市でも宋銭が広く流通し、貨幣経済が徐々に広がっていった。国内でも皇朝《こうちょう》十二銭《せん》と呼ばれる和銅《わどう》元年（七〇八）の和同開珎《わどうかいちん》から、天徳《てんとく》二年（九五八）の乾元大宝《けんげんたいほう》までの一二種類の国産貨幣があったが、資源の問題もあって需要に応えるだけの供給ができず、一部の地域でしか流通していなかった。その上、乾元大宝以降は国産の銅銭は発行されなくなったため、元の物々交換の経済に逆戻りしていたのである。そこで、宋から宋銭を輸入してこれを宋での価値とは無関係に、一枚当たり日本の銅銭と同じ「一文」の価値として流通させたことで、貨幣が再び使われるようになった。宋では銭一貫文

（一〇〇〇文）で三三・五リットルの米が買えたのに対し、日本では同じ銭一貫文で二二五・八リットルの米が買えた。七倍近く差があるのは、日本では常に貨幣不足だったため、恒常的なデフレにより貨幣の価値が高止まりしていたからである。

この時代には、金融業者の借上《かしあげ》、質屋の土倉《どそう》など銭を貸し出す業者も現れた。そして、同業者たちが集団となり座を結成し、寺社や公家に貢納して保護を受け、営業を独占する特権を得るようになった。

元の国書を拒絶した執権時宗

十三世紀初頭の東アジアでは、チンギス・ハンがモンゴルを統一し、その子オゴダイ・ハンはアジアから東ヨーロッパに亘《わた》る世界史上最大の大帝国を建設した。そのため十三世紀は「モンゴルの世紀」ともいわれる。チンギス・ハンの孫フビライ・ハンは国号を元《げん》と定め、都を大都《だいと》（北京《ぺきん》）に移した。元が朝鮮半島の高麗《こうらい》を服属させると、元は日本にも服属を要求した。フビライから送られてきた国書はおよそ次のような内容だった。

「古《いにしえ》より小国の君主は、国境が接する大国と友好関係を結ぶものである。我が祖のチンギス・ハンは天からの明らかな命《めい》に従い支那大陸を領有し、その威をおそれ徳を慕う周辺諸国は数えきれない。日本は高麗に近く、開国以来歴代支那王朝と通じてきたはずだが、元には一度の遣いもなく、友好を結ぶこともなかった。そこで私は使いを遣わせて書を持たせ、我が意思を伝えさせる。これから往来訪問を通じて友好を結び、お互いに親睦を深めることが我が意思である。兵力を用いるのは私の望むところではない。日本国王はそのことを考慮して検討してほしい」（『元史』フビライの国書、至元《しげん》三年、文永《ぶんえい》三年、一二六六年、現代語訳、部分要約）

八代執権北条時宗《ほうじょうときむね》はこれを無視し、元に服従しない姿勢を示した。なぜ服従しなかったかは必ずしも明らかではないが、元から圧迫を受けていた南宋の僧侶などを介して、元の植民地となった国々の惨状が日本にも伝わっていて、これを良しとしなかったことが原因と考えられる。また当時の日本は人口も多く、経済も盛んでそれなりに戦う力を持っていた。

時宗は九州の御家人に異国警固番役《いこくけいごばんやく》を課して沿岸の警備を命じ、元軍の襲来に備えた。第九十一代後宇多《ごうだ》天皇治世の文永《ぶんえい》十一年（一二七四）、遂に高麗軍を含む約三万の元軍が約九〇〇隻の軍船に分乗して九州北部に侵攻してきた。これが文永《ぶんえい》の役《えき》である。外国の軍隊に攻め込まれたのは、日本史上未曾有《みぞう》の事態であり、元寇《げんこう》もしくは蒙《もう》古《こ》襲来などと呼ばれる。

❖蒙古襲来と亀山上皇の祈り

日本侵略を目論む元は属国の高麗と共に、大軍を差し向けた。元軍は先ず対馬《つしま》（長崎県）に上陸し、島民を虐殺した。対馬守《つしまのかみ》の宗助国《そうすけくに》は勇敢にも僅か八〇騎で迎え撃ったが玉砕した。壱岐《いき》（長崎県）も同様で、壱岐守《いきのかみ》の平景隆《たいらのかげたか》率いる一〇〇騎も全滅し、島民は皆殺しになった。

博多湾から九州に上陸した元軍を迎え撃ったのは約五〇〇〇の日本軍（鎌倉幕府軍）だった。少弐《しように》氏、大友氏をはじめ九州の武士たちで構成される日本軍は、「てつはう」（火器）を使った元の独特の戦法に苦しめられるも、日本軍は騎馬隊が密集して突撃する集団戦法で迎撃し、菊池武房《きくちたけふさ》や竹崎季長《たけざきすえなが》などの勇猛な武将が活躍したこともあって、元軍を撃退した。大損害を受けた元軍は暴風雨に遭い、退散した。元側は約一万三〇〇〇人が戦死したとされる。

翌建治《けんじ》元年（一二七五）、元は日本を服従させるため、日本に使節団を送った。執権時宗は、一行を鎌倉に連行し処刑した。弘安《こうあん》二年（一二七九）にも元が使節団を送ってきたが、やはり逮捕し博多で処刑した。時宗は元に対して一歩も引かない姿勢を見せたのである。

しかし、元は弘安《こうあん》四年（一二八一）に再び日本を襲った。日本に送り込まれた軍勢は約四〇〇〇の軍船に分乗したおよそ一四万の兵だった。それを一二万の日本軍が迎え撃った。しかし、文永の役以降、幕府は異国警固番役を強化し、博多湾岸に約二〇キロメートルに及ぶ石築地《いしついじ》を築くなどして迎撃態勢を整え、更なる襲撃に備えていた。また前回の経験から、小型船で奇襲を繰り返すなどして、元軍の上陸を阻止する戦法を取った。その作戦が奏功し、元軍は約二カ月間海上に留め置かれ、運命の七月三十日夜半を迎える。台風が襲来し、元軍は甚大な損害を受け、撤退した。元軍の損害は史料によりばらつきがあるが、戦死者は九万人から一三万人とされる。

この時、時宗も血書した経文《きょうもん》を寺社に奉納し国土の安泰を祈願した。また、幼少の第九十一代後宇多《ごうだ》天皇に代わって亀山上皇が伊勢の神宮、筥崎宮《はこざきぐう》をはじめ、山陵八カ所などに勅使を派遣して「敵国降伏」（敵国が自ずから降伏するという意味）を祈願し、また石清水八幡宮《いわしみずはちまんぐう》に上皇自ら行幸して読経と神楽が繰り返され、西大寺《さいだいじ》でも修法が行われた。上皇が神宮に差遣した勅使に持たせた宸筆《しんぴつ》（天皇・上皇の直筆）の宣命《せんみょう》には、身命に代えて国難撃攘《げきじょう》を祈願する次の言葉が書かれている。

「わが御代《みよ》にしも斯《か》かる乱れ出で来て、まことにこの日の本《もと》の損なはるべくは、御《おん》命《いのち》を召すべき」（私が治める御代にこのような戦乱がおきて、本当にこの日本が滅びるようなことがあったら、私の命を召し上げてください）（『増鏡』老いの波―弘安の御願、抄

録）

亀山上皇の祈りが通じたのか、二回とも暴風雨が元軍を襲ったことから「神風」が日本を守ったと考えられるようになり、日本は神の国であるという神国思想が高まった。そして、皇室に敵対する勢力は天皇の呪力によって必ず滅ぼされるという考え方が広まったのもこの時である。日本が一体であるという自覚も高まった。

後に文永・弘安の役といわれるこの戦は、日本建国以来の危機だった。もしこの戦に日本軍が敗れていたら、今日本国は存在せず、支那王朝の一部として七世紀の歴史を歩んだ可能性がある。武士たちは御家人、非御家人を問わず国難に対して果敢に戦った。朝廷と幕府も力を合わせてよくこれに当たり、元の日本征服を阻止した。

鎌倉時代には土地の分割相続が進み、御家人一人当たりの所領は小さくなり、所領を質に入れたり売ったりするなど御家人の生活は困窮していた。奉公として元軍と戦った御家人たちは恩賞として幕府に土地を求めたが、領土獲得のない対外戦争では十分な土地は与えられなかった。そればかりか幕府は元軍による更なる日本侵攻計画に対し九州に鎮西探題《ちんぜいたんだい》を置き警戒態勢を続けざるを得ず、御家人の負担は重くなるばかりだった。そこで幕府は永仁《えいにん》の徳政令《とくせいれい》を出し御家人たちの所領回復を企てた。しかし、経済界は大混乱に陥り、以降は借金帳消しの可能性があるため、金貸しが御家人に金を貸さなくなり、御家人は益々困窮していった。
北条氏の権力は、元寇での全国的な軍事動員により強まった。しかし、北条得宗家による専制政治（得宗専制政治）が敷かれると、御家人との対立が鮮明になった。さらに、各地で出没した悪党と呼ばれる集団の取り締まりも十分に果たされず、権威と信用を失った幕府の支配は衰退していった。

❖鎌倉文化と鎌倉新仏教

ここで鎌倉時代の文化についてまとめておきたい。第八十四代順徳《じゅんとく》天皇が著した『禁秘抄《きんぴしょう》』は、天皇自ら有職故実《ゆうそくこじつ》を解説し、天皇の心構えや、宮中祭祀、宮中の日常や行事、天皇が習うべき学問や芸術に至るまで、およそ天皇として知っておくべきことが書かれている。類書はなく、後代の歴代天皇が模範としたと思われる。本来文字にしないことを書き表した意義は大きい。『禁秘抄』は次の一文から書き始められている。

「およそ宮中の作法は、神事を先にして、他のことは後にするものである。天皇は朝も夕も神を敬う心を保ち、少しも怠るところはない。伊勢の神宮と宮中の内侍所《ないしどころ》〈賢所《かしこどころ》〉には、決して足を向けるようなことがあってはいけない。〈文化活動について〕第一は御学問である。学ばなければ古くからのことを明らかにすることはできず、学ばずして政治で太平の世を作った者はこれまでにいない。これは『貞観政要《じょうがんせいよう》』に書かれていることである」（順徳天皇『禁秘抄』、承久三年、一二二一年、現代語訳、部分要約）

また第九十五代花園《はなぞの》天皇は『花園天皇宸記《しんき》』という宸筆の日記を遺していて、三五巻が現存する。日記には、天皇が、両統迭立の複雑な政治情勢の中でも常に公正な態度を保とうとしたことや、自らを厳しく律することが書かれている。鎌倉時代後期を研究する上の重要な史料であると同時に、帝王の日記に相応しい風格を持ち「歴代宸記中の白眉《はくび》」と評される。長雨が続いて民の苦しみに思いを寄せる記事や、火事に心を痛めて「朕《ちん》の不徳」と記す他、「学道之記」の冒頭には「学問の目的はただ文字を識《し》り、博学になるためのものではなく、本性に達し、道義をおさめ、礼儀を知り、状況の変化を弁《わきま》え、過去を知り未来に活用するためにある」と記されている。

鎌倉時代には大きな社会変動があった。その中で、芸術の分野でも武士の持つ気風が新しい傾向を作り出し、豪快な作風の仏像や肖像彫刻が制作された。運慶《うんけい》、快慶《かいけい》らによって作られた東大寺南大門金剛力士像《とうだいじなんだいもんこんごうりきしぞう》は鎌倉彫刻の代表作として知られている。歴史書では平氏《へいし》の盛衰を描いた『平家物語《へいけものがたり》』は琵琶法師《びわほうし》によって語られ全国で知られることになった。歴史書では、幕府の歴史が日記体で書かれた『吾妻鏡《あづまかがみ》』が編纂された。

和歌では、自身も中世を代表する歌人である後鳥羽上皇が『新古今和歌集《しんこきんわかしゅう》』を勅《ちょく》撰《せん》したことは既に述べた。『百人一首《ひゃくにんいっしゅ》』にも後鳥羽院として収録されている。随筆では、鴨長明《かものちょうめい》の『方丈記《ほうじょうき》』、吉田兼好《よしだけんこう》の『徒然草《つれづれぐさ》』が書かれた。関東では金沢文庫《かねさわぶんこ》と呼ばれる私設図書館が設けられた。

また鎌倉時代には、戦乱や災害、飢餓、そして末法思想の到来を背景に新しい仏教の宗派が登場した。ただ一つの修行法に打ち込むことが鎌倉新仏教の特徴であり、その容易さから新しい仏教は民衆の宗教として広く受け入れられた。法然《ほうねん》は浄土宗《じょうどしゅう》を開いて「南無阿弥陀仏《なむあみだぶつ》」とただ唱えるだけ（専修念仏《せんじゅねんぶつ》）で極楽浄土《ごくらくじょうど》に往生《おうじょう》できると説き、弟子の親鸞《しんらん》は浄土真宗《じょうどしんしゅう》を開いて悪人正機《あくにんしょうき》を説いた。また一遍《いっぺん》は全国を遊行《ゆぎょう》し、踊念仏《おどりねんぶつ》によって時宗《じしゅう》の布教を進めた。法華経《ほけきょう》が最高の仏典であり「南無妙法《なむみょうほう》蓮華経《れんげきょう》」を唱えることで仏になれると考えた日蓮《にちれん》は日蓮宗《にちれんしゅう》の開祖となり、国難の到来を予言して現世での救済を重んじた。宋からは、坐禅によって自力で悟りの境地に達するという禅宗が伝来した。栄西《えいさい》は公案問答《こうあんもんどう》と呼ばれる師との問答を中心とする禅を重視した臨済宗《りんざいしゅう》を開き、また道元《どうげん》はただひたすら坐禅に徹する只管打坐《しかんたざ》を重視した曹洞宗《そうとうしゅう》を開いた。

アイヌ人は北海道の先住民ではなかった

ところで、蝦夷地《えぞち》（北海道）は本州が弥生時代に入ってからも縄文文化を継続していたが（続縄文文化）、七世紀から東北北部の農耕民が北海道西部に移り住むようになり、本州の土師器《はじき》の影響を受けた擦文式土器《さつもんしき》を特徴とする擦文文化に移行した。東北北部と北海道西部は行き来が盛んで、同じ文化圏を築いていたと見られる。擦文文化の人々は、河川での漁労を主に、狩猟と穀類の栽培をしていた。また続縄文文化期には樺太《からふと》から寒冷地適応の特徴を持ったオホーツク文化が南下し、続縄文文化と棲み分けるように道東と道北の広い地域に広がっていた。

しかし、擦文文化期からは、続縄文文化の継承者である擦文人が勢力を北海道全域に広げていったが、オホーツク文化は道東に残った。そして、その道東に取り残されたオホーツク文化は擦文文化と融合してトビニタイ文化となり、擦文文化に吸収されていった。北海道の擦文文化は十二世紀まで続く。そして、擦文文化がトビニタイ文化を吸収して、鎌倉時代に相当する十三世紀に成立したのがアイヌである。つまりアイヌとは、北海道縄文人の子孫である続縄文人と、東北縄文人の子孫である東北弥生人が融合し、樺太から下がってきたオホーツク人を吸収して一体となることで形成された。アイヌの土器と鉄器は東北の影響を強く受けていて、熊を神とするところや、言語的特徴はオホーツク文化の影響が強い。

「アイヌは北海道の先住民」といわれることがあるが、それは学問的に間違っている。北海道の先住民は縄文時代に日本列島に広く住んでいた「縄文人」なのであって「アイヌ人」ではない。鎌倉時代より前にアイヌ人はいないし、アイヌ文化はなかった。

近年の遺伝子調査によると、アイヌ人とＤＮＡが最も近いのは、何と琉球人で、続けて近いのが本土日本人という結果になった。また、アイヌ人は縄文人の血統を色濃く受け継いでいることが分かっている。このように遺伝子調査の結果は考古学の成果と一致する。

ただ、アイヌ人は日本語とは異なる独自の言語を持ち、言語学上もアイヌ語は「孤立した言語」と表現される。かつて岩宿時代に、日本列島で複数の系統が融合して独自の言語である日本語を完成させたのと同じことが、北海道でも起きていた可能性がある。

❖後醍醐天皇の倒幕への執念

さて、持明院統と大覚寺統に分かれた朝廷は、幕府が仲裁しながら両統迭立が実行され、持明院統の第九十五代花園《はなぞの》天皇が退位して、大覚寺統の第九十六代後醍醐《ごだいご》天皇が践祚するまで表面上は穏便だった。

鎌倉幕府は、将軍独裁、執権政治、得宗政治と順次移行してきたが、得宗家に権力が集中すると、政権中枢から外れた御家人たちの不満も蓄積されていった。応長《おうちょう》元年（一三一一）に九代執権の北条貞時《ほうじょうさだとき》が病死してからは、権力抗争が激化し、執権と得宗の機能不全が表面化した。また、北関東では御家人の独立性が高く、九州では幕府の支配力は限定的で、津軽《つがる》以北では代官の内部対立が深刻化し、また畿内では六《ろく》波羅探題《はらたんだい》の権限が弱く、その機能も限定的だった。このように、得宗家による支配体制に揺らぎが生じると、政治の刷新に努めていた後醍醐天皇は、幕府の存在が障害となったため、倒幕を計画した。

正中《しょうちゅう》元年（一三二四）、鎌倉幕府の京都での拠点である六波羅探題を襲撃する計画を進めていたが、事前に幕府側に情報が漏れ、倒幕計画は未遂に終わった。朝廷は廷臣を鎌倉に派遣して、この件に天皇が関与していなかったことを弁明し、認められた。正中の変である。

だが、後醍醐天皇は諦めなかった。天皇は「関東調伏《かんとうちょうぶく》」の呪詛を繰り返し、寺院勢力を天皇方に動員するために、皇子の護良《もりよし》親王を延暦寺《えんりゃくじ》の天台座主《てんだいざす》に任じた。後醍醐天皇は再び水面下で倒幕の準備を進めたが、元弘《げんこう》元年（一三三一）、またもやその計画は幕府の知るところとなり、幕府は大軍を京都へ派遣した。危険を察知した後醍醐天皇は、三種の神器と共に京都を脱し、笠置城《かさぎ》（京都府笠置町《かさぎちょう》）に入り、楠木正《くすのきまさ》成《しげ》らに倒幕の檄《げき》を飛ばした。元弘の変の発端である。

しかし、笠置城は幕府軍により攻め落とされ、後醍醐天皇は捕らえられ隠岐に流された。幕府はただちに後醍醐天皇を廃帝《はいたい》とし、持明院統の北朝第一代光厳《こうごん》天皇を践祚させ、後伏見《ごふしみ》上皇の院政が開始された。一方、後醍醐天皇は配流先でも、倒幕の意思は揺らぐことがなかった。

倒幕への動きはこれでは収まらなかった。元弘《げんこう》二年（一三三二）、護良親王が吉野《よしの》で、また楠木正成が河内《かわち》で挙兵すると、これに呼応して各地で挙兵が相次ぎ、幕府側の優勢は崩れた。後醍醐天皇は元弘三年（一三三三）、警固する武士の油断を突き、釣舟で隠岐を脱出。出雲国に流れ着き、船上山《せんじょうさん》（鳥取県琴浦町《ことうらちょう》）に拠点を構え、再び諸国に飛檄《ひげき》した。

船上山攻撃を命じられていた御家人の足利尊氏《あしかがたかうじ》が幕府に反旗を翻し、六波羅を攻め落としたことで形勢は大きく逆転した。また関東では新田義貞《にったよしさだ》が鎌倉を陥落させ、十六代執権北条守時《ほうじょうもりとき》と得宗北条高時《とくそうほうじょうたかとき》はいずれも自害し、同年、約一四〇年続いた鎌倉幕府は遂に滅亡した。

短命に終わった「建武中興」

京都に還幸《かんこう》した後醍醐天皇は、光厳天皇を廃し、院政を廃止し、腐敗した政治の再建を図って天皇親政を行った。この時、後醍醐天皇は、元号を正慶《しょうきょう》から元弘《げんこう》に戻し、重祚《ちょうそ》（譲位した天皇が再び践祚すること）の儀礼を行わず、光厳天皇の在位中の任官叙位を全て無効とした。光厳天皇の即位自体がなかったこととしたのである。後醍醐天皇は、幕府滅亡の翌年に年号を建武《けんむ》と改元した。故に後醍醐天皇の親政を建武《けんむの》中興《ちゅうこう》（建武新政）という。

しかし、武士が倒幕に参加したのは、後醍醐天皇の政治理念に共感したからではなく、領地や地位を求めたからだった。足利尊氏が京都支配を主導する姿勢を見せると、これを警戒した護良親王が尊氏を牽制した。後醍醐天皇は護良親王を征夷大将軍に任命して事態の収拾を図ったが、尊氏は建武政権の機関には参加せずに親王と対立した。また、公家の国司と武家の守護を併置して混乱が生じ、天皇が発給する綸旨《りんじ》で所領の支配権を保証する制度も不評で、恩賞も不公平だったため武士の不満は増大し、結局は尊氏が離反し挙兵したことで建武政権は崩壊に向かう。鎌倉幕府が滅びても国を動かす武士の力は健在だった。また、後醍醐天皇は大覚寺統の傍流の出身で、朝廷内に支持基盤が弱く、公家社会を掌握しきれなかった。

護良親王は足利尊氏を討伐すべきと後醍醐天皇に進言していたが、天皇は尊氏を警戒しつつも融和する道を選んでしまった。それどころか、護良親王と足利尊氏の対立が激化する中、尊氏は「親王は帝位を奪おうとしている」との讒言《ざんげん》を、帝の寵妃《ちょうひ》である阿野廉子《あのれんし》から伝えさせると、天皇はこれを信じてしまった。後醍醐天皇のこれらの間違いは、建武政権の崩壊を早めたといえる。建武元年（一三三四）、尊氏は天皇に護良親王の逮捕を強要した。逮捕された護良親王の身柄は足利方に預けられ、鎌倉に幽閉され、親王は尊氏の弟の足利直義《あしかがただよし》の命によって殺害された。親王が殺害された二日後に鎌倉は北条軍によって一時的に奪還された。

武家政治の再興を目指す足利尊氏が建武二年（一三三五）に挙兵すると、後醍醐天皇は新田義貞に尊氏追討を命じ、尊氏は九州に一旦は退いた。尊氏は翌建武三年（一三三六）、光厳《こうごん》上皇の院宣《いんぜん》を携えて兵を募り、九州で大軍の組織に成功する。尊氏は、大軍を率いて京都へ向かい、湊川《みなとがわ》の戦いで新田義貞と楠木正成の軍を破り、京都を制圧した。

入京した尊氏は、持明院統の光厳上皇の弟に当たる北朝第二代光明《こうみょう》天皇を践祚させた。後醍醐天皇は比叡山でこれに抵抗したが、尊氏の和睦の要請に応じ、三種の神器を光明天皇に引き渡した。後醍醐天皇との和睦が成立すると尊氏は建武《けんむ》式目《しきもく》を定め、室町幕府を創設した。

両統迭立の原則によって後醍醐天皇の皇子である成良《なりよし》親王が皇太子となったが、後醍醐天皇は光明天皇に渡した神器が偽物であることを宣言して京都を脱出し、自らの皇位の正統性を主張して吉野に南朝を開いた。これにより北の京都と南の吉野で朝廷が二つに分裂して抗争する南北朝時代に入った。建武中興は僅か三年足らずで頓挫し、二つの朝廷が武士に呼びかけて互いに争うようになる。ここから六〇年に及ぶ南北分裂の時代を南北朝時代という。

延元《えんげん》四年（暦応《りやくおう》二年、一三三九）、後醍醐天皇は病に倒れ、「朝敵討伐」「都奪回」を遺言して譲位し、第九十七代（南朝第二代）後村上《ごむらかみ》天皇を践祚させた。『太平記《たいへいき》』によると、後醍醐天皇は左手に法華経《ほけきよう》、右手に御剣《ぎよけん》を持ち「朝敵足利氏一門を滅ぼして天下泰平たらしめたい」と言い、続けて次のように言い遺すと息を引き取ったという。

「玉骨《ぎよつこつ》はたとひ南山《なんざん》の苔《こけ》に埋もるとも、魂魄《こんぱく》は常に北闕《ほつけつ》の天を望まんと思ふ。もし命《めい》を背き義を軽んぜば、君も継体の君にあらず、臣も忠烈の臣にあらじ」（自分の遺骨はたとえ吉野に埋められても、霊魂は常に京都の内裏にある。朝敵討伐の遺言に背けば、天皇は天皇でなく、臣下は忠臣ではない）

そして後醍醐天皇は、北の京都の方向を向いて座ったままの姿で埋葬されたという。天皇陵（天皇の墓）は通常南に向けて造られるが、後醍醐天皇が埋葬された吉野の塔尾陵《とうのおのみささぎ》は、京都の方向、北を向けて造られている。

❖鎌倉時代に一度枯渇した神宮の御用材

伊勢の神宮では二十年に一度、内宮《ないくう》と外宮《げくう》をはじめ、全ての御社殿《ごしゃでん》を新しく造り替える式年遷宮が行われる。全てを一新しそこに神を迎え、その力が永遠に続くようにとの祈りが込められている。御造営用材《ごぞうえいようざい》として用いられる檜《ひのき》は約一万立方メートル、約一万三〇〇〇本になる。二十年毎に建て替えるのは「もったいない」と思う人もいるだろう。しかし、二十年間使われた御用材《ごようざい》は全国の神社に受け渡され、朽ちるまで大切に使われる。

特に内宮と外宮の御正殿《ごしょうでん》の棟持柱《むなもちばしら》は、二十年間のお役目を終えると、鉋《かんな》を掛けられて新品のような白木となり、次の二十年間は、内宮の宇治橋《うじばし》の両側に立つ鳥居に再利用される。そのお役目を終えると、また鉋を掛けられて、次の二十年間は、伊勢の入り口、つまり、旧東海道関宿《せきしゅく》の追分《おいわけ》と桑名七里《くわなしちり》の渡し場跡の鳥居として再利用される。そのお役目を終えると、その段階で既に六十年間用いられてきたことになる。その後、また鉋を掛けられて、今度は全国の神社に受け渡され、朽ちるまで更に何百年も大切にされる。

式年遷宮で用いる御用材の檜を長年供給してきたのが神宮の森だった。参拝客で賑わう伊勢の神宮の駐車場を抜けて、五十鈴川《いすずがわ》に沿って車を走らせると、およそ喧騒とは掛け離れた静寂な森に入る。この宮域林《きゅういきりん》と呼ばれる神宮の森は、広さは計五四四二ヘクタール、伊勢市の面積のおよそ四分の一に該当する広大な森である。約一三〇〇年前の持統《じとう》天皇の時代に式年遷宮が始まると、宮域林は御用材を伐り出す御杣山《みそまやま》に定められた。

しかし、鎌倉時代中期頃になると次第に資材確保が難しくなり、他の場所を御杣山として檜を伐り出すようになった。江戸時代中期からは木曽《きそ》（長野県、岐阜県）の森が御杣山に指定された。ところが、明治時代には木曽の森も衰退傾向で、二十年毎の式年遷宮を続けること自体が困難と心配されるようになった。神宮の建築様式を変更することが議論されたのはこの頃である。

しかし、そのような主張を退けたのが明治《めいじ》天皇だった。「伝統を変えることを議論する前に、伝統を守ることを議論せよ」という趣旨のお言葉を受け、森林資源を確保する方法が検討されたのである。大正《たいしょう》十二年（一九二三）、式年遷宮の御用材を再び伊勢の宮域林で賄おうとする森林経営計画が決定され、翌年から植林が開始された。二〇〇年後の遷宮を見据えて苗木を植えるという気の遠くなるような試みだった。

そして、大正時代に植林した檜を初めて伐り出したのが、平成《へいせい》二十五年（二〇一三）の第六二回式年遷宮だった。植林してから約九十年になる。伊勢の山から御用材の檜を伐り出したのは鎌倉時代以来、実に約七〇〇年振りのこととなった。この時使用した木材の直径は最大でも五〇センチメートル未満で、主要な部分には使えなかったが、垣根の材料などに利用し、必要な御用材全体の約二五%を賄うことができた。二〇九三年に行われる式年遷宮以降は、使用される約一万立法メートルの檜の九〇%以上を宮域林で毎回賄えるようになる見込みという。「二〇〇年の計画」というのはそのような意味だった。

しかし、幅一二〇センチメートルの御正殿の御扉《みとびら》に使われる御用材は樹齢四〇〇年以上のものが必要であり、それを含めた全ての用材を賄うには今から三〇〇年以上先の二三三三年の式年遷宮まで待たなくてはならない。伊勢の宮域林では、現在でも毎年約二万本の檜が植えられている。新たに植樹された檜の苗が御用材として用いられるのを私たちが見ることはないように、先人たちも、会うことのない私たちのために伝統文化を紡いできたのである。

9 室町時代

❖神器を欠いた北朝

足利尊氏《あしかがたかうじ》は暦応《りゃくおう》元年（一三三八）、北朝第二代光明《こうみょう》天皇から征夷大将軍に任じられ、名実共に室町幕府の初代将軍となり、室町幕府が成立した。後に三代将軍足利義満《あしかがよしみつ》が京都の室町《むろまち》に「花《はな》の御所《ごしょ》（室町殿《むろまちどの》）」と呼ばれる邸宅を構え、そこで政治を行ったことから室町幕府という。

しかし、北朝は足利氏が幕府の権威付けのために作り上げたもので、実際のところ三種の神器は南朝が保持し、しかも北朝第一代光厳《こうごん》天皇と光明天皇は、上皇の詔宣《しょうせん》により践祚《せんそ》したため、先帝から譲位を受けた天皇ではない。光厳天皇は後醍醐天皇の皇太子ではあったが、後に京都に復帰した後醍醐天皇は光厳天皇の即位を認めていない。そのため、後醍醐天皇から光厳天皇への譲位が有効に成立しているとは見られない。その光厳天皇から位を受け継いだのが光明天皇であり、二つの朝廷が並立する異常事態がしばらく続くことになる。

幕府は鎌倉時代から有力だった武士たちを天皇の力によって束ねようとし、将軍を補佐する管領《かんれい》には足利一門の有力な守護大名だった細川《ほそかわ》氏や畠山《はたけやま》氏などが交代で就いた。しかし、鎌倉幕府のような御恩と奉公により将軍と御家人たちが強く結束することはなく、尊氏は将軍として強い権限を揮うことはできなかった。そこで尊氏は、武士たちの幕府への支持を得ようと、荘園や公領の年貢の半分をその国の守護に与えることにした（半済令《はんぜいれい》）。そのため、室町時代の守護は、鎌倉時代の守護よりも強い力を持ったので、区別して守護大名と呼ばれている。幕府は、守護の力を強め、守護を通じて全国の武士と農民を統率しようとしたのである。

各地の守護たちは、領内の武士と主従関係を結んで武士団を形成し、やがて国司の権限をも得て、各国を支配する守護大名となった。荘園や公領は事実上、守護の所領となり、守護大名は幕府に対して強い発言権を持つようになる。このように、守護大名による一円的な領国支配体制を守護領国制という。武家法については、幕府は北条《ほうじょう》泰時《やすとき》が定めた御成敗式目《ごせいばいしきもく》をそのまま用いて、必要に応じて新令《しんれい》を追加することにした。

幕府の所在を巡っては、京都か鎌倉かで葛藤があったと思われる。足利政権が北朝の権威で成立した背景があり、南朝に対する北朝の軍隊を率いる長であるという性格から、京都所在の武家政権となったのは必然だった。そのため、足利政権は朝廷と近い政権になった。源氏将軍観を利用して、朝廷と距離を置いた独立性の高い鎌倉幕府とは異なった性格を帯びることになる。

❖南北朝動乱

観応《かんのう》元年（一三五〇）、尊氏の執事の高師直《こうのもろなお》と、尊氏の弟である足利直義《ただよし》の間で観応の擾乱《じょうらん》と呼ばれる抗争が起きた。この抗争は足利勢力を二分した大規模なものに発展した。政争に敗れた直義は南朝に帰順し、尊氏と直義の対立が深まったため、尊氏は南朝の第九十七代後村上《ごむらかみ》天皇と和睦した。その際、年号を南朝の「正平《しょうへい》」に統一し、北朝の光厳上皇の院政が停止され、北朝第三代崇光《すこう》天皇は廃された。高師直は直義に討たれるも、直義は尊氏に捕らえられ、幽閉先で毒殺された。南朝軍はこの機に京都を占拠し、北朝が保持する偽の神器を接収したが、足利義詮《あしかがよしあきら》の入京で劣勢に立たされると、南朝軍は撤退に際して光厳上皇、光明上皇、崇光上皇を拉致《らち》して石清《いわし》水八幡宮《みずはちまんぐう》まで連行し、その後、吉野《よしの》の西南に位置する賀名生《あのう》に監禁した。後村上天皇が石清水八幡宮から奈良に落ち延びる際には、甲冑を着て、馬に跨《またが》り、鞍には神器の類と思しきものが入った葛籠《つづら》を付けていたため、直ぐに天皇であると判別できたという。

北朝の天皇が廃された上に、歴代の上皇が京都から連れ去られてしまったことで、幕府は困惑した。足利氏は北朝の天皇によって将軍に任じられているのであり、幕府を承認する天皇が不在であっては、幕府の正統性は担保されない。

そこで幕府は北朝に次の天皇を立てようとするが、三種の神器がなく、先帝からの譲位という形式をとることができない上、上皇不在により上皇の詔宣《しょうせん》すら得ることができない。追い詰められた幕府は、禁じ手を打つ。光厳上皇の皇子弥仁王《いやひとおう》が仏門に下っていたことを突き止め、弥仁王の祖母に当たる後伏見《ごふしみ》上皇の中宮《ちゅうぐう》の西園寺寧子《さいおんじねいし》を口説き、彼女を治天の君に見立てて、院宣《いんぜん》を出させ、観応三年（一三五二）に弥仁王を践祚させた。北朝第四代後光厳《ごこうごん》天皇である。これによって北朝が再建された。三種の神器がない上に、譲国者に見立てられた人物は上皇でないばかりか、皇族でもなく、臣下が天皇を任命するという離れ業をやったのである。

かつて承久の変で天皇が廃され、三上皇が配流《はいる》となった時、北条氏が天皇経験のない守貞《もりさだ》親王（後高倉院）を治天の君に推し、その息子を後堀河《ごほりかわ》天皇に践祚させたことは記した通りだが、守貞親王は上皇ではなかったものの、少なくとも天皇の皇子だった。

しかし、南北朝動乱期に後光厳天皇を立てるために治天の君に見立てられた寧子は、天皇経験がないどころか、皇室の出身者でもない。天皇の家臣が天皇を任命するというあるまじき矛盾が現実になったのである。

後光厳天皇は神器を欠いた践祚から十年の間に、三回も南朝軍に京都を追われた稀有な存在である。天皇が都落ちした例は、壇ノ浦《だんのうら》の合戦で入水《じゆすい》した安徳《あんとく》天皇と、足利尊氏に追われた後醍醐天皇しか先例がなかった。

幕府が後光厳天皇の擁立に拘《こだわ》ったのは、幕府にとって天皇が不可欠であることを如実に物語っている。そして足利将軍家は、他の者が武家の棟梁になる道を塞ぐため、天皇を独占する政策を打ち出した。二代将軍となった足利義詮《あしかがよしあきら》は足利氏のみが朝廷と接触できる体制を敷き、将軍職を確固たるものとした。尊氏が朝廷と距離を取ったのに対して、義詮は、朝廷に接近して丸抱えする方針を採った。この方針転換が室町幕府の性質を決定付けたといえる。足利将軍職は、公家化して朝廷の内部に入り込み、公武の境目がどこにあるか分からないほど、天皇に接近していく。

京都を奪われた南朝だったが、正平《しようへい》十四年（延文《えんぶん》四年、一三五九）に九州の筑後川《ちくごがわ》を挟んで、北朝勢力と激しくぶつかり勝利を収めた。日本三大合戦の一つともいわれる筑後川の戦いである。建武の新政が崩壊した後、後醍醐天皇は延元元年（一三三六）にまだ数え八歳の懐良親王《かねよししんのう》を征西大将軍《せいせいたいしようぐん》に任命し、九州に派遣していた。しかし、正平九年（文和《ぶんな》三年、一三五四）に南朝を支えていた北畠親房《きたばたけちかふさ》が死去すると、南朝側で北朝に対抗できる勢力は、九州の懐良親王と、親王を奉じる菊池一族のみとなっていた。筑後川で南朝軍約四万は、大宰府を本拠とする北朝軍約六万と対決し、総勢約一〇万が衝突する合戦となった。北朝方の少弐直資《しょうにただすけ》は討ち死にし、懐良親王と菊池武光《きくちたけみつ》は負傷、両軍合わせて四八〇〇人余りが戦死した。以降九州は、室町幕府が九州探題として今川貞世《いまがわさだよ》を派遣するまでの十三年間、南朝が支配した。

幕府の進めた不自然な天皇擁立劇は「皇族以外の者であっても治天の君として天皇を任命することができる」という先例を作ってしまった。この悪しき先例から「武家による皇位簒奪《さんだつ》」を夢見るようになったのが、応安《おうあん》元年（一三六九）に将軍宣下を受けた、足利義満《あしかがよしみつ》だった。義満は、天皇の権力を次々に剝奪し、武家の権力を強大なものにしていく。

❖漢籍を用いて明皇帝を黙らせた懐良親王

十四世紀前後から朝鮮半島や支那大陸沿岸部では、密貿易や略奪行為、他の船舶に対して海賊行為をはたらく倭寇《わこう》という武装貿易船団が活発化していた。倭寇には日本人も含まれていたが、明国人や朝鮮人が多くを占めていて、その割合は増加していった。こうした中、明は我が国に朝貢と倭寇の取り締まりを求め、日本に幾度も使節を送ってきた。

その頃の明では民間人の海外渡航や海上貿易を禁止した海禁政策を敷いていた。正平《しょうへい》二十四年（応安《おうあん》二年、一三六九）、明の洪武帝《こうぶてい》は大宰府に使節を送り、南朝の懐《かね》良親王《よししんのう》が日本に朝貢を求める明の国書を受け取った。勅書は「もし明に朝貢しないのであれば、戦争に備えなさい」と、日本を脅して朝貢を強要する内容だった。元の時と同じである。親王は朝貢を拒絶し、皇帝への返書も出さなかったが、翌年明が再び遣使すると、親王は一転して朝貢することになったと『明史』は伝える。大宰府の南朝が劣勢となり態度を改めたと考えられる。弘和《こうわ》元年（永徳《えいとく》元年、一三八一）、明から高圧的な国書を受け取ると、親王は明の立場をも考慮した丁寧ながらも力強い返書を認《したた》めた。

「支那王朝にのみ君主がいて、その他の国には君主はいないのか。天地は広いものである。一人の主の独占するところではない。天下とは、天下の天下なのであって、一人の天下ではない。

我々は城郭の数が六十にも満たない、狭くて小さい国に住んでいるが、老子がいう『足るを知る心』（満足する心）を持っている。他方、明国《みんこく》皇帝は支那大陸の君主となり、一万両の戦車、数千もの城郭を有し、国の境は百万里に及ぶにもかかわらず、まだ不足の心があり、他国を滅ぼして侵略する意図を持っている。

それは（明でも重んじられている）易《えき》の道に反するので、もしそのような行いがあれば、天は皇帝の運命を動かすのではあるまいか。かつて支那王朝には殷《いん》の湯王《とうおう》、周《しゅう》の武王《ぶおう》のように仁政《じんせい》を施す王がいて、よく国が治まっていたではないか。

もし明国が戦を興すのであれば、我が国は小国といえども防御の手段がある。我々は孔子《こうし》、孟子《もうし》をはじめ（支那王朝で重んじられてきた）道徳の文章を熟知し、また孫子《そんし》、呉子《ごし》、六韜三略《りくとうさんりゃく》などの兵法書も熟知している。もし明国が我が国の境を侵すなら、我が国にはその備えがある。どうして跪《ひざまず》いて明国の言いなりになろうか。明国に従ったからとて国が存続するとも限らず、また逆らったからとて国が亡びるとも限らない。

もし明国が勝って日本が負ければ、明国は満たされるかもしれない。だが、もし日本が勝って明国が敗れるようなことがあれば、明国は大恥をかくことになろう。古《いにしえ》より和を講じることを上策となし、戦を避けることを強いこととなしてきた。

私は、民が不幸のどん底に落ちることのないようにして、民の苦しみを救いたいと思う。明国においては賢明な判断を下して頂きたい」（『明史』懐良親王から洪武帝への返書、洪武《こうぶ》十四年、弘和《こうわ》元年、永徳《えいとく》元年、一三八一年、現代語訳、部分要約）

支那の諺《ことわざ》や歴史を用いて明皇帝に教え諭すような書き振りは実に小気味良い。また、もし攻めるなら日本人は支那の兵法書を熟知しているからそう簡単にはいかないという件《くだり》も豪快である。親王からのこの書簡を受け取った洪武帝《こうぶてい》は激しく憤慨するも、蒙古の先例により兵を送らなかったと記録されている。

❖天皇の権力が最も衰退した時期

後光厳天皇以降、天皇権は急速に衰退し、次の北朝第五代後円融《ごえんゆう》天皇からは、それが特に顕著となった。後円融天皇は、容赦なく朝儀に介入してくる義満と激しく対立するも、常に譲歩を余儀なくされ、落胆する日々だったと伝えられる。

永徳《えいとく》二年（一三八二）に後円融天皇が皇子に譲位し、北朝第六代（第一〇〇代）後小《ごこ》松《まつ》天皇が践祚すると、天皇がまだ幼いため義満が全面的に補佐し、政治を好きなように動かした。後円融上皇の義満への鬱憤は増していったようで、上皇は我が子の即位礼を欠席した。即位の日、義満はわざわざ後小松天皇を事前に自分の家に移し、義満と天皇が同じ車に乗って即位礼が行われる太政官庁《だいじょうかんちょう》に入ることで、義満が幼帝の後見人であることを天下に示したのである。しかも、即位礼で義満は、高御座《たかみくら》の帳《とばり》の中まで入って幼帝の所作を介助した。南北朝末期までに、裁判権、警察権、課税権から京都の支配権に至るまで、天皇の政治的権限は全て義満に握られていく。

後円融上皇の義満への不満が最高潮に達した矢先、義満が上皇の女官と姦通していたとの流言が広まり、永徳三年（一三八三）、上皇は女房の三条厳子《さんじょうげんし》の部屋に押し入って、峰《みね》打ちにしてしまった。峰打ちとは、刃の付いていない刀の背の部分で叩くことである。厳子の出血はひどく、一命は取りとめたものの、上皇が刀で臣下に傷を負わせる前代未聞の事件となった。姦通の真偽は不明だが、義満がよく他人の妻を欲しがったのは、当時公然の事実だった。後円融上皇は精神的に追い詰められていたと見られる。傷害事件の直後、今度は「義満が後円融上皇を流刑にして京都から追放する」という噂が立った。上皇は参内《さんだい》してきた将軍の使者を「流刑の使者」と確信して面会を拒絶し、院御所《いんのごしょ》の持仏堂《じぶつどう》に立て籠もって、自殺を試みるに至った。結局、自殺は未遂に終わり、後円融上皇は生母に宥《なだ》められて事なきを得たが、これまで戦地で命を絶った第三十九代弘文《こうぶん》天皇と安徳《あんとく》天皇の例を除いて、天皇や上皇の自殺は先例がない。

この時期に義満は、足利氏の脅威となり得る有力守護の討伐を始めた。明徳《めいとく》元年（一三九〇）には美濃（岐阜県）の守護土岐康行《ときやすゆき》を討ち、翌年には最大勢力だった守護の山名氏清《やまなうじきよ》を討ち、権力基盤を確固たるものにした。そして義満は朝廷政策に乗り出す。義満は大覚寺統《だいかくじとう》と持明院統《じみょういんとう》から交互に天皇を出す両統迭立《りょうとうてつりつ》を条件に、元中《げんちゅう》九年（明徳《めいとく》三年、一三九二）、南朝の第九十九代後亀山《ごかめやま》天皇の合意を取り付けて、南北朝合一を果たした。この時、後亀山天皇が京都に戻り、北朝の後小松天皇に三種の神器を継承して譲位する形で行われた。これは、南朝が保持していた三種の神器が真正のものであると、幕府と北朝が認めたことを意味する。南北朝の争乱は正統性を巡る争いだった。これを以って南朝が正統だったことが確定した。南朝に有利な内容だったといえる。

しかし問題はその後である。両統迭立は実行されず、南朝は歴史から姿を消すことになる。将来、約束が反故にされることは、既に三種の神器を引き渡す段階で暗示されていたのかも知れない。剣璽渡御《けんじとぎょ》の正式な儀式を行うことが約束されていたにもかかわらず、簡潔な手続きで済まされてしまったのだった。義満にとっては真正なる三種の神器を手に入れれば、もはや南朝には価値はなかったのだろう。義満は生前に次の天皇の道筋を付けなかった。義満の死後、後小松天皇の皇子が践祚して第一〇一代称光《しょうこう》天皇が成立したことで、後亀山天皇の子孫が皇統に就く可能性は潰えた。

明徳四年（一三九三）、後円融《ごえんゆう》上皇が崩御となると、義満の権力は強大になり、ついには政務の全体を取り仕切るようになった。その結果、幕府の権力は朝廷を圧倒し、天皇や院は公武統一政権の従たる共同経営者になったと見られる。義満は征夷大将軍として武家の頂点に立っただけでなく、応永《おうえい》元年（一三九四）には朝廷の最高位の官職である太政大臣《だいじょうだいじん》にも上り詰めた。武家が太政大臣となったのは、平清盛以来のことで、二人目になる。しかし、武家最高職の征夷大将軍と、公家最高職の太政大臣の両方を兼務したのは義満が最初である。

そして義満は応永二年（一三九五）に出家すると、京都郊外に北山第《きたやまてい》を構え、今度は自らを法皇として扱うように周囲に強要した。義満はこれまで「内部」から朝廷と幕府を動かす存在だったが、両方から離れることで「外部」から朝廷と幕府を支配する存在となった。それは、中世の権力者としての総決算ともいえる存在である。政治的権限を剝奪された天皇の元には、祭祀王としての宗教的権威と、官位任免などの形式的な部分などが残されたが、これらの権限も義満によって奪われてしまう。例えば、官位を受けた貴族が天皇や上皇へ謝礼するための参内拝賀を、宮中ではなく北山第（義満邸）で行わせ、また従来天皇の宸翰《しんかん》で人事案件を発給していたものを、義満の自筆で発給することにした。

しかも、義満は朝廷の予算を切り詰めて宮中祭祀をほとんど行えなくした上で、自らが北山第で宗教儀式を催すようになり、さらには、義満が発給する伝奏奉書《てんそうほうしょ》によって天皇の祭祀をも司るようになり、天皇の祭祀権を剝奪した。しかも、北山第で行われた儀式は、義満が自らの加護を祈るものだった。そして遂に、天皇に残された権限は、将軍を任命することただ一点のみになってしまった。朝廷は足利将軍の正当性を示すための道具のような扱いを受けるようになったのである。

❖富に目が眩んで始めた日明貿易

義満は、応永《おうえい》六年（一三九九）、支那や朝鮮と貿易していた大内義弘《おおうちよしひろ》を討つと、自ら日明貿易により巨額の利益を得ようと、形振《なりふ》り構わず明に通交を求めた。日明貿易は幕府に莫大な利益を齎《もたら》すため、義満はその利益に目が眩《くら》んだと見られる。ただし、明と交易するには、朝貢して皇帝から国王に任じられ、臣下に降ることが条件だった。歴代将軍は天皇から任命されている立場であるのも弁《わきま》えず、しかも朝廷に無許可で、応永八年（一四〇一）、明の皇帝に臣下となる旨を申し出て、王の称号を求めた。翌年、明皇帝から、義満を「日本国王」に任命する返書が届けられ、明との交易が許された。義満は明皇帝宛の外交文書に「日本国王臣源《にほんこくおうしんげん》」と署名した上表文を送って勘合を得た。しかし、義満の行いは、明を宗主国と仰ぎ日本が明の属国となることを意味する。節操のない義満のやり方には幕府内でも厳しい批判があったが、義満はその反対を押し切って応永十一年（一四〇四）、明との勘合貿易を始めた。

明の冊封体制下では、明の皇帝から与えられた勘合と呼ばれる証明書を持参した遣《けん》明船《みんせん》による朝貢形式の貿易だけが許されていた。倭寇と区別するために用いられたこの勘合から、日明貿易は勘合貿易とも呼ばれる。

ところで、義満が「日本国王」を名乗ったのは、あくまでも対明に限られ、日本国内に向けてこれを自称した形跡がないため、貿易ビジネスを始めるための明に対する方便だったと見られる。冊封国が増えることは明にとって利点がある。故に、明は南朝の懐良親王の存在を知りつつも、義満を「日本国王」と見做すことで、お互いの利害が一致した。応永九年（一四〇二）に来日した明の使者が義満を「日本国王」に任命する儀式は、義満の私邸である北山第で、しかも少人数の側近だけが参加して行われたのもそれが理由である。義満は明を騙し、また明は騙されたふりをしたということになろう。

日明貿易は、後に義満の次の第四代足利義持《あしかがよしもち》が明との国交を断絶して終わることになる。日明貿易では、我が国は主に銅銭、絹織物、陶磁器、書画を輸入し、刀剣、銅、硫黄、漆器を輸出した。中でも明から輸入された永楽通宝《えいらくつうほう》などの銅銭は明銭《みんせん》と呼ばれ、宋銭《そうせん》と共に日本国内でも流通した。

❖皇位簒奪を目指した足利義満

義満が最後に手に入れたかったのは上皇の地位だった。応永十二年（一四〇五）、義満は自らを上皇とする太上天皇尊号宣下《だいじょうてんのうそんごうせんげ》を行わせようとしたことが分かっている（小川剛生《おがわたけお》「足利義満の太上天皇尊号宣下」二〇一二）。この際は年齢が「若過ぎる」という理由で通らなかったが、義満は諦めなかった。後小松天皇は既に父の後円融上皇を失っていたが、応永十三年（一四〇六）、母の通陽門院《つうようもんいん》（三条厳子）が危篤となったことで、義満は、一代の内に二度の諒闇《りょうあん》（天皇が父母の死に対し喪に服する期間）があることは不吉だという強引な理屈をこねて、自らの正室である日野康子《ひのやすこ》を天皇の准《じゅん》母《ぼ》（天皇の生母に準ずる女性）にしてしまった。これにより義満は天皇の准父、つまり准上皇の地位を手に入れたことになる。これは皇位への大きな足掛かりとなった。

義満がこれだけ大胆な手段に出られたのは、後光厳天皇即位に当たり、天皇でも皇族でもない者が治天の君に見立てられた先例があって初めて可能だった。義満は准上皇となり、幕府における院政だけでなく、朝廷における院政をも敷くことになった。

ここまで上り詰めた義満は、次男の足利義嗣《あしかがよしつぐ》を天皇に践祚させようとしていた。義満は応永十五年（一四〇八）、まだ元服を済ませていない義嗣を宮中に参内させて、不自然な高い官位を授け、さらに北山第に後小松天皇を招いて二十日間に及ぶ宴を催した。天皇と上皇だけが座ることが許される畳を繧繝縁《うんげんべり》の畳というが、この時、義満の座にも同じ繧繝縁の畳が敷かれ、義満と天皇の対面は、上皇と天皇の対面と同じ作法を以って行われた。

義満には皇位簒奪の意思はなかったという主張もある。しかし、自身を上皇と同じように処遇させていることは、皇位簒奪の意思があったとされても致し方あるまい。「君臣《くんしん》の別《べつ》」という言葉があるように、天皇と臣下の間には、決して越えてはいけない一線がある。天皇の御輿《みこし》を担いでいるはずの義満が、その御輿に自らが乗り始めたという事実は極めて重い。かつて、多くの権力者が現れては消えていったが、その「一線」を越えた者はいなかった。

そして応永十五年、遂に義嗣は武士としては全く前例のない、宮中での元服の儀式を済ませた。この儀式は親王待遇で行われ、しかも、元服後の公卿の記録には義嗣のことを「若宮《わかみや》」と記しており、義嗣の践祚は時間の問題だった。中世以降「宮」は皇族にしか用いられない。また、近年発見された史料によると、義嗣は後小松天皇の猶《ゆう》子《し》となり、親王宣下《しんのうせんげ》を行い、皇族になることが予定されていたという（森幸夫《もりゆきお》「足利義嗣の元服に関する一史料」二〇一四）。猶子とは、養育の有無にかかわりなく結ばれる親子関係における養子のことである。もしこれが実現していたら、義満は天皇の実父として院号宣下《いんごうせんげ》を受け、正真正銘の上皇に上り詰めるはずだった。ところがその野望は実現しなかった。義嗣の元服から僅か三日後、義満は病に倒れ、数日の内に死んだ。皇位簒奪劇は未遂に終わり、ここから朝権回復の兆《きざ》しが見え始める。

我が国は二〇〇〇年以上の長きに亘《わた》り、男系の血筋を継承してきた。天皇の正統性の原理は血統なのであり、これを違えてしまったら、もはやそれは天皇ではあり得ない。廷臣たちは義満のいいなりだったはずだが、太上天皇尊号宣下ばかりは命懸けで却下した。

❖世襲親王家の役割

朝廷は亡き義満に「贈太上天皇《ぞうだいじょう》」の尊号を宣下《せんげ》すると決定するも、幕府はこれを辞退した。もしこれが実行されていたら、死後とはいえ民間人が初めて正式に上皇の座に就くことになったが、それは回避された。この決定は幕府の重鎮である斯波義将《しばよしゆき》が、諸大名の意見を取りまとめたものだった。これは、義満の後継者は義嗣ではなく、義満の長男である第四代将軍足利義持《あしかがよしもち》とすること、そして、義満の後継者は外から幕府と朝廷を支配するのではなく、武家社会を統率する幕府の長であるべきという決定だった。これは、義満が創作した「北山第」から従来の「室町殿《むろまちどの》」へ回帰することにほかならない。義持は父義満と反目していたし、幕府の上層部には義満の皇位簒奪計画に不信感を抱いていた者が多くいた。以降、朝廷と幕府の関係は正常化していく。

ところで、践祚間近と見られていた義嗣だったが、兄の義持が将軍となったことで、兄弟の対立が深まった。義嗣は上杉禅秀《うえすぎぜんしゅう》の乱に関係していたと見做され、京都相国寺《しょうこくじ》に幽閉され、応永《おうえい》二十五年（一四一八）に殺された。二十五歳だった。

義持は義満が始めた朝貢形式による日明貿易に不満を抱いていたため、義満が没した三年後の応永《おうえい》十八年（一四一一）に日明貿易を廃止した。明は再三、強大な武力を背景に朝貢貿易の再開を強く求めたが、義持はこれに応じなかった。日明貿易の財を独占することで権力を掌握しようとした父義満とは一線を画し、義持は公武（朝廷と幕府）の融和を重視して独立国としての尊厳を守ろうとした。しかし、それにより幕府は重要な財源を失った。銅銭の国内生産ができない状況で、明銭の輸入が停止されたことで、事実上、貨幣の発行権を失ったに等しかった。しかし、義持は全ての権限を掌握したまま将軍職を離れて出家することで室町殿を将軍職から独立した権力に昇華させた。また、官職に頼らずに朝廷を統制下に置いたことから、義持の権力は義満のそれより完成されていると評価される。

義満が没して四年後の応永《おうえい》十九年（一四一二）、後小松天皇は皇子に譲位して上皇となり、第一〇一代称光《しようこう》天皇が践祚した。南北朝合一時の約束では、次は南朝の後醍醐天皇の皇子が践祚するはずだが、北朝を手中に収めておく義満の意図から、約束は反故にされた。称光天皇の践祚で南朝は蜂起したが鎮圧された。義満は天皇と上皇を精神的に追い詰めたが、義持は後小松天皇と称光天皇のよき後見人となり、その姿勢は後に六代将軍足利義教《よしのり》に引き継がれる。義持と五代将軍足利義量《あしかがよしかず》は共に後継者を指名せずに死亡したため、籤引《くじび》きによって選ばれたのが義教だった。

しかし、称光天皇は体が弱く、義持が没した直後の正長《しようちよう》元年（一四二八）に崩御となり、皇子が不在だったために、皇統断絶の危機に至った。第二十五代武烈《ぶれつ》天皇崩御以来、実に九二二年振り二度目の皇統の危機となった。南朝との抗争は続いているため、空位を放置するわけにはいかず、後小松上皇は、伏見宮《ふしみのみや》第三代貞成《さだふさ》親王の第一王子で満九歳の彦仁《ひこひと》王を皇位に就けた。第一〇二代後花園《ごはなぞの》天皇である。

称光天皇と後花園天皇の間には八親等の隔たりがあるも、伏見宮は北朝第三代崇光《すこう》天皇の皇子栄仁《よしひと》親王を初代とする、持明院統の正嫡《せいちゃく》に当たる家系である。代々世襲が認められる宮家（世襲親王家）は、天皇の継承者不在で皇統が危うくなった時に、天皇を出す家のことである。このことは現在の宮家についても変わることがない。

この皇統の危機は、伏見宮から天皇を立てることで乗り切ることができた。そして後花園天皇の子孫が現在の皇室に繋がる。万世一系の皇統を血のリレーに例えると、世襲親王家は天皇の血のスペアであり、血のリレーの伴走者ということになろう。

❖室町幕府の衰退

後花園天皇が践祚して間もなくの正長《しょうちょう》元年（一四二八）、将軍義持が死去して将軍が不在の中、正長の土一揆《つちいっき》が起こった。ある目的のために団結して行動することを一揆といい、農民すなわち土民の一揆なのでこのように呼ばれる。これは我が国始まって以来、初の農民の蜂起である。一揆は鎮圧されたが、農民たちは、その後も借金の帳消しを求めて高利貸しの土倉《どそう》、酒屋、寺院などを襲った。幕府は嘉吉《かきつ》元年（一四四一）の嘉吉の土一揆で、土地の返却や借金の帳消しを認める徳政令《とくせいれい》を初めて出した。武士の叛乱も頻発し、六代将軍足利義教《よしのり》はこれらの叛乱を徹底的に弾圧した。

このような飢饉と土一揆が度重なる中、幕府の権力は徐々に衰えていった。義教は日明貿易を再開したが、明の財源不足により、遣明船の派遣は十年に一度、しかも三隻に限定された。義教は将軍の権力を強化し幕府の威信を回復しようと、専制的な恐怖政治を敷いた。

強権を発動した義教だったが、幼い後花園天皇を後見する姿勢は謙虚だった。義教は幼帝に勉強するように指導し、後花園天皇はそれに応えるように熱心に勉強し、英明な天皇に育っていった。天皇の勉強熱は、あるいは義教の要求を凌駕していったと思われる。記録に残るだけでも後花園天皇の読書量は、歴代天皇の中でも抜きん出ている。しかし、後花園天皇が勉強熱心になったのは、義教の影響だけでなく、持明院統の正嫡とはいえ後光厳流とは別系統から即位したことと関係があるのかも知れない。自身の負い目から、強い皇統意識を持つに至ったと思われる。

関東の足利持氏《あしかがもちうじ》の謀反に困った義教は、永享《えいきょう》十年（一四三八）、遂に後花園天皇に持氏征伐の綸旨《りんじ》を発給するように要請し、天皇はこれに応えた。武家社会に綻《ほころ》びが生じた時に天皇の存在が重みを増すことになる。義教が強権を発動したことで、将軍が強大な権力を持つことが警戒されるようになった。嘉吉《かきつ》元年（一四四一）に義教が豪族の赤松《あかまつ》氏の謀反により暗殺され（嘉吉の乱）、直後に京都で土一揆が起きると、幕府は徳政令を出して対応した。

次に満八歳で将軍職を継いだ七代将軍足利義勝《あしかがよしかつ》も在職僅か八カ月で赤痢に罹って夭《よう》

折《せっ》し、その後、暫く将軍の空位が続いた事情もあり、幕府は次々と天皇に治罰の綸旨《りんじ》を求めるようになった。これにより朝廷の権威は急上昇することになる。現職の将軍が、しかも臣下の館で殺されたことは、幕府の威光を傷付けるもので、幕府の威光は急速に衰えていった。

そして、八代将軍足利義政《あしかがよしまさ》の代になると、各地で武士の反乱と農民の一揆が相次ぎ、長禄《ちょうろく》元年（一四五七）に京都で起きた長禄の土一揆に至っては、幕府はこれを鎮圧することができなかった。しかも、寛正《かんしょう》二年（一四六一）の寛正の大飢饉により経済は困窮し、幕府は弱体化し、守護大名の力が大きくなった。将軍義政《よしまさ》は、弟の義視《よしみ》を後継者に決めるも、自分の子が生まれると子の義尚《よしひさ》を九代将軍にした。応仁《おうにん》元年（一四六七）には、将軍家と管領家《かんれいけ》の跡継ぎ争いが絡み合い、そこに細川勝元《ほそかわかつもと》と山名持豊《やまなもちとよ》の対立が表面化すると、応仁《おうにん》の乱《らん》が勃発した。

❖応仁の乱と天皇権の復活

京都を主戦場とした応仁の乱は十年間に及び、戦乱は全国に広がった。既に皇子に譲位していた後花園上皇と、第一〇三代後土御門《ごっちみかど》天皇は義政の室町殿に戦火を逃れた。文明《ぶんめい》九年（一四七七）に京都での戦闘が収束した時、街は焦土と化し、朝廷の行事や儀式はほとんど中止を余儀なくされた。公家も多くは地方へ疎開し、大名に保護された。応仁の乱の結果、荘園制は実質的に崩壊し、将軍の支配領域は山城国《やましろのくに》（京都府南部）一国だけになった。

応仁の乱により室町幕府の将軍の権威は失墜し、下剋上の風潮が高まり、家臣団に滅ぼされる守護大名も現れ、身分を問わず実力を持った者が国を支配するようになり、そうした領主たちは戦国大名と呼ばれるようになった。まさに群雄割拠の世を迎え、地方の社会構造の変革を齎《もたら》す。幕府は力を落とし、幕府に頼れるものは何もなくなり、武士だけでなく農民までもが自立の道を模索するようになった。

文明十七年（一四八五）の山城国一揆《やましろのくにいっき》では、農民が有力な武士の元に団結し、守護大名の畠山《はたけやま》氏を追放して八年間に亘《わた》る自治を行った。長享《ちょうきょう》二年（一四八八）の加賀国《かがのくに》（石川県）の一向一揆《いっこういっき》では、加賀の浄土真宗本願寺派《じょうどしんしゅうほんがんじは》の勢力によって結成された一揆が守護富樫政親《とがしまさちか》を打倒し、以後約一〇〇年間、加賀の自治を行い「百姓ノ持《もち》タル国」と形容された。

村毎の自治も次第に強くなってきた。有力な農民によって運営される村の自治組織を惣《そう》という。村単位での自治の仕組みができてくると、年貢を領主に納めるのも共同で行われた。寄合《よりあい》（会議）を開いて揉め事を解決し、あるいは村毎に独自の「おきて」が作られることもあり、いくつかの村が荘園の境界を越えて連合することもあった。

都市では手工業者が座《ざ》という同業者の団体を作り、営業を独占した。室町時代後半になると、都市部では有力な商人を中心に町衆《まちしゅう》という自治組織が作られ、守護大名と交渉し、あるいは都市の自治権を買い取る事例も現れた。京都では町衆が都市運営に当たり、応仁の乱によって中断していた祇園祭も彼らによって復興された。

明応《めいおう》二年（一四九三）、一大名の細川政元《ほそかわまさもと》が将軍の擁廃立事件を起こし、将軍は十代足利義稙《よしたね》から十一代足利義澄《よしずみ》に代えられた。この明応の政変は、将軍家は武家の中でも超越した存在ではなくなったことを示すもので、以降、足利氏は完全に没落していくことになる。

❖琉球と蝦夷地

琉球《りゅうきゅう》（沖縄県）は北山《ほくざん》、中山《ちゅうざん》、南山《なんざん》の三つの勢力（三山《さんざん》）に分かれて対立していた。琉球の人々の由来について興味深い記録がある。琉球国《りゅうきゅうこく》の正史である『中山世鑑《ちゅうざんせいかん》』と、首里王府《しゅりおうふ》で書かれた歌謡集『おもろさうし』によると、十二世紀に源為朝《みなもとのためとも》が琉球に現れ、その子が琉球王家の始祖舜天《しゅんてん》（初代中山王《ちゅうざんおう》）になったという。真偽は不明だが、このようなことが琉球国の正史に明記されていることは興味深い。

琉球人の先祖が、核ゲノムＤＮＡの解析により、遺伝的に沖縄の人々は台湾や大陸の人々と繋がりがなく、日本本土により近いという研究成果が発表されたことは既に示した通りである。

琉球三山が統一されたのは十五世紀だった。中山王の尚巴志《しょうはし》が永享《えいきょう》元年（一四二九）に三山を統一し、琉球国が成立した。第一尚《しょう》氏王統である。その後、王の重臣だった金丸《かなまる》が寛正《かんしょう》三年（一四六二）にクーデターを起こして王位に就き、第二尚氏王統に移った。

琉球は明《みん》の冊封を受けて、盛んに朝貢貿易を行った。琉球は商船を運航して東アジアから東南アジア一帯で中継貿易《なかつぎぼうえき》をして栄えた。琉球は東アジアの海上交通の要衝であり、特に那覇《なは》は市場としても機能した。そして、周辺諸国との交流により独特の琉球文化を育んでいった。

北海道のアイヌ人は主に狩猟や漁業をしていた。十四世紀頃には、蝦夷地の渡島《おしま》半島のアイヌ人が津軽《つがる》（青森県）の十三湊《とさみなと》を往来して津軽人《つがるじん》たちと交易するようになった。狩猟を主とするアイヌ人と、農耕を主とする津軽人の間で物々交換をしたことが分かっている。アイヌ人からは鮭、昆布、アワビ、毛皮などを買い受け、また津軽人は鉄器、漆器、米、茶、酒などを譲り渡した。

津軽の人の中には、海を渡って渡島半島に移住する者も現れ、彼らは和人《わじん》と呼ばれるようになった。和人が蝦夷地に進出することで、アイヌ人の生活を圧迫し、アイヌ人と和人の間で度々衝突が起きた。長禄《ちょうろく》元年（一四五七）の、アイヌの首長コシャマインが蜂起したコシャマインの戦いでは、和人の居住地が激しく破壊されたが、和人により鎮圧された。渡島の領主となった蠣崎《かきざき》氏は蝦夷を支配する下地を築いていく。

❖破綻した朝廷の財政

第一〇三代後土御門《ごつちみかど》天皇は中絶した朝儀を再興すべく尽力したが、ほとんど実現せず、明応《めいおう》九年（一五〇〇）に失意の内に崩御となった。財政難により天皇の大喪《たいそう》は崩御後四十三日間も挙行できなかった。朝廷の財政は破産状態だった。

天皇崩御を受けて、第一皇子が践祚して第一〇四代後柏原《ごかしわばら》天皇が成立したが、即位礼どころではなく、ほとんどの朝儀は中止されたままだったが、本願寺や幕府からの献金により、践祚後二十二年目にしてようやく即位礼を行った。貧窮していたにもかかわらず後柏原天皇は常に天下の平安を祈り、大永《だいえい》五年（一五二五）に疱瘡《ほうそう》が大流行すると、宸筆《しんぴつ》（天皇・上皇の直筆）の『般若心経』を延暦寺《えんりゃくじ》と仁和寺《にんなじ》に奉納して万民の安寧を祈願した。

天皇の皇位継承儀礼は主に三段階を踏むことになっている。第一段階は践祚《せんそ》で、これは三種《さんしゅ》の神器《しんき》を受け継ぐことを意味する。第二段階は即位で、即位礼を行うこと、そして第三段階は大嘗祭《だいじょうさい》という儀式を行うことである。この三段階を経ることで、非の打ち所のない天皇が完成する。この頃の朝廷は、即位礼と大嘗祭を行えない天皇が続いた。

大永《だいえい》六年（一五二六）の後柏原天皇の崩御によって、践祚した第一〇五代後奈良《ごなら》天皇の時代は、皇室財政の逼迫《ひっぱく》が極限に達していた時期である。御所を囲う築地塀《ついじべい》が崩れても修繕できず、三条大橋から内侍所《ないしどころ》の灯火が見え、紫宸殿《ししんでん》近くで茶を売る者がいたという。余りの財政難のため、宸筆の書を売って収入の足しにしたとも伝わる。北条氏など諸大名の献金により即位礼を行ったのは践祚から十年後だった。

しかし、後奈良天皇は清廉潔白な人格だったようで、天文《てんぶん》四年（一五三五）に一《いち》条房冬《じょうふさふゆ》を左近衛大将に任命した際に、秘かに朝廷に銭一万疋《びき》の献金を約束していたことを知ると、献金を突き返した。また、同年に、即位礼の献金をした大内義隆《おおうちよしたか》が大宰大弐《だざいのだいに》への任官を申請したが、これを拒絶し、周囲の請願により翌年にようやく承認した。

後奈良天皇も先帝と同じく「祈る天皇」の姿を体現した。治世中に洪水、飢饉、疫病などが起こると、神宮に宣命を奉《たてまつ》り、特に天文九年（一五四〇）の疾疫の流行では、後奈良天皇は朝廷の財政が厳しいにもかかわらず、金字による宸筆の『般若心経』を二四カ国の一宮《いちのみや》に奉納した。その内七カ国分の写経が現存している。その奥《おく》書《がき》には、自らの不徳を詫《わ》びる悲痛な思いが次のように記されている。

「今年の天下大疫で万民が多く死亡した。朕《ちん》は民の父母として徳が十分でなかったことに甚だ心が痛む。ひそかに般若心経を金字に写し、これを供養させる。これが疾病の妙薬となることを願う」

皇室財政が厳しい中、また郵便や宅配便のないこの時代に、写経を全国に配布するのは並大抵のことではない。後奈良天皇の「民の父母」としての自覚の強さが窺える。だが、この時代の朝廷は困窮していたものの、天皇の権威は徐々に回復し始めていた。

❖生産業と商業の発展

この時代、農業技術は大きく進歩した。鉄製農具が広く普及し、灌漑の設備が向上し、水車も用いられるようになり、農作物の品種改良も進んで地域に適した栽培が可能になった。麦を裏作とする二毛作の田は拡大し、牛馬に鋤《すき》を引かせて田を耕す牛馬耕も本格的に普及した。肥料も従来の草木灰《そうもくかい》だけでなく、刈草や下肥《しもごえ》（人や牛馬の糞尿）も用いられるようになった。こうして農業の生産性が向上した。

手工業の原料となる桑、楮《こうぞ》、漆、荏胡麻《えごま》、藍《あい》、麻などの商品作物が盛んに栽培されるようになり、また綿の栽培も始まった。宇治《うじ》（京都府）や駿河《するが》（静岡県）の茶、阿《あ》波《わ》（徳島県）の藍《あい》など、地域の特産品が各地に登場した。手工業では、特に刀剣や農具を作る鍛冶《かじ》が盛んになった。特に刀剣は、多くの武士が求めただけでなく、日明貿易《にちみんぼうえき》の輸出品としても大きな需要があった。手工業でも地域の特産品が生まれた。尾張《おわり》（愛知県）、加賀《かが》（石川県）、丹後《たんご》（京都府）の絹織物、越後《えちご》（新潟県）、信濃《しなの》（長野県）の麻織物、瀬戸《せと》（愛知県）、近江《おうみ》（滋賀県）の陶器《とうき》、摂津《せっつ》（大阪府）、河内《かわち》（大阪府）の酒、出雲《いずも》（島根県）の鍬《くわ》など、枚挙に遑《いとま》がない。

日明貿易《にちみんぼうえき》で永楽通宝《えいらくつうほう》などの大量の明銭《みんせん》が持ち込まれたため、貨幣の流通も増え、経済活動はより活発になった。各地で開かれる定期市も増え、頻度も多くなった。都市では常設の見世棚《みせだな》（小売店）が更に増えた。貨幣経済の発達により、金融業者である土倉《どそう》や酒屋が富を蓄えると、幕府はそれと結び付き、財源とした。また、遠隔地での取引が拡大したことで、為替《かわせ》の利用も盛んになった。商工業の発展に伴い、物流も発達した。水上輸送では廻船《かいせん》業者が、陸上輸送では馬借《ばしゃく》と車借《しゃしゃく》が活躍した。また従来の問丸《といまる》は問屋《といや》に発達して卸売業者として発展した。このように産業や流通が発達したことで地方都市が栄え、特に堺《さかい》（大阪府）、博多《はかた》（福岡県）が繁栄した。ほかにも大きな寺社の門前町として賑わい、都市へ発展したところもある。

❖北山文化と東山文化

室町時代は、幕府が朝廷の本拠地である京都に置かれたことから、朝廷文化と武家文化が調和した、雅《みやび》かつ実用的で力強い文化が生まれた。そこに、日明貿易で伝わった明の文化や、発展し続けてきた仏教や禅の文化の影響を受け、多彩で幅の広い文化を形成した。

三代将軍足利義満《あしかがよしみつ》の頃の文化は北山文化と呼ばれる。京都の北山にある鹿苑寺金閣《ろくおんじきんかく》は、一層目が公家文化を象徴する寝殿造《しんでんづくり》、二層目が武家文化の書院造《しょいんづくり》、そして三層目が仏教文化を現す仏堂様式という構造になっている。

この時代、芸能では観阿弥《かんあみ》と世阿弥《ぜあみ》の父子が猿楽《さるがく》と田楽《でんがく》を元に能を大成した。世阿弥の『風姿花伝《ふうしかでん》』は芸術を理論的に捉えた最古の演劇論として知られる。能の合間に演じられた狂言は、当時の話し言葉を使った喜劇で、民衆の生活をよく知ることができる。猿楽、能、狂言をこよなく愛したのが義満だった。世阿弥のパトロンとして能の成立に影響を与えたと見られる。

八代将軍足利義政《あしかがよしまさ》は一層目が書院造、二層目が禅宗風《ぜんしゅうふう》の仏殿である慈照寺銀閣《じしょうじぎんかく》を営んだ。京都の東山にあることから十五世紀後半の文化を東山文化と呼ぶ。「わび」「さび」という飾らない美しさを追求する特徴がある。銀閣から王朝文化の寝殿造が姿を消したことは、この時代の武家が文化の担い手となったことを表している。

簡素《かんそ》で幽玄《ゆうげん》の美が重視された東山文化では、禅の思想に立つ侘《わ》び茶《ちゃ》が村田珠光《むらたじゅこう》によって創始された。龍安寺《りょうあんじ》に代表される岩と砂利で宇宙観を表現する枯山水の庭園も造られるようになった。また雪舟《せっしゅう》は明に留学して水墨画を学び、帰国してから日本の水墨山水画の技法を確立した。室町時代に取り入れられた書院造は以後、住居の基本となった。

また上杉憲実《うえすぎのりざね》が学校としての形態を整えた足利学校は「坂東《ばんどう》の大学」とも称され、後に来日したフランシスコ・ザビエルは日本人の知的水準の高さに驚き「坂東の学院あり、日本国中最も大にして最も有名なり」と讃えた。戦国期には地方の武士の子弟を寺院に預けて教育を受けさせる習慣が形成され、『庭訓往来《ていきんおうらい》』や、浦島太郎《うらしまたろう》や一寸法師《いっすんぼうし》に代表されるおとぎ話に絵を添えた平易な短編物語である御伽草子《おとぎぞうし》などを教科書に、商人や農民といった庶民の子供たちも楽しみながら読み書きの能力を高めていった。和歌の上《かみ》の句と下《しも》の句を別の人同士で詠み繋げていく連歌《れんが》はこの頃広められ、寄合《よりあい》の人々の集団的結び付きを強めるのに影響を及ぼした。

また、盆踊りや木綿の衣服、うどん、味噌、醤油などもこの頃生まれたものである。室町時代の文化や慣習は現代にまで繋がっている。

❖鉄砲の伝来と南蛮貿易

支那大陸で発明された火薬や羅針盤はイスラム商人を経て欧州に伝わり大きな影響

を与えた。火薬はそれまでの戦術を一変させ、羅針盤をはじめとする技術や天文学の発展により地球球体説が主張されると、長距離の航海が促された。欧州では羅針盤の改良により、航海技術が格段に進歩して、海洋進出が盛んになった。また、ルターの考えを支持するプロテスタントと呼ばれるキリスト教徒が各地に広がると、カトリック教会は新しい布教先を求め、イエズス会などが海外に進出するようになる。それはキリスト教勢力が日本にも訪れることを意味した。特にポルトガルとスペインは競うように東洋への航路を開拓していった。その目的は東洋にキリスト教を布教することと、イスラム商人が仲介して高騰した香辛料を直接手に入れることだった。

地中海はイスラム勢力が制海権を握っていたため、ポルトガルはバスコ・ダ・ガマの艦隊を派遣して、アフリカの西海岸を南下し、インドに至る航路を発見した。スペインはコロンブスの計画を支援して大西洋に乗り出しアジアへ至る航路を模索したが、偶然に米大陸を発見した。米大陸に到達したスペイン人は武力によって先住民族を滅ぼし、開拓を始めた。スペインは「日の沈むことのない帝国」と呼ばれるほどに栄え、アジアにまで植民地を広げていく。この十五世紀後半の海洋進出と植民地拡大の時代を欧州では大航海時代という。

一四九四年、スペインとポルトガルはトルデシリャス条約を結んだ。これはローマ教皇アレクサンデル六世の承認によって、両国が世界を二分して支配し、互いの領土を認め合うというものである。十六世紀には西半球も二つに分割され、我が国は世界地図上で、なぜかスペインとポルトガルによって分断された。この条約によってアジアでも両国による植民地化が進められ、フィリピンや台湾はフェリペ二世の名の元にスペインに支配された。

天文《てんぶん》十二年（一五四三）、ポルトガル人を乗せた倭寇《わこう》の船が種子島《たねがしま》（鹿児島県）に漂着し、我が国に鉄砲（火縄銃）が伝えられた。領主の種子島時尭《たねがしまときたか》は刀鍛冶に研究を命じ、堺《さかい》（大阪府）や国友《くにとも》（滋賀県）などで安定的に生産されるようになり、世界最大の鉄砲生産国となった。そのため、日本は後年、欧米の植民地にされるのを免れたといえる。そして、鉄砲は我が国の戦術にも大きな変革を齎《もたら》し、天下統一《てんかとういつ》の動きを加速させていく。

また、天文十八年（一五四九）にはイエズス会の宣教師フランシスコ・ザビエルがキリスト教の布教のために、鹿児島にやってきた。その後、宣教師の来日が増えると、マカオを根拠地としたポルトガルの商人や、フィリピンに拠点を置いたスペインの武装商人らとも貿易するようになった。彼らからは火薬、ガラス製品、時計、毛織物などの欧州の品物や、生糸、絹織物などの支那の品物を買った。日本からは主に銀を輸出した。その頃に開発された石見銀山《いわみぎんざん》は当時の世界地図にも載るほど有名だった。欧州人は南からやってきたので、我が国では彼らを南蛮人《なんばんじん》と呼んだことから、この貿易を南蛮貿易《なんばんぼうえき》という。

南蛮貿易が拡大すると、キリスト教は我が国に広がっていった。戦国大名の中にはキリスト教に入信し、洗礼を受ける者まで現れ、彼らはキリシタン大名と呼ばれた。キリシタン大名はキリスト教を保護すると共に領地をイエズス会に寄進した。

❖織田信長の全国統一への動き

戦国大名は武士を率いて城を築き、周辺に家来や商売人などを集めて城下町を形成するようになった。また、大規模な治水事業により農業生産量を上げ、鉱山開発や市場の整備、交通路の整備などに力を注いだ大名もいた。こうした領国支配と引き換えに荘園は衰退していった。

日本各地で戦いが本格化し、急速に頭角を現してきたのが、尾張《おわり》の小さな大名だった織田信長《おだのぶなが》である。信長は永禄《えいろく》三年（一五六〇）に駿河《するが》の今川義元《いまがわよしもと》を桶狭間《おけはざま》の戦いで破った。永禄八年（一五六五）には十三代将軍足利義輝《あしかがよしてる》が家臣の松永久秀《まつながひさひで》に殺害され、松永が擁立した足利義栄《あしかがよしひで》が十四代将軍となるが、信長が京に上ると、信長は足利《あしかが》義昭《よしあき》を十五代将軍に擁立した。しかし、その後信長は義昭と次第に対立を深め、元亀《げんき》四年（一五七三）に義昭を京都から追放することになる。ここに二三〇年続いた室町幕府は滅亡した。

戦国大名は、朝廷の信任を得ることによって、全国の支配権を獲得しようと争うようになる。応仁の乱から続く戦乱の時代を戦国時代といい、その途中で室町幕府が滅亡してからは中世が終わり、近世に入っていく。

第四部
日本の近世

10 安土桃山時代

❖戦国時代を終わらせた正親町天皇

第一〇六代正親町《おおぎまち》天皇は、織田信長《おだのぶなが》の保護者だった。両者の関係は、信長が上洛する前から見られる。正親町天皇は永禄《えいろく》十年（一五六七）十一月九日付で、信長に直接綸旨《りんじ》を宛て、美濃《みの》での戦勝を称賛した上で、禁裏御料《きんりごりよう》（美濃、尾張《おわり》）を回復することと、宮廷費用の献上を命じた。これを実行するというのが信長上洛の大義となった。これを機に、逼迫した朝廷の財政は、回復するようになる。信長も天皇の権威を用いて自身の足元を固めていった。

元亀《げんき》元年（一五七〇）、正親町天皇は信長が朝倉《あさくら》攻めに出征するに当たり、内侍所《ないしどころ》に祈祷を命じ、また石清水社《いわしみずしゃ》に法楽《ほうらく》（経の読誦や奏楽）を行わせて信長の戦勝を祈願した。天皇が大名の戦勝を祈願することは久しくなかったことである。特に戦国期、朝廷は軍事的に中立した立場を保っていたが、ここで崩れた。それでも、信長の優位性は絶対的なものではなかった。この年、反信長連合が結成されると、信長は天皇が発給した綸旨を基に、浅井《あざい》氏、朝倉氏との和睦を成立させた。信長が正親町天皇に頼ることにより、天皇を和平の調停者にさせた。信長は好むと好まざるとにかかわらず、危機に陥る度に天皇の力を借りて立ち直ることになる。

勢いを回復した信長は、元亀二年（一五七一）、中世における仏教勢力の拠点で、最後まで抵抗していた比叡山延暦寺《ひえいざんえんりゃくじ》を焼き討ちにした。そして、天正《てんしょう》元年（一五七三）には将軍足利義昭《あしかがよしあき》と袂《たもと》を分かち、二条城を包囲した。この時信長は、義昭との間で二度講和を試みるが失敗し、結局は勅命《ちょくめい》により和議が成立する。ところが信長の最大の敵だった武田信玄《たけだしんげん》が病没すると、信長は義昭を追放し、室町幕府が滅亡した。

そして信長は、天正三年（一五七五）、長篠《ながしの》の戦いで甲斐《かい》（山梨県）の武田信玄の子、武田勝頼《たけだかつより》の騎馬隊を破り、勢力を確かなものにした。この戦いで信長は、西洋から齎《もたら》された最新兵器である鉄砲を約三〇〇〇挺《ちょう》用意して主戦力とし、柵や堀を巧みに使って、当時「戦国最強」といわれた武田軍を破った。この戦は、従来の騎馬を主力とする個人戦から、足軽の鉄砲隊を主力とする集団戦へ移行する切掛《きっかけ》となった画期的戦闘と評価されている。

この戦いに勝った信長は、翌天正《てんしょう》四年（一五七六）、近江国《おうみのくに》（滋賀県）の琵琶湖《びわこ》の湖畔に五層の天主閣を持つ安土城《あづちじょう》を築き、安土と美濃加納《みのかのう》に楽市楽座令《らくいちらくざれい》を出し、関所を廃止するなどして、新興商人の商売の自由を認めて城下町を形成した。信長は生涯に六回本拠地を移動しているが、多くは交通の要衝に置かれ、城下町が作られ、商売が大いに賑わった。それにより、物資を調達しやすくなり、領地の経済が栄えた。

信長は天正八年（一五八〇）の石山本願寺《いしやまほんがんじ》との和平にも天皇の勅命を利用した。信長包囲網は、武田信玄が没し、浅井、朝倉などが離脱したことで破綻していたため、石山もどこかで和平を結ばないといけない状況にあった。勅使が石山側に示した条件は、信長と和平を結ぶことと、石山を退城することの二点だった。石山の顕如《けんにょ》は、退城は拒もうとしたものの、城郭の引継ぎは信長の絶対条件であり、結局この条件で和睦が成立した。

この時信長は、講和条件を遵守することを明記した起請文《きしょうもん》を正親町天皇に提出した。約十年前に浅井父子と講和した際は、信長が誓紙を浅井氏に提出して、それを天皇が綸旨で保証する体裁が取られたが、石山との和睦では、天皇が調停者として前面に出た形になっている。これにより、信長が描く権力構想は、天皇を頂点とする武家政権を樹立するものであると分かる。戦国大名にとって、天皇が作り出す秩序は一定の説得力を持つようになっていた。こうして正親町天皇は、信長を信任してその後ろ盾となり、信長を天下人《てんかびと》に導くことで、戦国時代を終わらせた。

❖織田信長と正親町天皇の関係

織田信長は正親町天皇の要望に従い、また天皇も信長の要望を叶えた。信長は、禁裏御料を回復し、御所を造営し、誠仁《さねひと》親王の元服を実施し、元旦の節会《せちえ》などの朝儀を復興して、朝廷の要望を次々と実現していった。

これに対して朝廷は、信長の入京や出陣などの折に勅使を派遣して威光を与え、出征中の織田軍の陣営にも勅使を派遣している。そして、既に述べたように、戦勝を祈願し、要望に応じて調停者となって和睦を実現させてきた。また天皇は、天正三年（一五七五）に信長を権大納言《ごんだいなごん》・右近衛大将《うこんえのだいしょう》に任じ、翌天正四年（一五七六）には、正三位《しょうさんみ》・内大臣《ないだいじん》に任じることで、信長に応えてきた。この時点で、京都を追放された将軍足利義昭の官位が従三位《じゅさんみ》・権大納言だったことから、信長は官職、位階ともに将軍を上回ったことになる。

では信長と正親町天皇は蜜月関係だったかというと、必ずしもそうではなかった。天皇がキリシタン排除の綸旨を出していたにもかかわらず、信長は永禄十二年（一五六九）、ポルトガルの宣教師であるルイス・フロイスと面会して宣教の自由を保障した。この時信長は「天皇や将軍家の意向を心配する必要はない。全ては信長の権限の中にあることだから、フロイス殿は好きなように振舞ってよい」と述べたという。一部の仏教勢力とはぶつかり合った信長だったが、このようにキリスト教には寛容だった。布教を許し、教会の建設を認めた。信長は宣教師を取り込むことで、西洋の事情を知り、積極的に南蛮文化を取り入れて、南蛮貿易を進めた。また、同年、天皇は信長を副将軍に任官しようとしたところ、信長はこれを拒否して天皇を困らせている。

天正二年（一五七四）、信長は東大寺《とうだいじ》正倉院《しょうそういん》に収蔵されている「天下第一の名香」と謳《うた》われる蘭奢待《らんじゃたい》を切り取った。正倉院は勅封《ちょくふう》であり、天皇の許しがなければ開けることができない。信長は勅使同行の元、第三倉を開けさせた。蘭奢待は信長のいる多聞山城《たもんやまじょう》（奈良市）へ運ばれ、東大寺の大仏師によって切り取られた。この時、一寸四方（一辺約三センチメートル四方）を二個切り取ったと記録されている。蘭奢待はその後正倉院に戻され、再び勅使により勅封が施された。かつて足利義政《よしまさ》と明治天皇が蘭奢待を切断した記録が残っている。信長は一片を正親町天皇に献上し、天皇は毛利《もうり》輝元《てるもと》などに一部を下賜している。

正親町天皇が前関白九条《くじょう》稙通《たねみち》に宛てた手紙に「今度《このたび》不慮《ふりょ》に勅封を開かれ候て」とあることから、信長が蘭奢待を切り取ったことは、天皇の本意ではなかったことが窺えるとし、信長が強引に勅封を開けさせた、あるいは切り取りにより天皇に圧力を掛けたと主張する学者が多かった。しかし近年は、この考え方は修正されつつある。

天皇が九条に宛てた手紙の続きには「聖代《せいだい》の余薫《よくん》をおこされ候、この一炷《いっしゅ》にて老懐《ろうかい》をのへられ候ハ、祝着《しゅうちゃく》たるべく候」（優れた天皇の治めた時代の後まで残る香りを、ひとたきくゆらせて、円熟した考えを述べていただければ幸いである）とある。切り取った蘭奢待を楽しんで欲しいという趣旨だが、もし天皇が信長による蘭奢待切り取りを忌々《いまいま》しく思っていたなら、このような文脈にはならず、そもそも蘭奢待一片を受け取るはずもない。あまつさえ、功のある臣下に分け与えることもなかっただろう。

勅封の開封に当たって信長は正規の手続きを踏み、勅許を受けて、勅使同伴でこれを実行し、奈良では東大寺側を威圧することもなく謙虚に振舞い、慣例に従った。正倉院には紅沈《こうじん》という香木も収められていて、信長は切り取りを要望するも、先例がないと断られ、了承している。そこには威圧などはなかったと見るべきである（金子《かねこ》拓《ひらく》『織田信長〈天下人〉の実像』二〇一四年、堺有宏《さかいありひろ》「信長は、なぜ蘭奢待を切り取ったのか」二〇一七）。

他方、天皇は信長にとっては不気味な振舞いをすることがあった。一つは、天皇が、信長の領国外の大名に官位を与え続けていたことが挙げられる。これは信長が権力を掌握する前から行われていたことであり、信長の関知することではないという態度の現れだろう。元亀三年（一五七二）に信長が武田信玄と戦う直前に、天皇は武田信玄を叙任している。これを根拠に天皇と信長の不和を主張する学者が多い。しかし、天皇とはそのような存在なのではないか。朝廷の視点から見れば「誰を為政者にするか」ではなく、時の為政者が天皇の理想の統治を実現するために努力するかどうかが問題なのである。為政者と共に出世し、為政者と共に滅びるものではない。

元亀二年（一五七一）に明智光秀《あけちみつひで》が妙法院《みょうほういん》、三千院《さんぜんいん》、青蓮院《しょうれんいん》の所領を没収した時、天皇は信長に返還を求める綸旨を発給し、あるいは、天正三年（一五七五）には信長の家臣が伊勢の金剛寺《こんごうじ》領を欠所《けっしょ》（財産没収）としたところ、天皇はその処分を撤回するように求める綸旨を発給した。このように、正親町天皇は「もの言う天皇」であり、決して信長の傀儡《かいらい》ではなかった。信長からすれば天皇は、最大の保護者でありながらも、完全に自由に動かせる存在ではなかった。

❖天皇の譲位問題と信長の補任問題

正親町天皇の譲位問題が持ち上がったのは天正元年（一五七三）のことだった。信長が天皇に譲位を提案し、その費用の献上を申し入れたのである。従来学界では、譲位させたい信長と、譲位したくない天皇が激しく牽制し合ったと理解されていたが、近年新史料の発見が相次ぎ、そのような解釈は完全に否定された。

寛正《かんしょう》五年（一四六四）に後花園《ごはなぞの》天皇が後土御門《ごつちみかど》天皇に譲位して以来、一〇〇年以上譲位が行われていなかった。応仁の乱以降の朝廷財政が困窮した状態では、譲位はおろか、即位礼や大喪ですら挙行できなかった。上皇が成立すると、仙洞御所《せんとうごしょ》を整えるだけでなく、上皇と天皇の二重の行政組織を敷く必要があるため、年毎の予算も確保しなくてはならないという事情があった。

信長の申し入れに対する天皇からの返書が発見されたことで、譲位問題の歴史的評価が変わった。天正元年十二月に天皇から信長に送られた宸筆には、譲位は後土御門天皇以来の望みであり、久しく叶わずにいたところ、この度の申し入れは奇特《きとく》であり「朝家《ちょうけ》再興」の時であると記している（『東山御文庫所蔵文書』勅封一五七函―八三）。しかし、譲位の件は直ぐには実現しなかった。

それは、信長は、政情が不安定になったことで、各地に出陣することになり、譲位の件を進められる状況になかったからである。天正二年（一五七四）には、武田勝頼《たけだかつより》に対処するために明知城《あけちじょう》（岐阜県恵那《えな》市）に出陣し、その後も石山本願寺の挙兵があり、その後も対処に追われた。

天正五年（一五七七）十一月には、信長は従二位《じゅにい》・右大臣に叙され、同六年（一五七八）正月には正二位《しょうにい》に昇るも、信長はその四月に右大臣・右近衛大将を辞官した。

信長がなぜ右大臣を辞し、左大臣の任官を遠慮したのだろうか。かつて、学界では信長は天下統一の暁に天皇を抹殺しようとしていたとの極端な主張がされていたが、現在では否定されている。信長は辞官の理由として「万国安寧、四海平均」（『兼見《かねみ》卿記《きょうき》・第二』）を目指し、その後には補任を承ると書いている。これは天下静謐《せいひつ》を為し、その後に官職を受けるという意味であり、そこから朝廷への敵対心を読み取ることはできない。

譲位の件が再び持ち上がったのは天正九年（一五八一）のことだった。安土城下で厄除けの火祭りである左義長《さぎちょう》を実施し、これを京都でも行おうとしたところ、朝廷から観覧したい旨が伝えられ、天覧の京都馬揃えが行われた。この後、天皇は信長を左大臣に任じようとしたが、信長は譲位と、即位礼が済んだ後で受けると答えている（『御湯殿上日記《おゆどののうえのにっき》』）。そして、譲位の実行が検討されたが、二名の陰陽師から、金神《こんじん》という方位神の忌みに抵触するとの勘文《かんもん》が出され、この年の譲位は見送られることになった（金子、前掲書）。

天皇から授かる官位や賜物に無条件に狂喜するのが普通の武家だが、信長だけはそういったものに靡《なび》かないのであり、朝廷にとって信長は不思議な存在だったかもしれない。

天正十年（一五八二）、信長は、応仁《おうにん》の乱以降久しく途絶えていた、伊勢の神宮の二十年に一度行われる式年遷宮を復興するため、三〇〇〇貫《かん》を寄進することにし、その後必要に応じて寄進することを天皇に願い出た。三〇〇〇貫を現在の貨幣価値に換算すると四億円程度に相当する。尼僧《にそう》の慶光院上人《けいこういんしょうにん》（清順《せいじゅん》）の尽力があって外宮の遷宮は既に復興していたが、内宮の遷宮は未だ復興できないでいた。信長が寄進したことで、内宮の遷宮は一二〇年振りに復興されることになった。信長はその他にも、石清水八幡宮《いわしみずはちまんぐう》や熱田神宮《あつたじんぐう》にも多額の金銭を寄進し保護している。

❖織田信長は秩序の破壊者か保護者か

　天正十年（一五八二）、武田勝頼《たけだかつより》を攻め落として凱旋した信長に、遂に三職推任《さんしきすいにん》の話が持ち上がる。五月、武家伝奏《ぶけてんそう》の勧修寺晴豊《かじゅうじはるとよ》と京都所司代《しょしだい》の村井貞勝《むらいさだかつ》との間で、信長の任官について話し合いが持たれ、信長が征夷大将軍、太政大臣《だいじょうだいじん》、関白のいずれかに補任することが話題に上った。武家伝奏は朝廷側、京都所司代は武家側であり、この二人の話し合いは、非公式な公武首脳の話し合いだった。このことは晴豊の日記『日々記《にちにちき》』に記録されていて、この解釈を巡っては様々な議論が展開されてきた。補任問題は正親町天皇と信長の最終対決であり、信長が官職を強要して信長が勝利したといった大袈裟な主張がなされた。しかし、その見解も近年は学界で否定されている。

　まず、朝廷からの提案なのか、信長からの提案なのかで見解が割れている。また、この補任が決定事項なのか、両者間での相談だったのかも議論の対象となった。さらに、信長が三職の何を望んでいたかも見解が分かれている。

　これまで朝廷は再三信長へ官職を与えようとしていたが、信長が辞退していたのは事実である。また、三月には信長が甲州征伐で武田氏を滅ぼし、北条氏も実質的に信長に従属したため、信長は関東を平定したことになり、これは将軍宣下の条件が整ったことを意味する。これらの点から、朝廷の側から相当の官職を提案するのは当然のことである。突如、信長が官職を強要したとは考えられない。学界では、朝廷側が推任の主体という見解が主流になってきた。

また、勅使として信長を訪問した晴豊が日記に「関東を打ち果たされて珍重なので、将軍になしたいと申し入れるための使者である」と書き留めていることから、信長には将軍が推任されたと見られる。晴豊と貞勝の二人の会話では「三職」のいずれかとの話題が出たが、三職のどれかを信長に選ばせるのではなく、朝廷として将軍に推任することを決定したものと理解できる。

また、信長は二度目の馬揃えの後に、誠仁親王の即位の時に官職を受けると明言していて、官職を受けること自体を拒否していない。一時官職を辞退した理由は既に見解を述べた。だが、公武協調路線を堅持してきた信長が、ここで急に対立路線に立つのは不自然であり、実質的な利点もないことから、ここは両者とも対決する意図はなく、自然な流れで将軍推任の話が持たれたと見るべきだろう。近年の学説の動向も、このような新史料の発見により、融和説が優勢になった。

天正十年六月に、信長は家臣明智光秀の謀反に遭い、本能寺《ほんのうじ》の変で自害した。そのため、官職推任に対する信長の考えは分からないままであり、信長の政権構想も不明である。信長が復興した伊勢の神宮の内宮の式年遷宮は、信長亡き天正十三年（一五八五）に行われた。

正親町天皇と信長の関係は、全期間を通じて極めて良好だったと結論できる。無論、信長は天皇の期待と異なる行動を取ることはあったし、その逆も然りである。しかし、人間関係とはそういうものである。不一致を取り上げて敵対関係にあったという主張は、木を見て森を見ない議論といえる。従来、戦後の歴史学界では信長が天皇と敵対していたという前提で、全ての史料を解釈していた。しかし、近年の学説の動向は、そのような間違った極論を排し、正しい方向に議論が進んでいると評価することができる。

足利義満や豊臣秀吉と異なり、信長は、朝廷に入り込んで、自ら朝廷政治を差配しようとする気概が見られない。そのことから、信長が目指したのは、天皇の後ろ盾による武家政権を立てることだったと思われる。しかし、官職に無頓着だった信長は、将軍に任じられることを目標としていたとも思えない。

信長は自らの政権構想を語らずにこの世を去ってしまったため、詳細は想像することしかできないが、信長が目指した武家政権は、京都を拠点とし朝廷をも支配した最盛期の室町幕府のような政権ではない。とはいえ、朝廷との長い対立関係にあった鎌倉幕府のような政権でもないだろう。独立性がありながらも、朝廷と融和した武家政権を目指していたのではないかと思う。

いざ幕府を開くとなれば、信長にとって天皇はますます必要な存在となる。信長は室町幕府を滅亡に導いて中世社会の権威を破壊した男として知られるが、天皇の権威の枠を超えようとしたとは認められず、むしろ朝廷の秩序の中で、朝廷の外にいて政権基盤を固めようとしていたと見られる。織田信長は「破壊者」の側面ばかりが強調されてきたが、実は勤皇家で、保守主義者だったたと結論することができる。

❖将軍ではなく関白を目指した豊臣秀吉

織田信長の重臣だった羽柴秀吉《はしばひでよし》は、信長討ち死にの報せを聞くと、毛利《もうり》氏との戦を講和に持ち込み、京都郊外の山崎《やまざき》の戦いで明智光秀を追討して、主君の仇《かたき》を討った。秀吉はこの勢いに乗じて、翌天正《てんしょう》十一年（一五八三）には信長の重臣筆頭だった柴《しば》田勝家《たかついえ》を賤ヶ岳《しずがたけ》の戦いで破り、信長の後継者としての地位を確立させ、天下統一事業を受け継いだ。秀吉は石山本願寺跡に大坂城《おおさかじょう》を築き、続いて天正十二年（一五八四）に小牧《こまき》・長久手《ながくて》の戦いで徳川家康《とくがわいえやす》に敗北するが、家康、織田信雄《おだのぶかつ》（信長の次男）と講和を結び、秀吉包囲網を解いていった。また秀吉は、同年から正親町天皇の譲位後の居所となる仙洞御所の造営を始め、翌年には譲位や仙洞御所に関する過去の記録を収集させ、譲位の準備を進めた。

天正十三年（一五八五）、秀吉は四国の長宗我部元親《ちょうそかべもとちか》を屈服させて四国を統一し、その四国攻めの途中で、正親町《おおぎまち》天皇から関白に任じられた。朝廷では関白職を巡って、近衛《このえ》家と二条家で揉めていた。そこに目を付けたのが秀吉だった。関白職は藤原《ふじわら》五摂《ごせっ》家《け》出身者に限られていたが、秀吉は、五摂家の一つである近衛《このえ》家の猶子《ゆうし》となり、「藤原秀吉」となって関白に就任した。秀吉は、ここで二条家に敗れたら近衛家の名誉は地に堕ちるとし、関白職は自分の次には近衛信輔《このえのぶすけ》（のちに信尹《のぶただ》に改名）に渡すこと、近衛家に一〇〇〇石、九条家、二条家、一条家、鷹司家に五〇〇石の領地を与えると持ち掛けて、強引に了承を取り付けた。秀吉が関白になれたのは偶然の賜物といってよい。

同年、秀吉は惣無事令《そうぶじれい》を発令して大名間の私闘を禁じた。そして、翌天正十四年（一五八六）、天皇より「豊臣《とよとみ》」の姓を与えられ、天皇から、朝廷における最高の官職である太政大臣に補された。これにより名実共に豊臣政権が立ち上がったことになる。秀吉の関白就任は電光石火のごとき出世である。秀吉は農民の出身だったとされるが、農民が太政大臣に上り詰めたのは後にも先にも例がない。

天正十四年、これまで上洛を拒み続けてきた家康が上洛した。家康は秀吉と和睦したものの、秀吉への服従は拒み続けていた。秀吉は自分の妹の旭姫《あさひひめ》を正妻として家康に嫁がせ、さらに自分の生母天瑞院《てんずいいん》を人質として岡崎城《おかざきじょう》に差し出すことで、ようやく家康が折れた。秀吉がここまでして家康に譲歩を繰り返したのは、やはり小牧・

長久手の戦いに敗れたことの劣等意識ではないかと思われる。家康が秀吉に従ったことにより、秀吉の天下統一は時間の問題となった。

織田信長の天皇を尊重する姿勢は秀吉に引き継がれた。勤皇家であることも共通していた。しかし、信長が官職に興味を示さず、自ら朝廷政治に介入しようとしなかったのに対して、秀吉は朝廷内での確固たる地位を築いた。

正親町天皇の譲位の準備は着々と進められていたが、天正十四年七月に誠仁親王が薨去《こうきょ》となった。正親町天皇の落胆は大きく、食事も喉を通らない様子だったと記録されている。それでも同年十一月、正親町天皇は孫で、誠仁親王の第一皇子である満十四歳の和仁《かずひと》親王に譲位し、第一〇七代後陽成《ごようぜい》天皇が践祚《せんそ》した。

同年十二月には近衛前久《このえさきひさ》の娘前子《さきこ》が後陽成天皇の女御《にょうご》となった。女御は本来皇后を立てる前の予備的な地位だったが、南北朝以降は皇后を立てていないため、女御は事実上の正妻だった。そして、前子は秀吉の養女だったため、前子の入内《じゅだい》により、秀吉は天皇の外戚となったのである。

❖後陽成天皇の聚楽第行幸

天皇を頂点とした公武合体による新秩序を作ろうとする秀吉の構想は、いよいよ最終段階に至った。天正十六年（一五八八）、秀吉は聚楽第《じゅらくだい》に、まだ即位して間もない満十六歳の後陽成天皇の行幸を仰ぎ、盛大な儀式を催した。聚楽第は秀吉の京都居城として建てられた豪華極まりない大邸宅で、天正十五年（一五八七）に竣工したばかりだった。

行幸当日、主催者である秀吉は早朝から禁裏に参内して采配を振るった。天皇は山《やま》鳩《ばと》色の束帯《そくたい》をまとって紫宸殿《ししんでん》に出御《しゅつぎょ》し、秀吉が天皇の裾《きょ》（束帯の床に長く垂れた部分）を取り持ち、宸儀《しんぎ》乗御《じょうぎょ》（天皇が乗り物に乗ること）となり、国母、女官らの輿《こし》三〇丁が鳳輦《ほうれん》（天皇の乗り物）に続いた。聚楽第まで警固の武士はおよそ六〇〇〇人、鳳輦が聚楽第の中門に着御した時、秀吉の牛車《ぎっしゃ》はまだ禁裏を出ていなかったという。

五日間に亘《わた》って行われた聚楽第行幸は、二日目に諸大名に起請文を提出させて秀吉に服従することを誓わせた。これが秀吉にとってこの行幸における最も重要な場面だった。この行幸は、秀吉が天皇と一体化していることを諸大名に示し、秀吉の権威を最大限に高めることになった。

秀吉は、天正十六年に刀狩令《かたながりれい》を出して、武士と農民を分離した。農民から武器を取り上げて、農民が武士になることを禁止し、農業に専念させた。作物の収量を確保しつつ、農民の武装反抗を未然に防止することがその目的だった。刀狩令と太閤検地《たいこうけんち》により、武士と農民の区別は明確になり、その後の身分制社会の基礎となった。

秀吉は各地を征服する度に太閤検地と呼ばれる検地を行った。田畑の広さや収穫高を調べ、荘園制に代わる新たな土地制度である大名《だいみよう》知《ち》行制《ぎようせい》を導入し、年貢の徴収を確実なものにした。「石《こく》」という新たな単位が導入されたのはこの時である。大名知行制は、大名に土地の支配権を与え、石高に応じた軍役を負担させる制度であり、後の幕藩体制の基礎となる。天平十五年（七四三）の墾田永年私財法《こんでんえいねんしざいほう》から荘園制が敷かれ、応仁の乱で崩壊しつつあったが、秀吉の土地制度の改革により、完全に崩壊したことになる。

秀吉は惣無事令《そうぶじれい》に従わなかった島津義久《しまづよしひさ》を攻めて九州を支配下に組み込み、天正十八年（一五九〇）に小田原《おだわら》の北条氏政《ほうじょううじまさ》を滅ぼして関東を平定し、奥州《おうしゅう》（東北地方）の伊達政宗《だてまさむね》ら諸大名を平定して、遂に天下統一を成し遂げた。

秀吉も信長同様、要《かなめ》の部分で天皇の力に頼った。秀吉は九州、小田原のいずれも天皇の勅令による誅伐《ちゅうばつ》として、軍事行動の正当性を示した。特に秀吉が小田原に出陣する時は、後陽成天皇の出御があり、秀吉は天皇の側まで進んで挨拶を述べ、御所で天盃《てんぱい》を賜わった。

秀吉は後継者に恵まれなかった。天正十九年（一五九一）に嫡男の豊臣鶴松《とよとみつるまつ》が満二歳で夭折した。秀吉は、直ぐに甥の豊臣秀次《とよとみひでつぐ》を家督相続の養子とし、同年、関白職を譲り、自らは太閤《たいこう》（前関白の尊称）と呼ばれるようになった。秀吉は関白を退いた後も実権を握り、二元政を敷いた。ところで、秀吉が関白に就任した際の条件だった、自分の次に近衛信輔に関白職を継がせるという約束は、履行されなかった。

秀吉の直轄地は約二二〇万石で、家康の所領よりは若干小さい規模だった。しかし、堺《さかい》（大阪府）や博多《はかた》（福岡県）、そして佐渡《さど》（新潟県）、石見《いわみ》（島根県）、生野《いくの》（兵庫県）など主要な金山と銀山を支配していたことから、財政は潤沢だった。秀吉が作らせた天正長大判《てんしょうながおおばん》は世界最大の金貨として知られている。重さは約一六五グラム、大きさは縦一七センチメートル、横一〇センチメートルほどで、郵便はがきと同じぐらいの、大きな金貨だった。家臣への褒美や、贈答用に使われた。

秀吉は、キリスト教に対しては厳しい態度を取った。キリシタンが神社仏閣を破壊していること、またポルトガル人が日本人を奴隷として売買していたこと、そして、宣教師たちがスペインやポルトガルの侵略と結び付いていることを危険視した結果、秀吉はバテレン追放令を発し、宣教師を追い出した。天正十五年に出された吉利支丹《きりしたん》伴天連《ばてれん》追放令には「かつて大名がその土地の者を信者にして、神社仏閣を破壊させるなど、聞いたことがない。天下の法は守らなくてはならない」「キリスト教の宣教師はその知恵や教義により、人々をその自由意思によって信者にしていると思っていたが、日本の仏法を破っている。キリスト教の宣教師はもう日本に置いておくことはできないので、今日から二十日の間に帰国せよ」と書かれている。しかし、長崎を拠点とする南蛮貿易は続けたため、長崎のキリスト教徒は増加した。

❖秀吉の北京遷都計画

全国統一を果たした秀吉は、目を世界に向け、スペインに支配されていたフィリピンや台湾《たいわん》、そして、スペイン本国にまで服属を求める手紙を出している。当時、フィリピンにはスペインの兵士は四〇〇名程度しかいなかった。アジアで鉄砲を大量に生産できる国は日本しかなかった上に、日本は世界有数の鉄砲保有国で、日本だけで欧州全域を上回り、明をも凌駕した。当時の日本は世界最強の軍事大国だったのである。そのため、日本を植民地にすることは不可能で、下手に日本に手を出すと、アジアでのスペインの権益が奪われると、日本征服を断念した。

秀吉は関白になった頃には明《みん》の征服を構想していたとされる。明は朝貢貿易だけを許し、その他の貿易を禁止した。日本は独立国であるから、明に朝貢する立場にはなく、明との交易ができないでいた。明の貿易政策の悪弊は大きく、倭寇による密貿易を許してしまった上に、東アジアに進出してきたポルトガル船の各国貿易の独占をも許してしまった。

秀吉は、北京《ぺきん》を陥落させたら、北京に遷都する計画だった。秀吉の「三国国割《さんごくくにわり》構想」では、後陽成天皇が関白豊臣秀次を伴って北京に行幸し、後陽成天皇の皇子良仁《かたひと》親王か弟の智仁《としひと》親王を日本の天皇とし、豊臣秀勝《とよとみひでかつ》か宇喜多秀家《うきたひでいえ》を朝鮮に置いて、明を三国統治の中心に据える計画だった。

　現在の価値観では他国を侵すことは厳禁だが、当時は欧州列強が次々と世界の後進地域を植民地にしていた時代である。武力により交易の道を開き、権益を拡大することは、当時はよくあることだった。現に日本も幕末に米国軍の脅迫により開国させられた。

　秀吉は朝鮮に明への道を貸すように要求したが、朝鮮がこれを断ったことで戦争になった。当時、朝鮮は明の属国だった。文禄《ぶんろく》元年（一五九二）の文禄《ぶんろく》の役《えき》では、日本軍は漢城《かんじょう》（現在のソウル）を陥落させて、破竹の勢いに任せて満洲《まんしゅう》地域にまで進軍し、朝鮮国王は逃亡したが、補給が行き届かず苦戦を強いられ、明との間で和平交渉が行われた。

　文禄二年（一五九三）、秀吉に跡取りの豊臣秀頼《とよとみひでより》が生まれた。秀吉が関白の秀次を徐々に冷遇するようになったのは、そのことと関係があると思われる。文禄四年（一五九五）、秀吉は謀反の嫌疑で秀次の関白職を剥奪し、自刃させたのだった。

　明との交渉が決裂すると、秀吉は慶長二年（一五九七）に再び戦端を開き、慶長《けいちょう》の役が始まった。秀吉自身も朝鮮に出陣するつもりだったが、これを止めたのが後陽成天皇だった。秀吉に宸筆の奉書を宛て、朝鮮への出陣を思い留まるように命じた。渡《と》海諭止《かいゆし》の勅書と呼ばれる。これにより秀吉は、日本を離れることができなくなった。

この朝鮮出兵は無謀とも評価される。しかし、慶長の役では前回の失敗を踏まえて戦線を伸ばさず、朝鮮半島の南部を固める作戦を取った。明の公式記録である『明史《みんし》』には、明と朝鮮には勝算がなかったことが次のように記されている。

「関白秀吉が朝鮮に侵入してから前後七年の間に、明と朝鮮の失った士卒《しそつ》は数十万、費やした兵糧《ひょうろう》は数百万斤《きん》にのぼり、明の朝廷と朝鮮には最後まで勝算はなかった。関白が死ぬに至り、兵乱はようやく収まった」(『明史』日本伝)

ところが、慶長《けいちょう》三年(一五九八)に秀吉が死去したことで、日本軍は半島から撤退した。戦争が長期化したことで日本側は疲弊していたが、明側の方が事態は深刻だった。明が朝鮮に出兵したことで東部方面が手薄になったことは、ヌルハチによる女真《じょしん》の統一を許す一つの要因となり、一六一六年に後金《こうきん》(後の清《しん》)が建国された。一六四四年の李自成《りじせい》の乱で明が滅びると、清が北京に入り明に代わって支那を統治した。もし秀吉が死去していなければ、急速に国力を落としていく明とは有利な条件で講和が成立したと考えられる。講和の時期が遅くなれば、明の滅亡はかなり早まった可能性もあり、無謀とされた秀吉の北京占領計画は、実現可能性があったと評価することもできる。

秀吉の死によって俄かに浮上したのが秀吉政権の五大老の筆頭徳川家康である。慶長五年（一六〇〇）、反家康の石田三成《いしだみつなり》が挙兵し、家康を支持する福島正則《ふくしままさのり》らと関ヶ原で激突し、家康側の東軍に軍配が上がった。この天下分け目の戦いにより安土桃山時代は終わり、江戸時代に入る。

❖安土桃山文化

織田信長や豊臣秀吉の時代には、戦国大名や豪商の経済力を背景に壮大豪華な文化が生まれた。信長の築いた安土城《あづちじょう》と、秀吉が築き桃山城《ももやまじょう》とも呼ばれた伏見城《ふしみじょう》がこの文化の中心だったことから「安土桃山文化」という。城には雄大な天守、そしてその内部には荘厳な大広間が設けられ、屛風《びょうぶ》には狩野永徳《かのうえいとく》らによって金箔を使用した豪華な絵が描かれた。聚楽第もこの時代の代表的な建築物である。

安土桃山文化は、仏教勢力が衰退して仏教色が少なくなった半面、南蛮貿易などで西洋の影響を受けた。また、文化の担い手が、主に新興の大名と貿易で富を築いた豪商たちであり、その分、新鮮味ある大胆かつ華麗な特色がある。

千利休《せんのりきゅう》は、豪商に好まれた書院での豪華な茶の湯を変化させ、質素で静かな侘《わ》び茶《ちゃ》を完成させた。こうして成立した茶道は今に受け継がれている。現在「茶の湯」というと利休の茶の湯のことを指す。この時代は、その他にも能楽《のうがく》や狂言《きょうげん》といった芸能が大衆化され、庶民の楽しみになった。琉球から伝わった三味線に合わせて歌う浄瑠璃《じょうるり》が流行《はや》り、また浄瑠璃に合わせて人形を操る人形浄瑠璃《にんぎょうじょうるり》も始まった。

衣服に関しては、動きやすい小袖《こそで》が広まり、木綿の衣服が普及した。木綿は麻よりも肌触りが柔らかくて丈夫といった特徴がある。また、南蛮貿易によって欧州の影響を受けた南蛮文化も流行した。南蛮風の衣装や、カステラや金平糖《こんぺいとう》が好まれるようになった。庶民の食生活が二食から三食に変化したのもこの頃である。また、強飯《こわめし》（蒸したご飯）が炊いたご飯に変化した。

11 江戸時代

徳川家康の朝廷統制政策

慶長《けいちょう》五年（一六〇〇）、関ヶ原の戦いに勝利した徳川家康《とくがわいえやす》は、後陽成《ごようぜい》天皇から慰労の綸旨《りんじ》を賜わり、慶長《けいちょう》八年（一六〇三）に天皇から征夷大将軍に任命された。これにより江戸幕府が成立し、慶応《けいおう》三年（一八六七）の大政奉還まで、二六四年間続くことになる。将軍に補されると幕府を開くだけでなく、代々将軍職を世襲するというのが、鎌倉時代以降の慣習であり、家康が将軍になったのは、それを意図していたと思われる。

家康は織田信長《おだのぶなが》や豊臣秀吉《とよとみひでよし》と違い、朝廷に次第に圧力を強め、天皇には宗教的権威と、任官などの形式的な政治的権威のみを残し、将軍が実質的な権力を把握する体制を作った。しかし、将軍の地位の正統性が天皇によって担保されることには変わりなく、家康は天皇を自らの統制下に置くことにより、政権を安定させようとした。天皇が実権を握ることは、家康の最も恐れるところだったと思われる。家康は将軍職が徳川氏によって世襲されるべきことを示すため、将軍就任後僅か二年で将軍職を三男の徳川秀忠《とくがわひでただ》に譲り、自らは大御所《おおごしょ》として政権の頂点に君臨した。

元和《げんな》元年（一六一五）、豊臣秀吉の遺児豊臣秀頼《とよとみひでより》を大坂城に攻め豊臣氏を滅ぼすと、家康は全国を支配する体制を構築した。また全国の主な鉱山も直轄地とし、収入源とした。そして、貨幣鋳造の権利も独占した。

幕府の政治は主に老中《ろうじゅう》が行い、若年寄《わかどしより》がそれを補佐し、三奉行《さんぶぎょう》（寺社奉行、勘定奉行、町奉行）が分担した。江戸時代において、徳川将軍と主従関係を結んだ一万石以上の武士を大名という。幕府は、全国で二〇〇以上の大名を従え、大名を徳川家一門の親藩大名、古くからの家臣の譜代大名、関ヶ原の戦い前後から従った外様《とざま》大名に分類し、これらを巧みに配置することで戦国時代以降に争った諸大名を含めて従わせた。

幕府は元和元年に武家諸法度《ぶけしょはっと》を定め、享保《きょうほう》二年（一七一七）の享保令まで、度々改定を重ねて、全国の大名を統制した。三代将軍徳川家光《とくがわいえみつ》の頃には参勤交代の制度を整えた。以降、大名は一年置きに領地と江戸を行き来することになり、移動の経費と江戸の滞在費を各大名に負担させた。大名にとっては大きな負担だったが、その分、街道の経済は大いに潤い、日本経済全体を底上げした。また、大名の妻子は江戸に住むことが義務付けられた。これは、幕府が大名の妻子を、事実上の人質として江戸に留め置くことを意味する。将軍から一万石以上の領地を与えられた大名の所領、またはその所領を統制する組織を藩といい、幕府が藩を統制して日本全土を支配する仕組みを幕藩体制という。

幕府は京都所司代《しょしだい》を置いて朝廷を監視し、慶長二十年（一六一五）七月に、大御所徳川家康、二代将軍徳川秀忠、前関白《さきのかんぱく》二条昭実《にじょうあきざね》の三名の連署により禁中《きんちゅう》並《ならびに》公家《くげ》諸法度《しょはっと》を公布し、天皇と公家をも法的に統制した。

全一七条で構成されるこの法は、第一条に天皇の主務として「第一に御学問なり」と示す他、天皇との通交権は将軍家が独占するなど、天皇および公家が厳守すべき諸規定を示し、幕府が朝廷の内部に干渉する根拠法となった。そして江戸期を通じて一度も改正されることはなかった。

第一条で天皇の主務が学問であると謳ったのは、第八十四代順徳《じゅんとく》天皇が、後世の天皇のために著した『禁秘抄《きんぴしょう》』から引用したものであり、内容的に違和感はないが、これを徳川氏が示すことには違和感がある。これまでのいかなる法にも、天皇に関する規定はなく、天皇は法を超える存在だった。「禁中並公家諸法度」が法にして初めて天皇に関する規定を掲げたことになり、天皇をも法によって統制しようとする家康の姿勢が読み取れる。

その上、第一が学問であるとの規定は、つまり「政治や軍事は二の次、三の次であり、そもそも天皇は関わるべきではない」というような意味として解釈され、大政委任の根拠ともされた。これは、幕府が朝廷の内部に干渉する根拠法になる。徳川氏がこうして天皇を法的に統制したのは、天皇に対する恐れの現れともいえる。現に、後に「戊午《ぼご》の密勅」により将軍家による天皇の通交権の独占が崩れた時、幕府の終わりが始まった。朝廷の統制は幕府存続の鍵だった。

家康から家光の時代は、将軍は天皇の直属の臣下であるという位置付けにより、その権威と権力を確実なものにした。従来朝廷では天皇の直属の臣下は五摂家で、それ以外の公家もいずれかの五摂家と主従関係を結んでいた。しかし、江戸期に入ると、五摂家は徳川氏と並ぶ地位にあるにもかかわらず、揃って徳川氏との主従関係を築いていく。天皇を頂点とし、徳川氏がその直属の臣下となり、さらにその下に五摂家とその他の公家を配置する暗黙の関係が出来上がった。このようにして徳川氏は、天皇の筆頭の臣下として、不動の地位を築いた。

鎖国政策と対外窓口

家康は貿易を統制下に置いて貿易の利益を独占しようとした。外国と貿易する大名や豪商に、日本からの渡航を許す朱印状《しゆいんじよう》という証書を与え、収入の一部を幕府へ納めさせた。朱印船貿易《しゆいんせんぼうえき》と呼ばれるこの貿易を通じて、明《みん》から生糸や絹織物などを輸入し、日本からは主に銀を輸出した。その結果、多くの日本人が東南アジア各地に渡航し、ルソン（フィリピン）、安南《あんなん》（ベトナム）、シャム（タイ）などの都市に日本町《にほんまち》ができ、西日本には外国人居住地である唐人町《とうじんまち》も作られた。

貿易が進むと、キリシタンが急増した。家康はキリスト教がスペインやポルトガルの我が国への侵略の切掛になると考え、慶長十七年（一六一二）から禁教令《きんきょうれい》を発令してキリスト教を禁止し、二代将軍徳川秀忠は、ヨーロッパ船の来航を平戸《ひらど》と長崎に制限し、また寛永《かんえい》十二年（一六三五）には、三代将軍徳川家光は朱印船貿易を停止した。

キリシタンを見付け出すための絵踏《えぶ》みをはじめとした厳しい弾圧に抵抗したのは、キリシタンの多かった九州の島原《しまばら》と天草《あまくさ》地方の人々だった。三代将軍徳川家光の時代である寛永十四年（一六三七）、当時十五歳のキリシタンの天草四郎時貞《あまくさしろうときさだ》を総大将に立てて決起した島原《しまばら》・天草一揆《あまくさいっき》（島原の乱）が起きた。幕府は大軍を送り、三カ月掛けてこれを鎮圧すると、領民が仏教徒であることを寺院に証明させる宗門改《しゅうもんあらため》を実施した。島原・天草一揆では、キリスト教徒たちが寺社に放火し、僧侶を殺害した。キリスト教徒たちが布教のためにこのような残虐な行為を行ったことは、キリスト教への警戒感をより高めることになった。

また徳川家光はオランダと清国《しんこく》以外の外国船の入港を禁ずると、さらに、オランダ商館を平戸から長崎の出島《でじま》に移した。これらの政策は鎖国と呼ばれるが、完全に国を閉ざしたわけではなかった。

また、幕府は対馬《つしま》の宗氏《そううじ》を介して、秀吉の朝鮮出兵以来断絶していた朝鮮との国交を回復した。対馬藩は朝鮮との交易の独占権を得て、朝鮮の釜山《ぷさん》にも活動拠点を持った。朝鮮からは、主に将軍が代わる毎に就任を祝う使節として朝鮮通信使《ちようせんつうしんし》が我が国を訪れた。江戸時代の来訪は計一二回を数える。このように長崎の出島と対馬は重要な対外窓口として機能することになる。

その他、北海道と琉球も対外窓口となった。慶長七年（一六〇二）に、難破した琉《りゆう》球船《きゆうぶね》が仙台藩《せんだいはん》に漂着する事件が起きた。徳川家康の命令により、翌年、三九名が琉球に送還された。家康は、送還中に死者を一人も出さないよう厳命したという。ところが琉球は、家康に対して返礼をしなかった。幕府は薩摩藩《さつまはん》を通じて何度も謝恩使《しやおんし》を派遣すべきことを伝えたが、琉球の中枢にいた謝名利山《じやなりざん》が頑《かたく》なにこれを拒んだ。そして、遂に幕府から薩摩藩に琉球征伐の命令が下った。

薩摩が出兵する直前に、薩摩藩の島津義久《しまづよしひさ》が琉球王尚寧《しようねい》に宛てた最後通牒には、義久の琉球を慮《おもんばか》る気持ちが書かれていた。この書簡は、琉球が不義理を働いている四つの事柄について触れ、幕府から討伐の命令が下っていること、直ぐに反省して行動すれば討伐は回避できることなどが書かれている。

しかし、琉球はその書簡も無視した。そして、慶長十四年（一六〇九）、薩摩藩は琉球に出兵して沖縄諸島以南を薩摩の従属国とし奄美諸島を薩摩の直轄地とした。しかし、琉球はその後も清《しん》へ朝貢を続けたため、形式上は清と薩摩の両方に属することになった。清に朝貢して得られた物資と情報は薩摩藩を通じて幕府に齎《もたら》された。江戸時代になって琉球が日本の統治に組み込まれたことにより、日本の統一が完成したといえる。

さて、幕府は蝦夷地《えぞち》の南端に松前藩《まつまえはん》を置き、松前藩に対アイヌ交易の独占を認めた。アイヌと和人（津軽人《つがるじん》）の交易場《こうえきば》が各地に設置され、その交易権を松前藩が家臣に与える商場知行制《あきないばちぎょうせい》が拡大した。交易の品物の交換比率がアイヌの人々にとって不利になると、松前藩に対して不満が高まった。寛文《かんぶん》九年（一六六九）、アイヌ人同士のサケの漁業権を巡って争いが起き、それが和人《わじん》との戦争に発展した。アイヌの人々は首長のシャクシャインを中心に和人を襲った。殺された和人の数は三五六人と記録されている。松前藩はこれを鎮圧し、藩への忠誠と和人の安全の保証を誓う起請文を提出させ、商場知行制を全島に広げた。

その後、松前藩の支配はさらに強まり、アイヌ人を使役して大規模な漁業を営む者も現れた。十九世紀に入ると、漁場の周辺に大勢のアイヌ人が住むようになり、アイヌの伝統的な地域社会は徐々に失われていった。

また長崎では、キリスト教を布教しない清国《しんこく》とオランダのみは貿易が許可された。幕府は出島のオランダ商館長に「オランダ風説書《ふうせつがき》」を提出させ海外の情報を得ていた。長崎には貿易のために清の商人が来航するようになり、清国人の住む唐人屋敷《とうじんやしき》も置かれた。幕府はこのように、キリスト教を排除しつつも、貿易と海外情報を独占した。

❖幕府と激しく対立した後水尾天皇

後陽成天皇の譲位を受けて慶長十六年（一六一一）に践祚《せんそ》した第一〇八代後水尾《ごみずのお》天皇は、幕府が朝廷の統制を強化しようとする中、幕府に強く反発した天皇として知られている。後水尾天皇は幕府の強い圧力により、二代将軍徳川秀忠の娘和子《まさこ》（後の東福門院《とうふくもんいん》）を皇后として迎え入れた。将軍の娘を入内《じゅだい》させるのは家康の夢の一つだった。徳川の血を引く天皇が成立することで徳川氏が天皇の外戚になるからである。

天皇は子宝に恵まれ、七名の女性との間に一九皇子、一七皇女を儲けた。後水尾天皇から続く、第一〇九代明正《めいしょう》天皇、第一一〇代後光明《ごこうみょう》天皇、第一一一代後西《ごさい》天皇、第一一二代霊元《れいげん》天皇は、いずれも後水尾天皇の皇子女である。

江戸時代初期における最大の不和確執といわれる紫衣《しえ》事件が起きたのは寛永《かんえい》四年（一六二七）のことである。紫衣とは、勅許によって高位高徳の僧に着用が許される紫色の法衣のことで、朝廷にとっては収入源の一つでもあった。幕府は朝廷による寺院統制を解くために「禁中並公家諸法度」などで、朝廷が幕府の許可なく紫衣勅許を授けてはいけないと規定したが、その後も後水尾天皇は慣例通り、十数人の僧に幕府の許可なく勅許を与えていた。これを知った幕府は「禁中並公家諸法度」が公布された慶長二十年（一六一五）以降の紫衣勅許を取り消し、紫衣を取り上げるよう京都所司代に命じた。京都所司代は、幕府が朝廷を統制するために京都に設置した機関で、幕府の対朝廷の窓口を担っていた。

幕府の措置に対して朝廷は強く反発し、激怒した後水尾天皇は寛永六年（一六二九）十一月八日、譲位を強行し、不快感を顕《あらわ》に幼少の興子《おきこ》内親王を践祚させた。後水尾天皇は、紫衣事件以外にも幕府に対して多くの不満を持っていた。これは後水尾天皇の幕府に対する報復的な措置だった。譲位当日の午前八時、公家たちに束帯で参内するように命ぜられ、午前十時頃に参内するも、何の御用であるか知る者はいなかったという。譲位のことを知っていたのは武家伝奏《ぶけてんそう》の中院通村《なかのいんみちむら》だけで、摂家にすら知らされなかった。極めて異例な譲位であることが分かる。武家伝奏は、朝廷の対幕府窓口を担う機関である。

後水尾天皇は、数年来病んでいた身体の腫物の治療に御灸を用いたいが、御灸は天皇在位中には行えないので譲位を望むと、従前より、譲位の意向を幕府に伝えていた。しかし、幕府の反応は時期尚早というものだった。天皇は幕府の意向を無視して譲位を断行した。幕府の自由にはならないという抵抗を示したことになる。

　これに仰天したのは京都所司代の板倉重宗《いたくらしげむね》だった。翌日参内し、突然の譲位は言語道断であり、将軍から連絡があるまで穏便にするように述べている。その後、十二月二十六日になって、幕府から、譲位を追認する連絡があった。

　しかし、幕府は穏やかではなかった。中院通村を罷免し、江戸の寛永寺《かんえいじ》に半年間幽閉して見せしめとし、これを機に、朝廷の統制を強化した。幕府は摂家に、天皇と上皇が勝手に振舞わないように、また法度の趣旨を守るように、摂家が責任を持たなければならず、それができなければ摂家の落ち度であると伝達した。摂家に朝廷統制の権限を与え、かつ武家伝奏が機能を果たすように体制を固めたのだった。朝廷を統制する仕組みは幕末まで機能することになる。

　皇位に就いた満五歳の第一〇九代明正《めいしよう》天皇には、天皇としての責任を果たせるはずもなく、実際は後水尾上皇の強い影響力の元で、摂家らの責任で政治が進められることになった。ここに、奈良時代の第四十八代称徳《しようとく》天皇以来途絶えていた女帝が、約九〇〇年振りに復活した。

　明正天皇の生母は徳川和子であり、徳川氏待望の将軍の孫が天皇になったことに違いはないが、女帝は一代限りの暫定的な存在であり、和子が生んだ二人の皇子は既に夭折していたため、徳川系天皇が続くことはなかった。案の定、後水尾上皇は寛永二十年（一六四三）、明正天皇の異母弟に譲位させ、第一一〇代後光明《ごこうみょう》天皇が践祚した。再び徳川の血を引かない天皇が誕生した。ここに後水尾上皇の意地を垣間見ることができる。その後、江戸時代を通じて徳川氏の血を引く天皇はない。

しかし、和子は将軍の娘であることから、歴代の皇后とは異なった異質な存在であり、幕府としても処遇に苦慮していた様子が窺える。周囲からの働きかけを防止するためか、隔離しようとした形跡が見られる。後水尾上皇の院御所《いんのごしょ》の公家衆は武家伝奏に近い役割を担った。

後水尾上皇の院政下の特筆すべき出来事といえば、神宮例幣使《れいへいし》の復活が挙げられる。宮中では古来、毎年九月十一日に例幣使を任命して伊勢の神宮に派遣し、幣帛《へいはく》を神宮に奉る重要な祭祀が行われていた。これを神宮例幣使という。だが応仁の乱以降、多くの朝儀が行われなくなり、例幣使も久しく中断されていた。これが一八〇年振りに再開されたのが後光明天皇治世の正保《しょうほう》三年（一六四六）である。朝廷の統制を強める幕府が、神宮例幣使を復活させたのには訳がある。それは家康を偉大な神に仕立て上げるためだった。

朝廷は幕府の要望に従い、家康を祀る東照社《とうしょうしゃ》（栃木県）に宮号宣下《ぐうごうせんげ》して「東照宮」へと格上げしたが、幕府はさらに、毎年朝廷から日光へ例幣使を遣わして欲しいとの申し入れをした。これが実現すれば東照宮の格は一段と高まることになる。朝廷はこの年から日光例幣使を毎年派遣し、幕末まで続けられた。この見返りとして神宮例幣使が復活されたのである。神宮例幣使を復活させずに日光例幣使を開始したら、論理的に矛盾が起こるため、見返りというよりも、必要な措置として神宮例幣使が再開されたといえる。

例幣使は東照宮と神宮のみに派遣されたため、東照大権現《とうしようだいごんげん》は皇祖神と同格に扱われたことになり、幕府は天皇の力を借りて宗教的権威をも手に入れた。家康が死去した元和二年（一六一六）、家康に東照大権現の神号を贈ったのは後水尾天皇だった。家康が自らを神として拝めと命じたところで神にはなれない。だが、天皇は人を神にする力を持っているのである。

徳川家康が神格化されたことにより、幕府の権威の後ろ盾は、天皇から大政委任されているだけでなく、徳川家康の子孫であるという二面性を持つようになる。四代将軍徳川家綱《とくがわいえつな》以降、幕府が朝廷を軽視するようになるのは、そのことと関係があると思われる。従来、将軍は度々上洛していたが、三代将軍家光が寛永十一年（一六三四）に上洛した後、将軍の上洛は久しく途絶えた。次に将軍が上洛するのは、幕末の文久《ぶんきゆう》三年（一八六三）の十四代将軍徳川家茂《とくがわいえもち》の上洛であり、それまで将軍の上洛は二二九年間途絶することになる。

四代家綱以降は、将軍宣下の伝達を京都ではなく江戸で行うことになり、御礼の参内もなくなった。勅使が江戸に参向し、宣旨が伝達されればそれで十分だった。しかも、将軍宣下の作法は、およそ「宣下」ではなく「奉呈」の作法であり、朝廷は指図されるままに儀式を行うしかなかった。幕府は朝廷を完全に統制下に置いたため、五摂家をはじめ公家たちの中に、徳川氏の振舞いに苦言を呈する者はいなくなっていた。

しかし、いくら家康が神格化されたとはいえ、江戸時代を通じて、将軍の地位が天皇を凌駕することはなく、所詮、東照大権現の神号も天皇から宣下されたものに過ぎない。それが江戸幕府の限界だった。

他方、後水尾上皇の院政下では、戦国時代以降に衰退した宮中祭祀や伝統的行事が次々に復興された。貞享《じょうきょう》四年（一六八七）、霊元天皇が第一一三代東山《ひがしやま》天皇に譲位した時、二二三年振りに大嘗祭《だいじょうさい》が挙行された。大嘗祭は後柏原《ごかしわばら》天皇から九代の間中断していた。後水尾天皇は退位後、実に五十二年もの間仙洞《せんとう》御所に住み、明正天皇、後光明天皇、後西《ごさい》天皇、霊元《れいげん》天皇の四代に亘《わた》って院政を敷き、満八十四歳の天寿を全うした。

❖綱吉の文治政治と元禄文化

五代将軍徳川綱吉《とくがわつなよし》は今までの武断政治から文治政治へと転換を図った。生類憐《しょうるいあわれ》みの令《れい》を制定して、病人遺棄や捨て子を禁止し、人間以外のあらゆる生物への虐待や殺生をも罰することにより、長く続いた戦乱の時代によって薄れていた道徳心を喚起しようと努めた。朝廷政策では、将軍家が天皇の外戚であるという路線は放棄され、法令や慣習の範囲内であれば朝廷の独自の運営が容認されるようになり、朝幕関係は良好に推移した。

生類憐《しょうるいあわれ》みの令《れい》は「世紀の悪法」と評価され、綱吉自身も犬公方《いぬくぼう》とも揶揄されてきたが、近年の研究で、それは見直されつつある。生類憐みの令によって、死刑や流刑などの処罰になった者は極少人数しか確認されていない。

もっともこの法律の趣旨は、動物の虐待や殺生の禁止ではなかった。江戸時代初期は、長らく続いた戦乱の時代が終焉してから、まだ間もない時期で、人々の倫理の低さが問題となっていた。殺人や強盗、捨て子や虐待などが横行していたのである。朱子学《しゅしがく》に明るく聡明だった綱吉は、そうした現状を是正するため、生類憐みの令を定めた。

生類憐みの令は捨て子がいれば労わるようにといった趣旨の条文から始まる。そして、動物に危害を加えることを禁止した条文が続く。生類憐みの令とは、全ての残虐な行為を禁止し、人々に労わりの心を醸成するための、意識改革のようなものだった。しかし、なかなか人々の動物への残虐な行為が改善されなかったため、蚊を殺してはいけないといった行き過ぎた条文が後に追加された。

　こうした背景から、綱吉が死去した後に、生類憐みの令は廃止されることになるが、冒頭で示した初めの条文だけは、江戸時代を通して受け継がれていくことになる。こうして、江戸は世界でも有数の安全な都市として生まれ変わった。

　経済政策では、金の含有量を減らした元禄小判《げんろくこばん》を鋳造することで、市場に出回る貨幣量を増加させ、幕府の財政難を立て直した。また、学問を奨励し、朱子学《しゅしがく》を重視して身分制度の維持を目指した。先述の大嘗祭《だいじょうさい》を再興したのは綱吉の時代である。このように綱吉は様々な改革を断行して、人々の暮らしを豊かにした。綱吉の初期の施政を、その功績を讃えて天和《てんな》の治《ち》という。

　六代将軍徳川家宣《とくがわいえのぶ》は儒学者の新井白石《あらいはくせき》を登用した。白石は儒教の徳治主義を理想に掲げて文治政治を更に進めた。これを正徳《しょうとく》の治という。また白石は貨幣を改鋳して良質の正徳金銀《しょうとくきんぎん》を発行した。白石は七代将軍徳川家継《とくがわいえつぐ》までの二代の将軍に仕えた。

　十七世紀末から十八世紀初めにかけて、経済力や技術力を持つ上方《かみがた》の町人らが新たな文化を生み出した。これが元禄文化《げんろくぶんか》である。人形浄瑠璃《にんぎょうじょうるり》や歌舞伎では近松門左衛《ちかまつもんざえ》門《もん》の台本が人気を博した。大坂《おおさか》の町人井原西鶴《いはらさいかく》は浮世草子《うきよぞうし》と呼ばれる小説に当時の町人の姿を描いた。俳諧《はいかい》（俳句）は松尾芭蕉《まつおばしょう》によって洗練され、町人や百姓の間で親しまれた。一方、江戸では浮世絵の祖といわれる菱川師宣《ひしかわもろのぶ》が美人画などを描き、京都では俵屋宗達《たわらやそうたつ》や尾形光琳《おがたこうりん》らが屏風や襖《ふすま》などに大和絵《やまとえ》の伝統を生かした装飾画を描いた。

また、徳川綱吉による儒学の奨励は、学問の発展にも繋がった。幕府は儒学の中でも、南宋《なんそう》の朱熹《しゅき》によって構築された朱子学を重んじ、林羅山《はやしらざん》から連なる林家《はやしけ》を重用した。朱子学は、自分と社会、あるいは自分と宇宙は普遍的原理によって結ばれていて、各人が自己を研鑽することで社会秩序を維持することができるという教えで、個人と社会を統合する思想を提唱するものである。朱子学の台頭は、やがて天皇を中心とした国を目指す尊皇論を導いていくことになる。朱子学と尊皇論を重んじる水戸《みと》藩主の徳川光圀《とくがわみつくに》は、歴史書『大日本史《だいにほんし》』の編纂を命じた。

同じ儒学でも、形骸化した朱子学を批判して、時代に適応した実践理論を説いたのが陽明学《ようめいがく》だった。中江藤樹《なかえとうじゅ》と弟子の熊沢蕃山《くまざわばんざん》が江戸時代の代表的な陽明学者で、後に大塩平八郎《おおしおへいはちろう》や吉田松陰《よしだしょういん》も陽明学の教科書を書くことになる。また『中朝事実《ちゅうちょうじじつ》』を著した山鹿素行《やまがそこう》は朱子学と陽明学の両方を批判し、後世の解釈によらず、『論語《ろんご》』などの経典《けいてん》を直接実証的に研究することを重んじ、古学《こがく》を提唱した。

関孝和《せきたかかず》は和算《わさん》で優れた研究を残し、また渋川春海《しぶかわはるみ》はアラビア天文学から影響を受けて元《げん》で作られた授時暦《じゅじれき》を我が国独自のものに修正し、精度の高い貞享暦《じょうきょうれき》を作り出した。これは初めての国産の暦《こよみ》である。

❖閑院宮創立で皇統の安定を図る

金銀の産出量の減少や江戸の大火事、富士山の噴火などにより幕府の財政は元禄《げんろく》期を境に悪化していった。江戸時代を通じて一〇種類の小判が造られたが、元禄《げんろく》小判は、金の含有率が極端に少ない。それでも慶長《けいちょう》小判と同価値として流通した。この金含有量の差が通貨発行益となり、幕府に巨額の財政黒字をもたらしたが、物価の上昇を招いた。

享保《きょうほう》元年（一七一六）に八代将軍となった徳川吉宗《とくがわよしむね》は、質素倹約を掲げて幕府の財政の立て直しに取り組んだ。これが享保《きょうほう》の改革である。参勤交代軽減の代わりに大名から米を献上させ、また新田開発を奨励して米の増収に努めるなど、吉宗の改革は幕府の収入増加に結び付いた。また、それまでの法を整理した公事方御定書《くじかたおさだめがき》を制定し、庶民の意見を取り入れる目安箱を設置した。更に、日常生活に役立つ実学を奨励し、それまで厳しかった漢訳洋書の輸入制限も緩和され、天文学や医学などの新しい知識を取り入れた。また、吉宗が質素倹約を推奨したことで綱紀の乱れは正されたが、経済活動は一時的に縮小することになった。享保の改革により、幕府の財政は一時的に立ち直った。

第一一三代東山天皇、第一一四代中御門《なかみかど》天皇、第一一五代桜町《さくらまち》天皇の時代、朝幕関係は穏便に推移した。その賜物といえるのが、中御門天皇治世で六代将軍徳川家宣《とくがわいえのぶ》時代の宝永《ほうえい》七年（一七一〇）に閑院宮《かんいんのみや》が創設されたことである。時の太政大臣《だいじょうだいじん》近衛《このえ》基熙《もとひろ》が新井白石《あらいはくせき》に働きかけ、東山天皇の皇子直仁《なおひと》親王が初代当主となった。

これまで代々世襲が許される親王家は、伏見宮、有栖川宮《ありすがわのみや》、桂宮《かつらのみや》の三宮家に限られ、天皇と親王家の嗣子《しし》以外の皇族は皇子であっても成人するまでに仏門に入ることを原則としていた。世襲親王家が三家しかないことは皇統の安定を欠くため、一家増やして四家とすることになった。かつて伏見宮から天皇を立てたことは既に述べたが、間もなく皇統の危機は現実のものとなり、閑院宮から天皇を出すことになる。

そして、次の第一一六代桃園《ももぞの》天皇からは、また少しずつ朝幕間の摩擦が起きはじめた。摩擦の発端となったのは桃園天皇治世の宝暦《ほうれき》事件で、第一一七代後桜町《ごさくらまち》天皇治世の明和《めいわ》事件へと続いた。いずれも天皇を尊重すべきとの尊皇思想が弾圧された事件で、幕末に本格化する尊皇攘夷運動の兆しをここに見出すことができる。

ところで、後桜町天皇は現在のところ我が国最後の女帝として記録されている。儲《ちょ》君《くん》の英仁《ひでひと》親王がまだ幼いため、成長を待つ中継ぎとして宝暦十二年（一七六二）に践祚した。八年間在位した後、英仁親王に譲位し、第一一八代後桃園《ごももぞの》天皇が成立した

った。が、後桃園天皇が九年後の安永《あんえい》八年（一七七九）に満二十一歳にして突然の崩御とな

この時天皇には皇子はなく、まだ生まれたばかりの欣子《よしこ》内親王が一人遺されただけだった。その上、天皇の近親に皇族が一人もいなかったため、世襲親王家の内、近年創設したばかりの閑院宮典仁《すけひと》親王の第六皇子でまだ幼少の祐宮《さちのみや》を擁立し、第一一九代光格《こうかく》天皇が践祚したことで、皇統は保たれた。室町時代の後花園《ごはなぞの》天皇の即位以来、三五二年振り三度目の皇統危機となったが、かつてと同じ方法で乗り切り、男系の皇統を繋ぐことができた。

崩じた後桃園天皇の皇女欣子内親王が光格天皇の皇后とされたことにも注目したい。これは、閑院宮出身の光格天皇と先帝との血縁を近づけるための措置だった。新帝は閑院宮から立てられたが、先帝の系譜を置き去りにはしなかった。これは同じく皇位継承の危機となった継体《けいたい》天皇の例が踏襲されたものである。継体天皇も先帝の姉に当たる手白香皇女《たしらかのひめみこ》を皇后とした。綱渡り的な皇位継承だったが、この時践祚した光格天皇は、皇室の底力を発揮することになる。

❖田沼の改革と寛政の改革

安永《あんえい》元年（一七七二）に老中《ろうじゅう》となった田沼意次《たぬまおきつぐ》は様々な改革を進めた。田沼は株仲《かぶなか》

間《ま》（独占的に商売を許された商人）を公認し多額の税金を徴収することで、近代国家に繋がる税制改革を行った。また、長崎での貿易を緩和し、清への俵物《たわらもの》（煎海鼠《いりこ》、干鮑《あわび》、鱶鰭《ふかひれ》の乾物）の輸出が増大するなど、米穀経済から重商主義経済への転換を図った。また新田開発のため、印旛沼《いんばぬま》（千葉県）の干拓に商人から出資させ、蝦夷地《えぞち》を開発し、海産物の流通経路が開かれた。

田沼時代は経済の活性化だけではなく、文学や美術、国学や洋学といった各分野が華やいだ時代だった。しかし、田沼の先進的な改革に、保守的な幕臣たちは理解を示さなかった。天明《てんめい》三年（一七八三）に浅間山《あさまやま》が噴火して天候不順による冷害が生じ、翌年から本格的な飢饉に突入し、一揆や打ち毀《こわ》しが頻発した。天明の大飢饉である。このような不運も重なり、田沼は失脚し、その改革は頓挫した。

天明七年（一七八七）、十一代将軍徳川家斉《とくがわいえなり》は老中に白河《しらかわ》藩主の松平定信《まつだいらさだのぶ》を登用した。定信の六年に及ぶ一連の改革を寛政《かんせい》の改革という。定信は凶作や飢饉に備えて、各地に囲米《かこいまい》と呼ばれる米穀の備蓄を命じ、さらに借金苦の旗本《はたもと》や御家人《ごけにん》を救済するために商人からの借金を帳消しにさせ、都市に流入した農民の帰郷を促し農村の再生に努めた。また、幕府は朱子学以外の学問を禁止し（寛政異学《いがく》の禁《きん》）、その一環として、湯島《ゆしま》（東京都）に幕府直轄の昌平坂《しょうへいざか》学問所を作って、学問や武術を奨励した。また武士には倹約を徹底させた。

しかし、厳しい緊縮財政で経済は停滞し多くの批判を浴びることになる。幕政批判から風俗に至るまで幅広く禁止統制を図ったため、学問や思想は大きな影響を受けた。文化や娯楽も制限された定信の政治に対して、田沼時代を懐かしんだ次の狂歌《きょうか》が江戸で流行《はや》った。

白河《しらかわ》の清《きよ》きに魚《さかな》も棲《す》みかねてもとの濁《にご》りの田沼恋《たぬまこい》しき

身分制社会と経済の発展

豊臣秀吉時代の兵農分離を基礎に、幕府は武士と百姓・町人の身分の区別を進めた。各地では城の周辺に武士や町人が集められ、城下町は更に拡大し、都市として発展していく。また武士は軍事と行政に関わる義務を負い、名字帯刀《みょうじたいとう》（名字を名乗り、太刀を帯びること）の特権を持った。しかし、江戸時代は平和が長く続いたので、戦争に参加する機会はほとんどなく、幕府や藩の政治を担い、社会秩序を維持することが武士の主な役割だった。武士には戦う技術だけでなく、武士道と呼ばれる高い精神性が求められた。

城下町が栄えると、様々な職種が誕生し、華やかな町を形成していった。専門的にものづくりをする多種多様な職人も現れ、職種毎にまとまって町を形成することもあった。商売が活性化すると、運上金《うんじょうきん》という税金は、藩の財政を潤した。

当時の総人口の八割以上を占めていたのは百姓だった。彼らは農地を持ち年貢を納める本百姓《ほんびやくしょう》と、農地を持たない水呑百姓《みずのみびやくしょう》などに分かれていた。村の有力者は名主《なぬし》、組頭《くみがしら》といった村方三役《むらかたさんやく》の役に就いて村の自治に当たり、年貢を徴収して藩や幕府に納めた。幕府や藩は五人組を作り年貢の納入に連帯責任を取らせた。村の掟《おきて》を守らないと村八分《むらはちぶ》という罰を受けることもあった。

この中で百姓や町人に組み入れられなかった一部の人々はえた・ひにんと呼ばれる被差別階級とされ、牛馬の死体処理や皮革製造、あるいは行刑役《ぎょうけいやく》といった仕事に従事し、特定の地域に住まわされるなど厳しい差別を受けた。

江戸時代は長期間の安定した平和な時代だったため、人々は安心して日々の仕事に打ち込むことができた。大規模な新田開発が行われたことは、農業を大きく発展させた。豊臣秀吉の時代と比較すると、耕作面積は約二倍に増えた。それに伴い農機具も改良され、深耕可能な備中鍬《びっちゅうくわ》、脱穀のための千歯《せんば》こきなどが用いられ、農作業効率は飛躍的に上がった。また金肥《きんぴ》と呼ばれる干鰯《ほしか》や油粕《あぶらかす》が肥料に用いられ、土地の生産力も高まった。干鰯の需要の高まりで、房総《ぼうそう》（千葉県）では鰯《いわし》漁が盛んになった。漁業ではその他にも紀伊《きい》（和歌山県）と土佐《とさ》（高知県）では捕鯨が盛んになり、蝦夷《えぞ》地《ち》（北海道）では昆布漁や鰊《にしん》漁が栄えた。手工業が発達すると、農村では原料となる麻、綿、藍などの商品作物が盛んに栽培されるようになった。各地で城下町が整備され、建築資材の需要が大きくなると、林業も発展した。

佐渡金山《さどきんざん》（新潟県）、生野銀山《いくのぎんざん》（兵庫県）、足尾銅山《あしおどうざん》（栃木県）、別子銅山《べっしどうざん》（愛媛県）など鉱山の開発も進み、銀と銅は国外にも輸出された。幕府は江戸（東京都）と京都《きょうと》に金座《きんざ》と銀座《ぎんざ》を設置して金貨と銀貨を鋳造し、各地の銭座で寛永通宝《かんえいつうほう》（銅貨）を鋳造して流通させた。これを機に、明銭《みんせん》などの支那の通貨は流通しなくなった。

また、日本橋《にほんばし》（東京都）を起点とする五街道が完成すると、宿場町や関所が整備され、手紙を運ぶ飛脚制度も作られた。江戸では金貨が、大坂《おおさか》（大阪）では銀貨が使われ、双方の取引では大量の交換が行われた。金貨の単位は両《りょう》、分《ぶ》、朱《しゅ》で、一両は四分、一分は四朱だった。また銀貨は重さを計って用いた。三都の都市では両替商が現れ、特に大坂では金融業が発展した。商人は株仲間《かぶなかま》の特権で利益をあげた。商人は次第に富を蓄え、江戸の三井《みつい》、大坂の鴻池《こうのいけ》などの豪商も現れた。

百姓は時に不当に重い年貢を課せられると、結束して軽減を訴えた。打ち毀しなどの実力行動を伴う百姓一揆も起きた。幕府や藩主は武力で鎮圧するばかりではなく、百姓たちの要求を一部認めることもあった。

❖国学の発達と化政文化

十八世紀半ばになると儒教や仏教などの外来思想が渡来する以前の、我が国固有の民族精神を明らかにしようとする国学が生まれた。賀茂真淵《かものまぶち》は『万葉集』を学び、その門人である本居宣長《もとおりのりなが》は『古事記』を研究し『古事記伝』を著した。

当時『古事記』は、正史『日本書紀』を読む際の副読本のような位置付けだった。しかし『古事記伝』により、『古事記』が日本独自の価値観により書かれていることが示され、『古事記』の価値が認知されるようになった。『日本書紀』は漢文で書かれているのに対し、『古事記』は固有名詞などの音を伝えるために、意味を度外視して音だけ借用した万葉仮名を多用していることもあり、宣長はこの難解な書物を読み解くのに三十五年の月日を費やした。現在『古事記』を簡単に読めるのは、宣長の研究の賜物といえる。宣長は日本人の精神性を「しき嶋《しま》のやまとごころを人《ひと》とはば朝日《あさひ》ににほふ山《やま》ざくら花《ばな》」と表現し日本的価値観の重要性を説いた。

また、八代将軍徳川吉宗《とくがわよしむね》はキリスト教と無関係の漢訳洋書の輸入を許可し、蘭学が発展した。杉田玄白《すぎたげんぱく》と前野良沢《まえのりょうたく》はオランダ語の解剖書を翻訳した『解体新書』を著し外科医学に貢献した。平賀源内《ひらがげんない》はエレキテル（摩擦起電器）を修理してその模造品の製作に成功し、伊能忠敬《いのうただたか》は全国を歩いて測量し、初めて正確な日本地図を作った。

田沼意次の経済政策で行われた改鋳による貨幣の流通は庶民までにも及び、経済的な繁栄を背景に、従来の上方《かみがた》を中心とした元禄《げんろく》文化とは異なった文化が生まれた。十九世紀初めに花開いた、江戸の庶民による文化を化政《かせい》文化（文化・文政文化）という。

俳諧《はいかい》では与謝蕪村《よさぶそん》や小林一茶《こばやしいっさ》が活躍し、町人たちの間では政治や世相を風刺する川柳《せんりゅう》や狂歌《きょうか》が流行《はや》った。滑稽本《こっけいぼん》と呼ばれる十返舎一九《じっぺんしゃいっく》の『東海道中膝栗毛《とうかいどうちゅうひざくりげ》』や式亭《しきてい》三馬《さんば》の『浮世風呂《うきよぶろ》』には庶民の暮らしが描かれ、滝沢馬琴《たきざわばきん》の『南総里見八犬伝《なんそうさとみはっけんでん》』や上《うえ》田秋成《だあきなり》の『雨月物語《うげつものがたり》』などの読本《よみほん》もよく読まれた。歌舞伎の人気は更に高まり、人々は他にも落語や人形浄瑠璃《にんぎょうじょうるり》、相撲を楽しむようになった。江戸時代には、僧侶や浪人らが寺や自宅を開放した寺子屋で、町人や百姓の子が「読み書きそろばん」を学んだ。当時の我が国の識字率は世界最高水準だった。また、藩士の子弟のための教育施設である藩校や、民間の私塾などが各地に設けられ、教育機関として重要な役割を果たした。

この頃、伊勢参りや四国八十八カ所巡礼が盛んになり、様々な情報が全国に広がっていった。伊勢参りは鎌倉時代以降、武家の信仰を集め、室町時代には庶民に広がったが、江戸時代には度々爆発的な流行が起きた。特に宝永《ほうえい》二年（一七〇五）の三六二万人、明和《めいわ》八年（一七七一）の約二〇〇万人、文政《ぶんせい》十三年（一八三〇）の四二七万五〇〇〇人が多く、これらは「三大お蔭参《かげまい》り」と呼ばれる。文政期の人口は三二〇〇万人ほどなので、一年で人口の約一割が伊勢の神宮を参拝したことになる。お蔭参りは、江戸時代の庶民に最も親しまれた旅だった。

❖全国から伊勢を目指した犬たち

明和八年（一七七一）のお蔭参り流行の時、犬が初めて参拝した。外宮《げくう》神官の渡会《わたらい》重全《しげまさ》が記録に残している。それは四月十六日のことだった。一匹の犬が、外宮の北御門口《きたみかどぐち》から入り正宮《しょうぐう》の前の広前《ひろまえ》（広くなったところ）に平伏したという。本来、神宮は犬の立ち入りを禁じているが、この犬の様子があまりに堂々としていたため、神主も通したという。その後、犬は内宮《ないくう》に向かうも、内宮の神主が中に入れまいと杖で払ったが、犬は南に回り込んで五十鈴川《いすずがわ》を渡り、ついに内宮の正宮の広前に至り、また平伏した。神主も只事ではないと感じたということが記録されている。

その晩、犬は外宮の旅籠屋で一泊し、朝には帰国したらしい。その犬の飼主は山城国《やましろのくに》の高田善兵衛《たかだぜんべえ》という者で、首に着けていた札から分かったという。犬は帰路で銭の施しを受けたようで、紐《ひも》で首に巻き付けた銭が数百にも及び、重たいから可哀そうだろうと、誰かが銀に両替して括《くく》り付けてあり、銭を奪う者もいなかったという（仁科邦男《にしなくにお》『犬の伊勢参り』二〇一三）。

嘘のようだが本当の話だったようで、この伊勢参りする犬の話は全国に広がった。

そして、犬に単独で伊勢参りさせる人が続出した。事情があって伊勢に行けない人が、主人に代わって犬を伊勢に派遣して神宮大麻（神札）を受けるというのである。「お蔭参り」に掛けて「おかげ犬」と呼ばれている。単に目撃証言があるだけでなく、各地の役所に公文書として「犬」の送り状が遺されていて、首に巻き付けてあった銭の数も記録され、村から村に継ぎ送られた様子が分かる。参拝した犬は、持たされた銭から玉串料を収めて体に御札を縛り付けてもらい、国元に帰った。そのような犬が全国から伊勢を目指した。東北から伊勢を往復した犬もいた。

宿場町では犬を泊めて水と食事を与える宿があり、犬が持参した銭から代金を受け取ることを原則とするが、犬から代金を取らない宿も多かった。逆に縁起が良いからと銭を括り付ける者もいて、犬が参拝を終えて帰ってきた時には、銭が出発時より増えているということもあったという。銭を奪われた犬もいたようだが、それは例外中の例外だった。また村に犬が泊まる際に、重いだろうと木札や銭を外して寝かしてあげたところ、犬がそれらを置いて出て行ってしまい、後日、犬が置いていった札や銭を飼主の元に送り届けたという記録も残っている（前掲書）。

一貫（一文銭一〇〇〇枚）以上の銭を持った犬も珍しくなく、現在の価値にすれば一貫は一万円以上であるから、それなりの金銭といえる。金銭を携えた犬が、安全に長距離の旅ができたというのは、本当の話だった。それだけ江戸時代の街道は安全で、人々はおおらかで、動物に優しかったことが分かる。ところで現在、伊勢の神宮はペットを連れて参拝することはできない。入口にある衛士見張所でペットを預けることができる。また伊勢では各種「おかげ犬」グッズが売られている。

❖革命で近代化を果たした欧米諸国

ここで、欧米に目を向けていきたい。十七世紀の英国では地主や商工業者らが力を持ち、議会へ進出した。国王と議会とは次第に対立を強め、オリバー・クロムウェル指導の元、国王は処刑され共和制へ移行した。彼らの多くが、ジャン・カルバンの説いたプロテスタントの一派、ピューリタン（清教徒）だったことから、ピューリタン革命と呼ぶ。

その後クロムウェルが議会を解散させ独裁政治を行うと、彼の死後再び王政は復活した。しかし、ここでも議会との対立を深め、議会は国王を追放しオランダから新しい国王を迎えた。戦乱なくこの革命が成功したことから名誉革命と呼ばれる。ここで定められた『権利の章典』には、国王は議会の承認がなければ法律の停止や新たな課税はできないことが明記され、立憲君主制および議会政治が成立した。

北アメリカ東海岸には、英国からの移民によって十八世紀半ばまでに一三の植民地が作られ自治を行っていた。一七七三年、英本国で紅茶に課税する茶法が定められると、アメリカの原住民に扮装した植民地の人々が本国から輸入された紅茶を船から海へ投げ込むボストン茶会事件が起き、アメリカ独立戦争が始まった。

一七七六年にアメリカ独立宣言が発表され、ジョージ・ワシントンを司令長官とする植民地軍はフランスの支援を受けてこの戦いに勝利する。その結果アメリカ合衆国が成立し、合衆国憲法が作られると、ワシントンは米国初代大統領に就任した。

他方、十七世紀後半のフランスではルイ十四世が強大な権力を握り、商工業者や農民は重い税に苦しめられていた。十八世紀に入ると、合理的・批判的精神に基づいて伝統的権威や旧来の思想を批判し、理性の啓発によって進歩を図ろうとした啓蒙思想が盛んになった。

英国の哲学者ジョン・ロックは、社会は基本的人権を持つ個人と個人の間の契約で成り立つという社会契約説を説いた。その考え方を学んだフランスの哲学者シャルル・ド・モンテスキューは、英国の議会政治を模範とし、権力の集中を防ぐため、立法、司法、行政それぞれの権力を独立させる三権分立の考えを示した。

この考えは、米国独立戦争によって誕生した合衆国憲法にも取り入れられた。また主にフランスで活躍した哲学者ジャン＝ジャック・ルソーは人民主権を主張し、主権者である一般の人々が国家を作り、社会全体の利益を目指す政治を行うべきと説き、当時の人々に大きな影響を与えた。

十八世紀のフランス社会は、第一身分の聖職者、第二身分の貴族、第三身分の平民で構成されていた。こうした体制の中、人口の九割以上を占めた第三身分の人々は、第一、第二身分を支えるために重い税で苦しんでいた。

啓蒙思想の影響を受け、一七八九年、パリの民衆は王政を批判した罪で捕らえられた人々が収容されていたバスチーユ牢獄を襲うと、これに一部の貴族や商工業者、農民や都市の民衆も加わり、フランス革命が起こった。基本的人権の尊重と人民主権の考え方に基づく人権宣言が発表され、ルイ十六世はギロチンによって処刑され、共和制が成立した。

市民革命の代表とされるフランス革命は、欧州が市民社会に変わっていく転換点となった。革命の余波を恐れた他の欧州諸国はフランスを攻撃し、軍人ナポレオン・ボナパルトの指揮の元フランスはこれらを撃退すると、彼は政権を握り一八〇四年の国民投票で皇帝となった。ナポレオンが武力によって欧州諸国を征服する中、自由平等の考え方は更に広まり、この考え方は明治以降の日本にも大きな影響を及ぼすことになる。

❖産業革命と欧米列強のアジア進出

十七世紀の英国で、東インド会社がインドから輸入した綿織物が次第に需要を高めると、十八世紀には国内での綿織物工業が起こった。安い綿織物を効率よく大量生産するために紡績機や織機が次々と発明され、十八世紀終わり頃には蒸気機関がそれらの機械の動力として使われ、その生産力はいっそう増大した。蒸気船や蒸気機関車が工業の原料を運ぶのに活躍すると、新しい都市の発達も促された。英国は工業中心の社会へと大きく変化し、この変化を産業革命という。

産業革命が進むにつれて、工場や機械を持つ資本家が、労働者を雇い利潤を得るために生産活動をする資本主義が成立した。人口の急増した英国社会では、土地を失った農民が大地主の元で農業労働者になり、または都市へ出て工場労働者になって、このことが資本主義を支える労働力を豊富に生み出した。

資本家たちは利潤を追求し、労働者らは低賃金、長時間労働を強いられた。改良された機械は難しい技術を必要としなかったため、女性や子供も雇われた。こうした中、労働者たちは、自らの生活と権利を守るために労働組合を作り団結し、彼らは政治への参加を求めるようになる。

英国で始まった産業革命は欧州や北アメリカの国々でも進み、同時にフランス革命の影響を受けて、自由平等の考え方に基づき人々をまとめる近代国家の建設が進んだ。

十九世紀、「世界の工場」と呼ばれた英国は、安価な原料の入手先と工業製品の販売先を求めて世界各地に進出し、最大の植民地を持つ大帝国となった。植民地になった地域では、欧米から安い工業製品が流入し、伝統的な産業は衰えた。
特にインドでは手工業による綿織物産業が大打撃を受け、一八五七年、英国の支配に不満を持った人々はインド大反乱を起こした。しかし英国はこれを鎮圧すると英領インドを成立させてインドを直接統治するようになり、植民地支配の拠点をインドに定めた。やがて江戸時代には、幕府が許したオランダ以外の国々の船が日本の周囲にも姿を現すようになる。

十八世紀末から、日本の沿岸には、ロシア、英国、米国などの外国船が頻繁に現れるようになった。特にロシアの使節レザノフは日本人漂流民の大黒屋光太夫《だいこくやこうだゆう》らをともなって来航し、彼らの返還を口実に通商を求めた。幕府はロシアとの通商を断る一方で、ロシアの南下に備えて、間宮林蔵《まみやりんぞう》らに蝦夷地《えぞち》の調査を行わせ、蝦夷地を幕領とした。また幕府は異国船打払令《いこくせんうちはらいれい》を出し、外国の船は追い払う方針を示すと、高野長英《たかのちょうえい》などの蘭学者や渡辺崋山《わたなべかざん》らがこの方針を批判し、処罰された。これは蛮社《ばんしゃ》の獄《ごく》という。

十八世紀、英国は朝貢の形式をとって清と貿易を開始した。その頃の貿易は、英国は清から茶や絹を輸入しその代金を銀で支払うという片貿易《へんぼうえき》だった。十九世紀に入り清へ支払う銀が不足すると、英国はインドへ綿織物などの工業製品を輸出し、インド産のアヘンを清へ密輸し利益を得るようになった。これを三角貿易という。

清はアヘン依存症患者の増加とその代金となる銀の不足に苦しみ、一八三九年、欽《きん》差大臣《さだいじん》（特命全権大使）の林則徐《りんそくじょ》が広東のアヘンを没収、処分した。英国商人たちはこれに抗議し、一八四〇年、自由貿易の実現を口実に英国は東洋艦隊を派遣し清を攻撃する。これがアヘン戦争である。英国は戦争に勝利すると、清と不平等条約の南京《なんきん》条約《じょうやく》を結び、香港《ほんこん》を手に入れた他、広州《こうしゅう》などの五港で自由貿易を認めさせ、莫大な賠償金も手に入れた。

オランダや清から海外の情報を得ていた幕府は、清が英国に敗北したことを知り大きな衝撃を受けた。幕府は異国船打払令を緩和し、天保《てんぽう》十三年（一八四二）、薪水給《しんすいきゅう》与令《よれい》を出し、薪や水を与えて退去させることにした。幕府が軟弱な外交姿勢をとる一方で、国内の諸藩では外国の侵略に備え、軍事をはじめとする西洋式技術や西洋の学問を積極的に学ぼうとする動きが広がった。

❖御所千度参りと窮民救済の申し入れ

光格天皇は満八歳で践祚し、三十七年間在位した。光格天皇は譲位後もさらに二十三年間院政を敷いたため、通算すると六十年間君臨したことになり、その長さは実質的には、飛鳥時代以降で在位期間が最長の昭和天皇にほぼ匹敵する。光格天皇は歴代の天皇の中でも、特に理想的な天皇像と君主意識を明確に持ち合わせた天皇だった。

光格天皇の君主意識の強さは傍系から即位したことが大きく影響していると思われる。そのことは光格天皇にとって劣等意識であると同時に強みにもなった。光格天皇は六十九年の生涯を通じて朝廷の権威を取り戻すために挑戦し続けた。その時代は幕府の勢いに陰りが見え、維新への足音が聞こえ始めた時期である。

フランス革命の直接の切掛は飢饉だった。天明《てんめい》三年（一七八三）にアイスランドのラキ火山と日本の浅間山《あさまやま》がほぼ同時期に大噴火を起こし、長期間に亘《わた》って地球規模の天候不順が起きたことで、世界的な飢饉が起きた。フランスでは「パンをよこせ」というデモ行進からフランス革命が始まり、国王を処刑して王朝を打倒した。しかし、同じ時期に日本でも天明の大飢饉が起きたが、天皇を処刑するということは起きなかった。

天明七年（一七八七）、江戸では本来金一両で一石（一〇斗。約一五〇キログラム）以上の米を買うことができたところ、一斗六升（約一二キログラム）しか買えないほど米価が高騰した。天明の大飢饉で全国で九〇万人を超える餓死者が出たといわれている。この時各地で百姓一揆が起こり、その数は天明年間（一七八一～八九）だけでも一〇〇件を超す有様だった。その上全国各地で大規模な打ち毀《こわ》しが起こり、なかでも天明七年五月の江戸の打ち毀しは異常な激しさを呈した。

六月に入ると大飢饉の影響は御所にも現れた。広大な御所を一周ぐるりと取り囲む塀を築地塀《ついじべい》というが、六月七日、この一周約一三〇〇メートルの築地塀を願いながら廻る「御千度《おせんど》」をした一人の老人がいた。それが発端となり、時間と共にその人数が膨らんでいき、その日は四、五〇人が御所の塀を祈りながら廻ったという。人々は塀を廻り、正門に当たる南門などで思い思いに祈願をした。この現象を藤田覚《ふじたさとる》氏は「御所千度参り」と呼び、著書でその実態について詳しく記している（藤田覚『近世政治史と天皇』一九九九）。

その後、日に日に規模が膨らみ、三日後の六月十日にはおよそ一万人となり、翌十一日には五万人、十八日の前後四、五日間は一日当たり七万人に上り、その後減少に転じ次第に終息へ向かったものの、三カ月が経過した後も続いた。

飢饉で困り果てた町人たちはそれまで何度も京都町奉行所へ願い出たが救済の措置はなされず、その結果民衆は御所へ直接救済を訴えることになったのが、この御所千度参りの始まりだった。そのような政治的な背景の他に、千度参りでは民衆が天皇を神と捉えて豊作を祈願する宗教的な要素が存在している。人々は主に五穀豊穣を祈った。

しかし、その行動も大規模化する内にお祭りの様相を呈し、京都だけでなく大坂や近江《おうみ》など近国をも巻き込んだ一大行事となった。人々は御所に賽銭《さいせん》を投げ入れ、あたかも初詣の神社のように拝み始めたという。旧暦の六月は夏真っ盛りで、朝廷は築地塀の周りの溝を掃除して湧き水を流し、民衆に利用させた。また有栖川宮《ありすがわのみや》からは茶、そして後桜町上皇からはリンゴが配られた。三万個用意したリンゴも昼までには配り終えた。天皇から赤飯が配られたという記録もある。しかも集まってきた民衆を相手に商売をする輩《やから》も現れ、菓子やトコロテンなどの出店が五〇〇から六〇〇並び、その賑やかさにつられて裕福な町人から芸人、遊女までが見物に現れ、縁日のようだったという。大規模な御所千度参りは幕府に対する民衆の強い不満が背景にあり、幕府の権威は傷付けられたが、その半面、天皇が民衆に強く意識され、朝廷の権威は格段に高まった。

光格天皇はこの時、大きな挑戦を試みた。民を救済するよう幕府に申し入れを行うというのである。実はこれは朝廷からすると大きな賭けだった。江戸時代を通して朝廷は幕府の政治に一切関わってこなかったため、今回の申し入れも一つ間違えれば朝幕関係に罅《ひび》が入らないとも限らない。これは、財政面で幕府に頼りきっている朝廷の弱みでもあった。

そこで光格天皇は御所千度参りで民衆が御所に押し掛けている真っ只中にこの作戦を決行した。状況は極めて異常であり、朝廷が幕府に民の救済を申し込む上で必然的な状況が整っていた。全く絶妙な時機だった。

光格天皇は関白鷹司輔平《たかつかさすけひら》に細かい指示を与えた。関白は六月十二日に武家伝奏二名に対し、京都所司代戸田忠寛《とだただとお》に窮民救済の件で話し合いをするように命じた。それを受けて武家伝奏両名は六月十四日、京都所司代の戸田と面会し、窮民救済の申し入れを行った。この時、武家伝奏は口頭で申し入れを行い、併せて文書も差し入れている。しかし文書を手渡す際に武家伝奏は「文書による申し入れではなく、あくまでも口頭による申し入れであり、文書は念のために差し入れているに過ぎない」と強調した。なぜなら口頭よりも文書の方がより正式であり、より強い意味合いになるためである。所司代はその旨も併せて老中に報告していて、この点については朝廷と幕府が共通の認識を持ったことになる。また所司代は朝廷からのこの申し入れを違和感なく受け入れ、江戸でも申し入れ自体は問題とならなかった（藤田覚『幕末の天皇』一九九四）。

光格天皇の挑戦は大成功を収めた。ただ幕府に政治的意見を述べただけではなく、結果として一五〇〇〇石の救い米を幕府に放出させることになり、形式的な効果と共に実質的な効果も得た。しかも何よりも価値が大きいのは、窮民救済のような事柄については朝廷が幕府に申し入れを行うことが可能という前例を作ったことである。

この窮民救済の申し入れは、一見些細《ささい》なものに思えるが、この一件は飢饉など国家の非常事態に当たって天皇は幕府に意見することができるとの先例を開いた。そしてこの先例は、光格天皇の孫に当たる第一二一代孝明《こうめい》天皇の治世で大きな意味を持つことになる。孝明天皇は外交問題で幕府を追い詰め、朝廷の権威を高めていく。

❖二回目の窮民救済の申し入れ

光格天皇の御世《みよ》で日本は外国との軍事的な衝突を経験した。これは孫の孝明天皇の代で天皇が外交問題で主導権を握る伏線となる事件だった。文化《ぶんか》元年（一八〇四）にロシア使節のレザノフが長崎に来日した際に、幕府が使節に対して通商を拒否したことが原因となり、文化三年（一八〇六）にロシア軍艦が樺太《からふと》の日本の施設と船を軍事攻撃した。しかも翌年四月にも樺太と択捉島《えとろふとう》、五月には利尻島《りしりとう》でもロシアから同様の攻撃を受けた。これに対して幕府は東北の諸大名に蝦夷地に出兵するよう命令し、日露関係は緊張した。

日本が外国による軍事攻撃を受けたのは弘安《こうあん》四年（一二八一）の弘安の役、つまり元寇以来実に五二五年振りのことだった。しかし、ここで最も重要なのは軍事攻撃を受けたことではない。幕府が自主的に朝廷に対外情勢について報告したことである。文化四年（一八〇七）六月、京都所司代阿部正由《あべまさよし》から禁裏付《きんりづき》を通じて、蝦夷地で起きた騒動に関して朝廷へ情勢をお知らせするべきかとの問い合わせがあり、武家伝奏広橋伊光《ひろはしこれみつ》が情勢を知りたい旨の意思を示し、情勢を記した書面を受け取った。

朝廷から報告を求めたのでなく、幕府側が自主的に報告してきたところが重要である。この時期、幕府がなぜこのような行動を取ったかは明らかではないが、当時幕府側も朝廷側もこの報告の件はあまり重要に捉えていなかったようである。しかし天明七年（一七八七）に朝廷が幕府に窮民救済の申し入れをしたことが、今回の対外情勢報告に繋がったものと考えられる。大飢饉や対外関係など国の大事に関しては、大政委任であろうとも幕府が朝廷に報告するなり、意向を聞くなりするべきであるとの考え方が、暗黙の上に成立し始めていた。しかし、幕府が対外情勢を報告したことは外交問題について幕府が朝廷に情勢を報告した前例として記録され、後に幕府を苦しめることになる。

文化十四年（一八一七）、光格天皇は第一二〇代仁孝《にんこう》天皇に譲位して院政を敷いた。仁孝天皇治世の天保《てんぽう》四年（一八三三）から全国的な大飢饉が始まった。天保の大飢饉である。それ以来天保九年（一八三八）まで異常気象が続くことになる。天保八年（一八三七）、天明の大飢饉に際して窮民救済の申し入れをした先例に基づいて、朝廷は幕府に対して同様の申し入れを、今度は文書で堂々と差し入れた。この申し入れも、幕府側で問題視された形跡はない。口頭と文書の違いはあるものの、先例があることとして官僚的に処理されたのである。

天保八年、特に多くの餓死者が出た大坂では、豪商の米の買い占めに対し陽明学徒の大塩平八郎《おおしおへいはちろう》が町人や百姓を率いて暴動を起こした。大塩平八郎の乱と呼ばれるこの乱は一日で鎮圧されたが、幕領の大坂で幕府の元役人による反乱が起きたことは幕府にとって衝撃的な事件だった。武士による武力蜂起という点では、寛永《かんえい》十四年（一六三七）の島原《しまばら》の乱以来、二〇〇年振りの事件だった。この事件は大きな波紋を呼び、噂は瞬く間に全国に広がっていった。そしてこの事件は長い間圧政に苦しんできた庶民に、幕府に批判的な目を持たせる契機となった。弱りつつある徳川幕府はこの反乱を重く受け止め、各方面に対して締め付けを強めていく。

天保十四年（一八四三）、老中《ろうじゆう》水野《みずの》忠邦《ただくに》は農村再建のため、人返《ひとがえ》しの法《ほう》により都市の農民を農村に帰し、農民が商業に手を出すことを禁じた。また商業抑制にも取り組み、株仲間の解散を命じ、倹約令で歌舞伎などの大衆文芸を取り締まった。これら一連の政策を天保の改革というが、強引な改革は反発を招き、幕府の権威は衰えた。

幕府が天保の改革を行っている頃、諸藩でも改革が実施された。薩摩藩《さつまはん》では調所広郷《ずしよひろさと》が登用され、長州藩《ちようしゆうはん》では村田清風《むらたせいふう》が、肥前藩《ひぜんはん》では藩主鍋島直正《なべしまなおまさ》が財政の立て直しを図るだけでなく、洋式砲術を採用し軍事力強化に力を注いだ。改革に成功した諸藩は雄藩と呼ばれ、幕末の政局において大きな発言力を持つことになる。

❖天皇から幕府に下った勅命

光格天皇が没しても、その気概は孫の第一二一代孝明《こうめい》天皇に引き継がれ、孝明天皇の時代に朝廷の権威は急上昇を果たし、朝廷と幕府の立場が入れ替わることになる。孝明天皇の父である仁孝《にんこう》天皇は若くして突然の病によって崩御したため、弘化《こうか》三年（一八四六）、孝明天皇は満十五歳で践祚した。この年は外国の商船や軍艦が日本との交易を求めて次々と来航したため、対外的な緊張は俄かに高まった。そして孝明天皇の公式記録である『孝明天皇紀』は、早くもこの年に、海防を厳重にするように天皇が幕府に勅命を下したことを記す。

幕府に勅が下ったのは、少なくとも江戸期において前例はない。後醍醐《ごだいご》天皇の親政以来約五〇〇年振りのことだった。この勅は歴史的に大きな意義があり「海防の勅」と呼ばれている。降勅が実現したのは祖父光格天皇の事蹟の賜物だった。かつて光格天皇が幕府に二度に亘《わた》り窮民救済を申し入れたのが、孝明天皇の幕府に対する政治発言の先例となった。また、同じく光格天皇治世の文化《ぶんか》四年（一八〇七）にロシア軍艦が樺太《からふと》の日本の施設と船を攻撃して軍事的な衝突を起こした事件で、幕府が朝廷に自発的に報告したが、このことは、外交問題について幕府が朝廷に報告する先例となった。

孝明天皇は海防の勅を発すると、続けて文化の報告の先例を示し、外国船の渡来状況を報告するよう幕府に命じ、幕府はこれに応じた。これらの孝明天皇の要求は、全て光格天皇の先例に基づいていたため、幕府内で別段問題になった形跡はなく、いずれも自然に受け入れられた。その後、孝明天皇は外交問題について幕府に頻繁に報告を求め、意見をぶつけ、やがて幕府は身動きが取れなくなる。

勅を発した天皇は、早速行動を起こした。石清水八幡宮《いわしみずはちまんぐう》臨時祭に勅使を派遣して四《し》海静謐《かいせいひつ》を祈願させた。歴史が示すように、国家の危機に際して天皇が先ずすべきことは「祈ること」だった。その後、天皇は三十五歳で崩御するまでの間、外患について夥《おびただ》しい数の祈りを捧げることになるが、今回の祈りはその初例となった。

嘉永《かえい》六年（一八五三）、米国の東インド艦隊司令長官マシュー・ペリー率いる米国艦隊が浦賀《うらが》沖（神奈川県）に現れ開国を要求すると、日本は激動の時代に突入する。これまで天皇は御簾《みす》の奥深くに鎮座するもの言わぬ存在だった。だが時代は天皇を政治の表舞台に引きずり出したのである。

❖天皇の逆鱗に触れた通商条約締結

嘉永《かえい》六年（一八五三）、米国のペリーが四隻の軍艦で浦賀に来航し、開国を求める国書を差し出した。幕府は翌年、日米和親条約を結び、下田《しもだ》（静岡県）と箱館《はこだて》（北海道、函館）の二港を開いた。そして、他の列強とも同様の条約を批准した。だが、和親条約は「仲良くしましょう」といった紳士協定に過ぎず、朝廷には幕府から事後報告があるも、この段階で大きな騒ぎにはならなかった。孝明天皇は強い関心を抱きつつも、祈りを捧げるに留まった。

しかし、安政《あんせい》三年（一八五六）に米国総領事タウンゼント・ハリスが下田《しもだ》に着任し、通商条約締結を要求すると、その可否を巡って日本を二分する大論争が起きた。通商条約は先の和親条約と違い、積極的に商取引をする内容で、多数の外国人の日本居住を前提としていた。以降、開国派と鎖国派が激しく争うようになる。

幕府首脳は開国で一致していたが、諸大名では意見が分かれ、特に徳川御三家の内、尾張藩《おわりはん》と水戸藩《みとはん》の二家が条約締結に反対したことで膠着状態に至った。幕閣を率いていた老中首座《しゅざ》堀田正睦《ほったまさよし》は、朝廷の勅許《ちょっきょ》を得ることで、反対意見を抑えようとした。天皇の力を借りて国論を統一するなど、江戸幕府開闢《かいびゃく》以来初めてのことだった。幕府が既に弱体化し、統率力が弱くなっていたことが分かる。

そこで安政五年（一八五八）堀田自ら上京して天皇に説明し、条約締結の勅許を願い出た。しかし、天皇は最初から通商条約締結に反対だった。朝廷内部でも激しい意見の対立があり、関白が主導して勅許を下す朝議が一旦は決定したものの、孝明天皇の呼び掛けにより八八人の下級公家の列参が起き、紆余曲折を経て、朝廷は勅許を拒絶することを決定した。堀田は孝明天皇を「もの言わぬ天皇」と想定していて、まさか勅許が下りないとは想像もしていなかったと思われる。散々ごねたが、結局、勅答は変更されず、堀田は関白の面前で泣いたと伝えられる。堀田が江戸に送った書状には「堂上《とうしよう》がた正気の沙汰とは存ぜられず、嘆息仕《たんそくつかまつ》り候」（田辺太一《たなべやすかず》『幕末外交談』）と書かれている。これにより堀田は失脚し、井伊直弼《いいなおすけ》が大老に就任した。

天皇は幕府を困らせようとして勅許を拒んだのではない。天皇は、通商条約により邪教や異文化が流入し、日本が何か違ったものに変化してしまうとの危機感を抱いていた。

ところが、井伊は朝廷の意向を無視して、日米修好通商条約を締結した。幕府は箱館（函館）に続けて神奈川（横浜）と長崎を開港し、新潟、兵庫（神戸）は攘夷運動の高まりで開港まで時間を要した。条約は領事裁判権を認め、関税自主権がない不平等なものだった。

天皇の元にようやく届けられた報告は「既に通商条約を締結した」という内容だった。天皇の逆鱗《げきりん》の様子は甚だしく、直ぐに譲位の意向を表明した。天皇を辞めるというのである。これほど怒りと絶望にまみれた天皇の宸翰《しんかん》は歴史上そうあるものではない。

「古書に記される通り、元来帝位を踏むことは容易なことではない。唐《から》（支那）においては子孫に限らず、例え平民でも賢才があれば皇帝になることができる。しかし日本では帝位は子孫による相続が正流であり、他流を用いない。統仁《おさひと》（孝明天皇）においても愚かで才能に乏しいながら、その血脈が違《たが》わぬことを以って、皇位を継いだが、践祚《せんそ》は固く辞退すべきだった。

去る安政《あんせい》元年〔一八五四〕、諸国の変事が数度あり、万民が不安を感じるに至ったのは、皆統仁の薄徳《はくとく》によるものである。謹んで国を治めるつもりだが、異国船が度々渡来し、米使節は和親通商を乞い、表面上は親睦の情を述べ、実は後年日本を併合する意図の見える条約である。幕府の閣老を通じて問い合わせがあり、昼夜考えを巡らせたが、実に以って神州《しんしゅう》の瑕瑾《かきん》〔傷付くこと〕、許すまじきことである。

しかし、もしこれを許さなければ、戦争に及ぶことになる。人々の気は怠慢で、武備は整わず、諸外国に敵することは難しい。武士の名目で、例え平和な治世が続いているとしても、戦えないということでは実に征夷大将軍の職官として嘆かわしい。政務は関東〔幕府〕に委任してあるので、強くいうと公武〔朝廷と幕府〕の関係に影響があるが、条約の一件は、どこまでも許容いたし難い。昨日武家伝奏が持参した書状〔調印したという報せ〕を見たところ、誠に以って存外の次第、実に悲痛などという程度のものではなく、言語に尽くし難い。

この一大事に、愚かな統仁願うに、このまま帝位にいて聖跡《せいせき》を穢《けが》しても、実に恐懼《きょうく》にたえず、誠に以って嘆かわしきことであり、英明の人に帝位を譲りたい。とても帝位に居り、万機の政務を聴き、国を治めること力に及ばず、その上、夷《えびす》一件《いっけん》で諸外国の申すまま聞いては、天神地祇《てんじんちぎ》（天の神・地上の神）皇祖（初代天皇）に対し奉り申し訳なく、かつ所詮意見を述べたとしても、今回のように無視される次第、実に以って、身体ここに極まり、手足を置く所もない状況に至った。何卒、帝位を他人に譲ることを決心したので、早々関東（幕府）へ通達するように」（『孝明天皇紀』孝明天皇の譲位の内勅、安政五年六月二十八日、一八五八、現代語訳、部分要約）

結局、水戸藩《みとはん》に密勅を下すことで譲位は取り下げられたが、「戊午《ぼご》の密勅」と呼ばれるこの勅は幕府を強く刺激した。この書簡は、幕府が無断で条約を締結したことと、それに抗議した諸大名が処罰されたことに難色を示しつつも、諸大名が議論を尽くして徳川家を助け、公武合体が長く続くよう願っている、という程度の内容に過ぎない。まして、倒幕を命じるものではなく「密勅」というほどの大袈裟なものではなかった。しかし、朝廷が幕府を経ずに大名に書簡を受け渡すことも、大名が朝廷から書簡を受けることも、禁中並公家諸法度で厳しく禁止されていたことだった。井伊直弼《いいなおすけ》による安政の大獄を引き起こす直接の原因になってしまう。

井伊は、書簡に関わった者だけでなく攘夷派の志士や政敵（一橋派—一橋慶喜《ひとつばしよしのぶ》を将軍に推す勢力）をも次々と逮捕し処罰した。この時に橋本左内《はしもとさない》、吉田松陰《よしだしょういん》が処刑され、梅田雲浜《うめだうんぴん》が取り調べ中に病死した。これが安政《あんせい》の大獄《たいごく》である。鎖国派を弾圧したことは鎖国派を刺激し、外国を打ち払うという攘夷思想へと転換して、井伊の排斥運動を展開するようになる。大獄に憤った水戸藩の浪士らは、万延《まんえん》元年（一八六〇）に井伊を暗殺した。この事件は桜田門外《さくらだもんがい》の変と呼ばれている。

事件後、攘夷派は、対幕府強行の姿勢を鮮明にして、長州藩《ちょうしゅうはん》や公家を中心とした尊王攘夷運動を展開するようになる。他方、幕府は朝廷との結び付きを強めることによって権威を回復しようとする公武合体へと方針を転換する。

❖朝廷と幕府の立場が入れ替わる

井伊大老が暗殺されたことで大獄は終結し、再び孝明天皇が復権した。井伊政権の後に成立した安藤信正《あんどうのぶまさ》、久世広周《くぜひろちか》政権は、朝廷に対する圧制を融和策へ転換した。そこで幕府は、十四代将軍徳川家茂《いえもち》と皇女和宮《かずのみや》の縁組を朝廷に申し出て、朝廷と幕府の結びつきを強めて権威回復を目指す公武合体を進めようとした。和宮は天皇の妹で、既に有栖川宮熾仁《ありすがわのみやたるひと》親王との婚約が成立していたが、幕府が執拗に降嫁を求めたため婚約は解消され、将軍との縁談が成立する。孝明天皇は、幕府に好意的でありながらも、幕府に攘夷の年限を十年以内と約束させるなど、公武合体と攘夷を主張して独自の信念を貫いた。そして文久《ぶんきゅう》元年（一八六一）、和宮は江戸に下った。

和宮降嫁が実現すると、安政の大獄の反動で、公武合体運動と尊皇攘夷運動が激しく交錯した。天皇は、幕府と一体となって（佐幕）外国と断交すること（攘夷）を政治的信念とし、天皇が力を付けるに従って、公武合体派と尊皇攘夷派の両方が勢いを増した。薩摩、長州などの外様《とざま》雄藩が京都に進出し、また「草莽《そうもう》の志士」といわれる尊攘派下級武士が政治活動を展開するようになったのは、この頃である。

幕府は公武合体策により一時は勢力を回復するが、和宮降嫁《かずのみやこうか》に反発した攘夷派の志士が、文久《ぶんきゅう》二年（一八六二）一月、老中安藤信正《あんどうのぶまさ》の暗殺を試みた坂下門外の変を起こした。結果こそ未遂に終わるが、これにより再び幕府の権威は失墜し、攘夷派が活発化していく。

同年五月、天皇は攘夷を督促するために江戸に勅使を派遣した。この時、天皇と将軍の立場が入れ替わったことを如実に示す事件が起きる。将軍に勅書を受け渡す作法は、今までは将軍が大広間上段に着座し、勅使は下段に平伏していたところ、この日、立場が入れ替わったのである。作法の変更は朝廷から申し出たもので、幕府内で議論を重ねた結果、これを受諾した。上段に座るのは将軍ではなく勅使に改められた。幕府にとって、公武合体により朝廷の権威にすがるほか進む道はなくなっていた。

京都では公武合体派と尊皇攘夷派が激しく覇権を争ったが、結局、尊攘派が公武合体派を圧倒し、朝廷は尊攘派の公家たちによって乗っ取られたも同然だった。

文久三年（一八六三）に、二二九年間途絶えていた将軍の上洛が実現した。将軍家茂は天皇の家臣として禁裏御所に参内し、攘夷の実行を約束させられ、そして天皇は年下の家茂をかわいがった。

間もなく天皇は攘夷祈願のため、将軍以下諸侯を従え加茂《かも》社（上賀茂《かみがも》神社と下鴨《しもがも》神社）へ行幸した。高杉晋作《たかすぎしんさく》が、攘夷を実行できない将軍に皮肉を交えて「征夷大将軍！」と掛け声を掛けたのはこの時である。天皇に供奉《ぐぶ》する将軍の姿を目にした庶民は、将軍が天皇の家臣であることを知った。江戸時代、天皇の外出は幕府に禁止されていた。火災による避難を除くと、天皇の行幸は寛永三年（一六二六）の後水尾天皇の二条城行幸以来、二三七年振りのことだった。天皇は続けて石清水社《いわしみずしゃ》にも攘夷祈願の行幸をした。朝廷の権威は、頂点に達しようとしていた。こうして、家康から家光の時代に完成した朝廷統制が徐々に崩れていった。

❖倒幕の障壁となった天皇

朝廷からの督促により、幕府は攘夷の実行は不可能であると知りつつも、攘夷決行日を「文久三年五月十日」と上奏した。そして容赦なく期日は訪れる。しかし、この期日は外国を打ち払うのではなく、あくまでも開国拒否の談判を始める日を意味していた。しかし、長州藩《ちょうしゅうはん》は期日になると、関門《かんもん》海峡を通る米国商船、フランス軍艦、オランダ軍艦を砲撃して攘夷を実行した。

朝廷は尊攘派の思うままに動かされるようになり、天皇としての権威は高まるも、孝明天皇自らの意思は通りにくい段階に入った。尊攘派は天皇の大和《やまと》行幸を実現させ、大和の地で攘夷のための兵を挙げ、天皇自ら軍を指揮し、天皇親政を復活させるという大胆な構想を練っていた。天皇は尊攘派とは攘夷について意見は一致するものの、公武合体を目指す天皇に親政の意図は全くなかった。

この大和行幸の真意は事前に会津藩《あいづはん》と薩摩藩《さつまはん》を中心とした公武合体派の知るところとなった。公武合体派は、攘夷がより過激化するのを恐れ、孝明天皇を中心とする朝廷内の公武合体派と手を組んで、京都から三条実美《さんじょうさねとみ》、東久世通禧《ひがしくぜみちとみ》ら攘夷派の公家と長州藩兵を追放し、大和行幸は中止とされた。八月十八日だったので八一八の政変と呼ばれている。追放された七卿は再起を図り、長州藩《ちょうしゅうはん》兵と共に落ち延びた。これにより朝廷から尊攘派が一掃され、公武合体派が朝廷の実権を握ることになる。

しかし、天皇の意思が通りやすくなったわけではない。朝廷の権威を高めたのは尊攘派の存在であり、その尊攘派を排除したことで勢いを失った朝廷は、幕府に依存する体制を強め、天皇の攘夷への信念を通しにくい状況に変わりはなかった。

薩摩藩は文久二年（一八六二）に、大名行列を乱した英国商人を殺傷した生麦《なまむぎ》事件を起こしていて、文久三年（一八六三）に薩英戦争が起きた。殺傷事件の報復として来襲した英国艦隊と交戦し、激戦の末、撃退には成功したものの、鹿児島の城下は火の海となった。この頃に薩摩藩では西郷隆盛《さいごうたかもり》や大久保利通《おおくぼとしみち》らが実権を掌握し、英国に接近して軍備を増強した。

翌元治元年（一八六四）、勢力の回復を狙った長州藩は、再び主導権を握ろうと、御所《ごしょ》軍を率いて上洛し、禁裏御所近くで幕府軍たる薩摩藩と会津藩の兵と衝突した。御所の蛤御門《はまぐりごもん》で戦闘となったため、蛤御門の変と呼ばれている。結果は長州の惨敗だった。御所門外で戦闘が起きたのは、応仁の乱が終結してから三八七年振りのことだった。また天皇の居所である禁裏御所が攻撃されたのは、身内同士で争った南北朝を除けば、後醍醐《ごだいご》天皇が倒幕の兵を挙げて以来、実に五三三年振りのことだった。幕府は朝敵となった長州藩を討つように諸藩に命じ、長州藩は恭順の意を示した。これが第一次長州征伐《ちょうしゅうせいばつ》である。

時を同じくして馬関《ばかん》戦争が起きた。関門海峡で砲撃を受けたことに対する報復だった。四国連合艦隊（米国、英国、フランス、オランダ）の圧倒的な火力に長州藩は敗北を喫した。列強の強大な軍事力を目の当たりにした長州の木戸孝允《きどたかよし》などは、攘夷を押し通すことの難しさを知り、幕府を打倒して列強に対抗できる強い国家を作るべきと考えるようになった。木戸は高杉晋作《たかすぎしんさく》らと共に藩の実権を握り、倒幕の志を立てる。

講和の席で英国側から彦島《ひこしま》（山口県下関市）を割譲、あるいは租借させるように執拗な要求があったが、高杉が『日本書紀』を持ち込んでおよそ一刻（二時間）、神話を読み聞かせて、日本は神の国であるから、外国に明け渡す土地はないと述べたところ、英国側はその要求を取り下げたという逸話が伝わっている。

歴史は天皇の希望とは常に正反対に動いていった。慶応元年（一八六五）、英米仏蘭連合艦隊が兵庫沖に現れ、開港と安政五カ国条約の勅許を求めた。幕府は一転して朝廷に条約勅許を願い、天皇は踏ん張ることができず、遂に条約に勅許を与えた。天皇の攘夷への意思は揺るがなかったが、二度の政変で尊攘派を排除していたため、攘夷への勢力は完全に衰えていた。これにより、天皇は失意の中で孤立した。

開国と倒幕を目指すという点で、目的が一致した長州藩と薩摩藩は、慶応二年（一八六六）、坂本龍馬《さかもとりようま》の仲介で、薩長同盟を結んだ。同年、第二次長州征伐が始まり、幕府は再び長州藩を攻めるが、不利な戦況の中、将軍家茂が亡くなったため休戦することになった。この頃から対幕府強硬派が力を付け、倒幕への動きが勢いを増した。天皇の政治信念である「佐幕」と「攘夷」はいずれも空しい響きとなっていた。それでも公武合体への信念を枉《ま》げなかった天皇の存在は、倒幕の潮流に対する最大の障壁となってしまう。

❖孝明天皇崩御、そして大政奉還へ

慶応二年（一八六六）の暮れ、孝明天皇は風邪気味で臨時御神楽《みかぐら》を途中退席した。その後高熱に見舞われ、発疹が現れたため、十二月十六日に典医《てんい》一同は、天皇の病を痘瘡《とうそう》（天然痘）と診断した。『孝明天皇紀』によると、その後、天皇の症状は一般的な痘瘡の症状通りに推移して峠を越え、回復へと向かった。だが、二十四日の夜になって天皇の容態は急変し、再び高熱に見舞われた。そして、激しい嘔吐、下痢、下血を繰り返し、十二月二十五日（西暦一八六七年一月三十日）午後十一時ごろ、「九穴《きゅうけつ》より御脱血」という筆舌に尽くし難い苦しみの末、壮絶な崩御を遂げた。満三十五歳だった。

壮健な天皇が突然病に冒されて、短期間の内に崩じてしまったことから、納得のいかない人が多かった。そして、天皇の死は第三者による暗殺ではないかとの噂が広がった。現代医学の知識を動員して考察すると、痘瘡は接触感染と空気感染の可能性があるが、この時期に天皇の周辺で痘瘡感染者がいないため、痘瘡自体が生物テロだった可能性が指摘される。また、痘瘡は一旦回復に向かったのに急変して死に至ることはあり得ない。さらに、天皇の最期が急性砒《ひ》素《そ》中毒症状と酷似することもあり、天皇が天然痘に罹《かか》ったことに乗じて、二十四日の晩に誰かが砒素を盛った可能性がある。

いずれにしても断定するには至らず、崩御の真相は闇の中である。しかし、天皇の崩御の時期が倒幕派にとって余りに都合の良い時期であり、当時から暗殺説が実《まこと》しやかに唱えられていたことは事実である。天皇の崩御により、満十四歳の皇子が践祚して明治天皇が成立した。少年の天皇には摂政が立てられ、在京する薩長藩士らの強い指導の元、倒幕への流れが加速した。

孝明天皇の崩御に伴い、第一二二代明治《めいじ》天皇が践祚し、朝廷でも倒幕派が優勢になった。そのような情勢を見て、十五代将軍に就任した徳川慶喜《とくがわよしのぶ》は、土佐藩《とさはん》の助言もあり、政権を朝廷に返上することを決意した。そして大政奉還により、二六〇〇年余り続いた江戸幕府が大政を担う体制は幕を閉じた。

孝明天皇の崩御がもし少しでも前後していたら、日本の歴史は全く違ったものになったと思われる。皇室も幕府と共に倒されていた可能性が高い。世界の歴史の大勢では、王政が打倒され、共和国が成立するものだった。もし崩御がより早ければ、倒幕の原動力となった尊攘派が育つことはなく、もし崩御がより遅ければ、天皇親政による新政府構想は成立するはずもない。

❖王政復古にひた走る策士岩倉具視

慶応三年（一八六七）、岩倉具視《いわくらともみ》は蟄居《ちつきよ》していた岩倉村（京都市左京区）で、新体制の構想を練っていた。岩倉は下級の公家だが、公家社会において岩倉ほどの知恵者で、行動力を伴った逸材はいない。その能力は抜きん出ていた。八八人の公家の列参により条約勅許をひっくり返したのは岩倉の策略によるものであったし、皇女和宮降嫁、島津久光《しまづひさみつ》上洛も立役者は岩倉だった。

孝明天皇が岩倉を抜擢したのは、岩倉が天皇の侍従をしていた時のことである。孝明天皇は幕府から求められていた和宮の降嫁について岩倉に意見を求めたことがあった。岩倉具視は、ここぞとばかりに長大な意見書を御前に上げて奉答した。明快な文章によって綴られた岩倉の意見書は、和宮降嫁を拒絶する天皇の気持ちを動かすには十分だった。岩倉は天皇から降嫁の御用掛《ごようがかり》を任命されている。

故に岩倉は攘夷派の標的にされた。文久二年（一八六二）、和宮降嫁を推進した公武合体派の中核を朝廷から排除する四奸両嬪《しかんりょうひん》排斥運動が起き、岩倉は四奸の一人とされたのだった。岩倉具視の身辺は極めて危険な状態になり、許されて近習を免じられたが、岩倉への攻撃は収まらなかった。孝明天皇にしてみれば暴論冤罪によって大切な重臣たちが退けられるのは耐え難いものがあったようだ。天皇は岩倉に蟄居、辞《じ》官落飾《かんらくしょく》を命じたが、それでも岩倉の邸門には天誅《てんちゅう》を予告する匿名の投文《なげぶみ》があった。これで岩倉は地下に潜入する決意を固め、転々とした後に岩倉村に身を潜めることにした。

それから五年の月日が流れた。岩倉は失脚した後も蟄居先で、王政復古の構想を描いていた。岩倉の王政復古は単なる朝廷の復権とは異なり、従来の思想の枠に囚われないものだった。慶応三年三月の時点で、「済時策」において富国強兵による天皇親政の統一国家を確立すべきことを説いている。岩倉の構想に目を付けたのが薩摩藩だった。以降、岩倉は薩摩藩と水面下でやり取りを重ね、王政復古実行の時機を窺っていた。この年、岩倉村を訪れた人の中には、坂本龍馬《さかもとりようま》、中岡慎太郎《なかおかしんたろう》、大久保利通《おおくぼとしみち》、品川弥二郎《しながわやじろう》などがいる。

そして遂に迎えた十一月八日、岩倉は上洛が許された。間もなく岩倉は政治の表舞台に立つことになる。

第五部
日本の近代

12 明治時代

❖「王政復古の大号令」の意味

慶応《けいおう》三年（一八六七）十二月九日巳刻《みのこく》（午前十時）、岩倉具視《いわくらともみ》が勅命により参内《さんだい》した。岩倉はその日、勅命で蟄居《ちっきょ》を解かれ還俗《げんぞく》したばかりだったため、その姿は、衣冠《いかん》は着けていたものの、僧頭のままだった。文久《ぶんきゅう》二年（一八六二）に公武合体運動の立役者として攘夷派から追い落とされ、辞官落飾《じかんらくしょく》の上蟄居《ちっきょ》を命ぜられ、京都を追放されてから五年以上になる。この日岩倉は、廷臣に復帰し、蟄居追放の身から、一躍、朝廷政治の表舞台に立つことになる。参内時に岩倉が抱えていた小函《こばこ》には「王政復古の大号令」に関する文書が入っていた。「大号令」は国学者の玉松操《たままつみさお》が起草したものを元に、岩倉と薩摩藩《さつまはん》の大久保利通《おおくぼとしみち》で練り上げたものと見られる。王政復古は岩倉の長年の悲願だった。

「王政復古の大号令」は、文久三年（一八六三）に起きた八一八の政変と同じ政権転覆の手法が用いられた。前日から夜を徹して行われた宮中での会議が終わり、午前八時頃に摂政以下の公卿が退下すると、尾張《おわり》、越前《えちぜん》、薩摩、土佐《とさ》、安芸《あき》の五藩の兵が宮廷の各門を封鎖した。岩倉は、中山忠能《なかやまただやす》、正親町三条実愛《おおぎまちさんじょうさねなる》と共に明治天皇の御前に進み、王政復古を断行することを奏上した。その後、明治天皇は、御学問所に熾仁親王《たるひとしんのう》、山内容堂《やまうちようどう》（前土佐藩主）、松平春嶽《まつだいらしゅんがく》（前越前藩主）、徳川慶勝《とくがわよしかつ》（前尾張藩主）、島津忠義《しまづただよし》（薩摩藩主）、浅野茂勲《あさのもちこと》（安芸藩世子）らを御引見《ごいんけん》になり、勅諭《ちょくゆ》を賜い「王政復古の大号令」を発せられた。

摂関と幕府の廃止が申し渡された。これまでの朝廷政治の仕組みが全て停止されることと、平氏政権以来の武家政治が終了することを、同時に示すことが「大号令」の主旨だった。これにより、公武合体派の公卿の参朝は停止され、新たに総裁《そうさい》、議定《ぎじょう》、参与《さんよ》の三職が設置され、熾仁親王が総裁となり、新体制が発足した。そこには徳川慶喜《とくがわよしのぶ》は加えられなかった。

そして「復古」とは、徳川幕府以前でもなければ、後醍醐《ごだいご》天皇の建武《けんむ》の中興でもなかった。すなわち、神武天皇の創業に立ち返り、宇内《うだい》の統一を図ることを期することを意味した。明治維新は西洋化ばかりに目が向けられる傾向があるが、神武天皇の創業に回帰することがその根底にあったのである。「大号令」を部分要約すると、次のようになる。

「徳川慶喜から大政を返上し将軍職を辞退したいとの申し出があり、これを許すことにした。そこで、王政を復古し、国威を挽回する基礎を立てる。今後は、摂関と幕府を廃止し、仮に総裁、議定、参与の三職を設置し、万機《ばんき》を行うこととする。諸事は神武創業の始めに基づき、身分や階級の分け隔てなく、至当《しとう》の公議を尽くし、天下万民と喜びと悲しみを共にしていきたい。各人は、勉めに励み、旧来の悪習を改め、報国の誠をもって公に尽くして欲しいと思う」

思えば、神武創業の始めにおいては、公家と武士の違いや階級はなく、万機（国の政治の大切なこと）は、身分や階級の違いに関係なく議論を尽くし、天皇は万民と苦楽を共にした。この原点に立ち返るということが「大号令」の主旨である。それにより、旧習に囚われず、あらゆる可能性を求めることができる。全てを覆すと「革命」になるが、原点に立ち返ることをもって「維新」というのである。復古とは極めて創造的なことだった。「大号令」により、日本は近代の第一歩を踏み出したことになる。日本が輝かしい近代を創造することができたのは、原点に立ち返るという精神が正しかったからに他ならない。

しかし、これに不満を持った幕府は軍を動かし、京都で新政府軍（官軍）と衝突し、鳥羽伏見《とばふしみ》の戦いが起きた。その後、各地で戦端が開かれ、内戦の様相を呈した。

諸侯の多くが新政府を支持すると、慶喜は上野の寛永寺に謹慎し、新政府軍はその機を逃さず幕府残党の掃討作戦を実施した。

幕府の本拠である江戸城は、勝海舟《かつかいしゅう》と西郷隆盛《さいごうたかもり》の話し合いにより無血開城が実現し、江戸市中での大規模な戦闘は回避された。しかし、会津戦争は壮絶な戦いとなった他、会津藩に寛大な措置を求める諸藩が奥羽越列藩同盟《おううえつれっぱん》を結び、新政府軍と衝突した。幕府の艦隊を引き連れて箱館《はこだて》（函館）に逃れた榎本武揚《えのもとたけあき》は、徳川家臣らの地方領国建設の許しを願い出たが、新政府に拒否され、幕府軍は敗れた。榎本は助命嘆願によって許され、その交渉力は明治政府で活かされることになる。この箱館戦争により官軍と旧幕府軍の戦闘は全て終結した。この一連の戦争を戊辰《ぼしん》戦争という。

❖「五箇条の御誓文」の意味

戊辰戦争の最中の慶応《けいおう》四年（一八六八）三月に新政府の基本方針を記した「五箇《ごか》条《じょう》の御誓文《ごせいもん》」が、また閏四月には新政府の組織を規定する「政体書《せいたいしょ》」が続けて出され、同年九月には明治《めいじ》に改元され、ここから明治時代に入る。

「五箇条の御誓文」は第一項に「広ク会議ヲ興《おこ》シ万機公論《ばんきこうろん》ニ決《けっ》スヘシ」（広く人材を集めて会議を開き、重要なことはすべて公《おおやけ》に議論して決めましょう）と掲げている。古《いにしえ》より日本には独裁をよしとする思想はなく、虚心坦懐に話し合いをすることで自ずと正しい答えを得られると信じられてきた。聖徳太子の十七条憲法も「和《わ》を以《もつ》て貴《とうと》しと為《な》し、忤《さか》ふること無《な》きを宗《むね》とせよ」に続けて、「上和《かみやわら》ぎ下睦《しもむつ》びて、事を論《あげつら》うに諧《かな》うときは、すなわち事理《ことのことわり》おのずから通《つう》ず。何事《なにごと》か成《な》らざらん」とある。これは、上の者も下の者も協調と親睦の気概をもって議論すれば、自ずと道理に適《かな》った結論を得ることができ、何事も成就するものである、という意味である。十七条の憲法も同様に、神武創業の原点に返ったものといえる。『古事記』にも、重要なことは神々が話し合いをして決めたことが記されている。大号令がいう「至当の公議」は、御誓文にこのように表現された。そしてこの方針は、やがて大日本帝国憲法として結実し、議会の設置に繋がっていく。

また第二項に「上下《しょうか》心ヲ一《いつ》ニシテ盛《さかん》ニ経綸《けいりん》ヲ行フヘシ」（身分の上下を問わず心を一つにして、積極的に国家を治めましょう）とある。大号令がいう「別ナク」、十七条の憲法がいう「上和ぎ下睦び」はこのように表現された。この方針は、四民平等《しみんびょうどう》に繋がる。元来、日本は「一君万民」であり、この点も原点回帰といえる。

その他にも、第三項「各《おのおの》其《その》志《こころざし》ヲ遂ケ」、第四項「旧来ノ陋習《ろうしゅう》ヲ破リ」、第五項「皇基《こうき》ヲ振起《しんき》スヘシ」も同じく原点回帰である。ところで、第五項のこの部分は、単に皇室を守れという意味ではない。皇基とは、天皇の統治のことだが、これは当然「シラス」統治のことを意味する。もし別の言葉に置き換えるなら「日本の国柄を大切にして国を発展させせましょう」となる。

　他方、第四項「天地ノ公道ニ基クヘシ」、第五項「智識ヲ世界ニ求メ」の部分は、日本が国際社会を生き抜くために示された要素と思われる。「天地ノ公道」とは、道理に適うことを意味する。これは日本国内に限るものではなく、国際秩序（国際法）にも適うものでなければならない。また「智識ヲ世界ニ求メ」というのは、文明開化の方針を示したものである。ただし、これは単なる西洋化ではなく、良きものを取捨選択して取り入れることであり、その目的はあくまでも日本の国柄を大切にして国を発展させることにある。

　また、御誓文は次の一文で締められている。「日本の未曽有の変革を行うに当たり、先ず朕《ちん》（天皇）が身を以って人々の先頭に立って天地神明《てんちしんめい》に誓い、この国是を定め、万民を保護する道を立てる。どうか国民もこの国是に基づいて心を合わせて努力して欲しい」

「王政復古の大号令」と「五箇条の御誓文」の全体を理解すると、明治維新には次の二大方針があることが見えてくる。第一は、神武創業の始めに回帰すること、第二は、西洋の良きものを取り入れ文明開化して国を発展させること、である。ただし、欧米列強が重んじる民主主義も、その精神は神武創業の精神の中にあるもので、決して外国から移植したものではないことを確認しておきたい。西洋から取り入れたのは、立憲主義という、民主主義を実践する方法論だった。

五箇条の御誓文（慶応四年三月十四日）

一、広ク会議ヲ興《おこ》シ万機《ばんき》公論ニ決スヘシ
一、上下《しょうか》心ヲ一《いつ》ニシテ盛《さかん》ニ経綸《けいりん》ヲ行フヘシ
一、官武一途《かんぶいっと》庶民《しょみん》ニ至ル迄 各《おのおの》其《その》志《こころざし》ヲ遂《と》ケ人心《じんしん》ヲシテ倦《う》マサラシメン事ヲ要ス
一、旧来ノ陋習《ろうしゅう》ヲ破リ天地ノ公道ニ基クヘシ
一、智識ヲ世界ニ求メ大《おおい》ニ皇基《こうき》ヲ振起《しんき》スヘシ

（現代語訳）

一、広く人材を集めて会議を開き、重要なことはすべて公《おおやけ》に議論して決めましょう。
一、身分の上下を問わず心を一つにして、積極的に国家を治めましょう。
一、文官と武官だけでなく国民も、それぞれ志《こころざし》を達成して、人々の希望を失わせないようにするのが肝要である。
一、これまでの悪い習慣は捨て、何事も普遍的《ふへんてき》な道理《どうり》に基づいて行いなさい。
一、知識を世界に求め、国柄を大切にして国を発展させましょう。

❖明治の大改革と富国強兵策

明治元年（一八六八）には、一世一元《いっせいいちげん》の制《せい》が定められ、天皇一代につき一元号とすることになり、元号はこの時から天皇の統治年を示すものとなった。そして同年、明治天皇の東京行幸《ぎょうこう》が実現し、明治二年（一八六九）には東京遷都が行われ、江戸が東京と改められた。

同年三月十二日、明治天皇は伊勢の神宮をご参拝になった。天皇自ら参拝なさることを親謁《しんえつ》あるいは親拝《しんぱい》という。七〇〇年に及んだ武家政権の時代が終焉し、王政復古を果たしたことを、天照大御神にご奉告なさるのが目的だった。歴史上、伊勢の神宮の御親拝はこの時が初めてである。明治天皇は、黄櫨染御袍《こうろぜんのごほう》をお召しになり、瑞垣《みずがき》御門《ごもん》の軒下で御玉串《おんたまぐし》を奉り、拝礼なさった。

江戸時代の藩はそれぞれが国で、幕府は多数の国をまとめる連合政権であり、新政府が成立してもこの構造は変わらなかった。しかし、欧米列強に対抗する強い国家を作るために、大改革が実行された。先ず明治二年に版籍奉還を実施して各藩の藩主に土地（版《はん》）と人民（籍《せき》）を国家に返還させた。そして、明治四年（一八七一）には、廃藩置県を断行し、各府県には政府が任命した府知事や県令《けんれい》（後の知事）を派遣して地方行政を担当させ、旧藩主は地位を追われた。これにより、全国の府県が政府直轄となり、中央集権体制が確立した。明治五年（一八七二）に太陰暦から太陽暦に変更されたのも大きな変革である。明治五年十二月三日が、明治六年一月一日に置き換えられた。本書でも以降、太陽暦を用いて記すことにする。

また、新政府は武士と百姓・町人の身分を改めて、職業選択の自由や商売の自由を認め、異なる身分間の結婚も許されるようになるなど、四民平等を推し進め、えた、ひにんと呼ばれた人々も、解放令によって平民とされた。そして、明治九年（一八七六）には廃刀令《はいとうれい》が出され、続けて武士の家禄《かろく》を全廃する秩禄《ちつろく》処分が行われると、武士の精神的、経済的基盤は完全に失われた。

中央集権国家の礎《いしずえ》を整えた新政府は、学制、兵制、税制の改革に着手した。それらを維新の三大改革という。明治五年に学制が公布され、小学校から大学校までの制度が定められた。満六歳になった男女全てを小学校に通わせることを義務とするなど、国民の学力の底上げを図った。また、我が国は江戸時代から寺子屋《てらこや》などの教育環境が充実していて、世界でも有数の識字率を誇っていたが、高等教育が不足していたため、外国人教師を雇《やと》い、欧米諸国に多くの留学生を派遣して、西洋の進んだ知識や技術を取り込んだ。明治十年（一八七七）には総合大学の東京大学が創設された。また、慶應義塾《けいおうぎじゅく》、東京専門学校（現在の早稲田大学《わせだだいがく》）をはじめ、多くの私立の高等教育機関が作られた。また兵制では、明治六年（一八七三）に徴兵制を定め、士族に限らず満二十歳以上の男子に兵役の義務を課した。税制では、財源の確保のために、同年に地租改正を実施し、国民の土地所有権を認めて課税した。

我が国は、三大改革と並行して、富国強兵を目指した。その原動力となったのが殖産興業だった。諸産業を整備して国力の向上を図るために、主要都市間を結ぶ鉄道を敷設《ふせつ》し、蒸気船の運航を始めた他、前島密《まえじまひそか》が郵便制度を確立し、新たな電信網が人々の生活を支えた。また、欧米から機械を購入し官営工場を造ることで、近代産業の育成に力を注いだ。

新政府は急速な近代化を成すには、国民の意識を統合する必要性があると考え、それを道徳的支柱となっていた神道《しんとう》によって達成しようとした。そこで神仏判然令《しんぶつはんぜんれい》を出して、神道と仏教を明確に区別することを求めたが、神仏習合の歴史が長く、宗教界は大混乱に陥った。

人々の生活も大きく変化した。洋服や帽子といった服飾や、肉料理などの食文化、ランプやレンガ造りの西洋建築などが取り入れられ、住環境が劇的に西洋化した。ガス灯や馬車などが新たな景観を生み出したのもこの頃である。これを文明開化という。急速な近代化は人々の生活を快適にし、経済的に豊かになった。

しかし、日本的風景の衰退を招き、伝統的価値観や文化などが失われていった。近代化は欧米列強の植民地主義に対抗する上で必要なことだったが、急速な変化に対して危機感を感じる人もいた。『学問のすゝめ』で独立自尊の精神を説き、学問の重要性を啓発した福沢諭吉《ふくざわゆきち》は、その他にも西洋文化を紹介する多くの書籍を発表したが、無秩序な西洋化には反対した。

国内の制度を整備した新政府は、幕末に江戸幕府が欧米諸国と結んだ不平等条約を改正するため、岩倉具視を全権大使とする総勢一〇〇名を超える規模の岩倉使節団を欧米に派遣した。木戸孝允《きどたかよし》や大久保利通《おおくぼとしみち》、伊藤博文《いとうひろぶみ》などが参加し、西郷隆盛が留守政府を預かった。しかし、当時の我が国は憲法などの法整備の不足や、明治天皇の委任状を持参し忘れていたことなどから、条約改正の交渉は受け付けられず、欧米諸国の進んだ技術や社会の視察に専念して二年以上もの時間を費やした。そして、帰途に欧州諸国に植民地化されたアジア諸国の惨状も視察し、一刻も早い近代化の必要性を痛感することになった。

ところで、戦後になって、明治以降の宗教政策を国家神道と呼び、神道で国民を戦争に駆り立てたかのような言質《げんち》を放つ者がいるが、それは誤りである。日本は祭政《さいせい》一致の国だった。それは国家権力と宗教が一致していたというような世俗的なことでもなければ、戦後度々議論になる政教分離とも異なる。祭政一致の「祭」とは、天壌《てんじょう》無窮《むきゅう》の神勅、神武天皇の建国の詔、十七条の憲法に見られる遺訓の主体である皇祖《こうそ》皇宗《こうそう》（初代天皇と歴代天皇）の神霊を「神」と称し、この神に感謝して神の御心を心とする心情と態度のことをいう。ここでいう「神」は西洋の神とは全く性質を異にするもので、まして天皇を神として崇拝させるものでもない。そもそも国家神道など存在していなかった。つまり、神武創業の精神に基づいて政治を行うことが祭政一致なのであり、これは純粋な国体的用語である。天皇が祭祀と統治の両方を担っていることに祭政一致の国の姿を見ることができるのである。そして、それは現在でも変わることがない。

❖領土確定と朝鮮政策

幕末の安政《あんせい》二年（一八五五）に締結された日露和親条約では、北方領土の東北端の択捉島《えとろふとう》と、千島列島の南西端の得撫島《うるっぷとう》の間に国境線が引かれ、樺太《からふと》には国境を設けず、従来通り両国民の混住の地とされた。明治になって、この国境線を確定する交渉が始まった。新政府は英国の助言を受け、日本には南下するロシアに対抗する軍事力と経済力がないため、樺太全体をロシア領とする代わりに、千島列島の領有を認めさせることに重きを置いて交渉に臨んだ。日本側の代表は榎本武揚が担い、粘り強い交渉で我が国の主張を認めさせ、明治八年（一八七五）に樺太・千島交換条約を締結して、ロシアが樺太全土を領有し、日本が千島列島全域を領有する内容で領土交渉が決着した。また、小笠原《おがさわら》諸島の領有も宣言して領土に組み込むなど、曖昧だった国境線が続々と明確になった。

ところで、北方領土（歯舞群島《はぼまいぐんとう》、色丹島《しこたんとう》、国後島《くなしりとう》、択捉島《えとろふとう》）は日本固有の領土である。寛政《かんせい》十年（一七九八）に幕臣の近藤重蔵《こんどうじゅうぞう》が国後島から択捉島にかけて調査した際に、択捉島に「大日本恵登呂府《だいにっぽんえとろふ》」と書いた標柱を建てた。そして翌寛政十一年に幕府は近藤を派遣して北方領土の直接統治を始めた。享和《きょうわ》元年（一八〇一）には、南部《なんぶ》藩《はん》と津軽藩《つがるはん》の兵隊約一〇〇人を常駐させて守備に当たらせた。明治時代には、日本列島の各地から北方領土へ漁業や出稼ぎで移住する人が増えた。日露の雑居地だった樺太や条約で編入された千島列島と異なり、このように北方領土は、一貫して我が国固有の領土であり、一度もロシアが主権を行使したことはない。

さて、中央集権国家を目指す新政府は、蝦夷地《えぞち》や琉球《りゅうきゅう》もこれに組み込んだ。蝦夷地は縄文人の子孫であるアイヌ人と、本土から渡った津軽人が混在して暮らす土地だったが、統治機構がなかった。放置するとロシアが南下して蝦夷地を占領する危険があった。政府は蝦夷地を「北海道」と改め、開拓使を設置して直接統治した。社会基盤の整備や農地の開墾などが、兵士と開拓を兼任する屯田兵《とんでんへい》を中心に進められた。アイヌ同化政策が進められ、アイヌ文化は衰退していった。

また琉球《りゅうきゅう》は、江戸時代の薩摩《さつま》による琉球征伐（琉球征服）で、薩摩藩の従属国となったが、明《みん》への朝貢は継続していた。そして、明治四年（一八七一）に廃藩置県が実施されると、薩摩藩が消滅して鹿児島県になった。琉球はその後も清《しん》への朝貢を続けた。この状態を放置すると、清が領有権を主張する可能性があるため、日本の領土であることを早急に確定する必要があった。

そこで政府は、明治五年（一八七二）に鹿児島県から琉球を切り離し、新たに琉《りゆう》球《きゆう》藩《はん》を設置して、国王を藩王として華族に列した。この時、琉球の約二〇万両の負債を政府が肩代わりした。そして、明治十二年（一八七九）、琉球藩は廃止され沖縄県が設置された。これで琉球国は消滅した。この一連の措置を一般的に琉球処分という。しかし、明治四年の廃藩置県では旧藩主がその地位を追われ、藩が消滅して県が設置されたが、その際に「〇〇処分」といわないため、琉球だけ「処分」と表現するのは適正でない。琉球をいずれかの県政下に置くことは必然だった。沖縄県が設置されると、清はこれに抗議し、琉球は清の属国であると主張して日本と対立した。この琉球帰属問題は後の日清戦争により琉球は日本領として決着することになる。琉球は台湾と大陸の文化の影響を受けているため、他の地域にはない独自の風習が色濃く受け継がれている。

日本はアジア諸国を植民地化しようとする欧米列強を警戒し、早急に防衛体制を整える必要性から、朝鮮との国交樹立を急いだ。新政府は、朝鮮に国交樹立を求めたが、支那王朝の属国だった朝鮮はその要求を断った。留守政府では武力によって朝鮮に開国を迫る征韓論が主張されたが、欧米から帰国した大久保利通などは、朝鮮派兵よりも国力増強に注力するべきと考え、征韓論を抑えた。欧米視察からの帰国者と留守政府の間で見解の相違が決定的となり、留守政府を任されていた西郷隆盛や板垣退助《いたがきたいすけ》などは政府を去ることになる。

そして、日本の艦艇が朝鮮の砲台から砲撃された江華島《こうかとう》事件が起き、日本は強い態度で開国と謝罪を求めた結果、明治九年（一八七六）に日朝修好条規を締結した。その際、かつて欧米列強が日本にしたように、法整備が不十分な朝鮮に対し、日本が領事裁判権を持つなどの不平等条約を結んだ。その後、朝鮮は欧米諸国とも同様な条約を締結し、開国した。

大久保利通などの欧米視察組が実権を握り、殖産興業政策などを推し進めていた新政府は、国会開設の時期を模索し始める。そこに政府を離れた板垣退助や江藤新平《えとうしんぺい》などが民選議院設立の建白書を政府に提出するなどして、国会の早期開設を求めた。大久保らは近代化の完成の目処《めど》が立ってから国会を開設するべきと考え、早期開設派と対立した。板垣退助は立志社《りっししゃ》を結成し、国民の政治参加の権利を早期に実現することを訴える自由民権運動を主導していった。新政府も民権派も国会開設と憲法制定の必要性において一致していたが、進める速度について対立した。

また、士族たちの中には明治維新に不満を抱く者が現れ、士族の反乱を招いた。しかし、西郷隆盛を担いで蜂起した西南戦争が失敗に終わり西郷が自害すると、武力による新政府への反抗は実効性が乏しいと誰もが悟ることになり、以降は国会の開設を望む自由民権運動が盛んになる。これにより、武士が政治を動かす時代は終焉を迎えた。

国会早期開設の議論が過熱すると、伊藤博文などは、その議論に押される形で国会の十年後の開設を決定し、明治天皇から国会開設の勅諭が発せられた。国会開設時期の確約を勝ち取った民権派は、板垣退助の自由党、大隈重信《おおくましげのぶ》の立憲改進党など国会開設に備えて政党を結成した。

❖二つの国歌「君が代」

明治九年（一八七六）に日本の国歌をどうするかという問題が持ち上がった。開国以来、諸外国との外交儀礼の場で、国歌が不可欠となっていた。外国要人を迎える際にお互いの国歌を演奏する慣習があり、日本に国歌がないと通常の儀礼が行えなかった。

既に明治二年（一八六九）には、初代「君が代」が作られていた。同年に英国女王の次男エディンバラ公アルフレッドが来日するに当たり、英国公使館護衛隊の軍楽隊長だったジョン・ウィリアム・フェントンが、自ら作曲と編曲をすると日本側の接待係に申し出た。当時薩摩藩砲兵隊長で、後に初代陸軍大臣となる大山巌《おおやまいわお》が薩摩琵琶《びわ》歌《うた》の「蓬萊山《ほうらいさん》」の中にある「君が代」を歌詞に選びフェントンに示した。それで完成したのが初代「君が代」だった。

しかし、明治三年（一八七〇）、横浜での演奏会と、東京越中島《えっちゅうじま》での天覧の陸軍観兵式で演奏されたが、極めて不評だった。日本語を理解しない英国人が作曲したためか、旋律と歌詞の調和が取れていないばかりか、讃美歌のような旋律で、日本的な要素がなく威厳も欠いていた。

そして、明治九年に初代海軍軍楽隊長の中村祐庸《なかむらすけつね》が「天皇陛下ヲ祝スル楽譜改訂ノ儀」と題する上申書を海軍省に提出し、宮内省と改訂の方向で検討に入った。依頼を受けた宮内省雅楽課は、明治十一年（一八七八）、伶人《れいじん》（雅楽の楽師）で和洋両楽に通じた奥好義《おくよしいさ》、辻則承《つじのりつぐ》、上真行《うえさねみち》らに作曲させた。その結果伶人長林廣守《はやしひろもり》は、奥好義が雅楽の壱越調《いちこつちょう》の音階で作曲したものを採用し、多少訂正し「林廣守選曲」として海軍省に示した。新しい「君が代」は、雅楽の楽師が作曲し、雅楽で演奏する曲が元になっている。作曲と編曲の全てを外国人に丸投げしてしまった初代「君が代」とは曲の趣が全く異なっている。海軍はこれを採用し、ドイツの海軍軍楽教師のフランツ・エッケルトが洋楽風の和声を付し、吹奏楽用に編曲して「君が代」が成立した。これが、現在我々が耳にする「君が代」の原型である。

明治二十一年（一八八八）に、海軍省が「君が代」の吹奏楽譜を印刷して「大日本礼式」として各官庁や各条約締結国に送付し、その後、学校でも教えるようになって次第に国歌として定着したが、法制化されるのは、平成十一年（一九九九）を待たねばならない。

「君が代」の歌詞は、平安時代前期の延喜《えんぎ》五年（九〇五）に成立した勅撰和歌集『古《こ》今和歌集《きんわかしゅう》』に「詠み人知らず」として収録されている五七五七七の和歌で、初句だけ現行の「君が代」と異なり「わがきみは」となっている。また、長和《ちょうわ》二年（一〇一三）の『和漢朗詠集《わかんろうえいしゅう》』には同じ和歌が収録されていて、ここでは初句が「きみがよは」となっている。「君が代」の歌詞は一〇〇〇年以上前に成立したもので、世界の国歌の中では成立年代が最も古い。

❖井上毅が担った帝国憲法の起草

明治政府の大仕事として残っていたのが憲法制定である。日本が先進国の仲間入りをするのに、立憲主義に基づく憲法を持つことは必須だった。列強の侵略を防ぐには、近代的な統治体制を確立させ、産業を興し兵力を備える必要があった。憲法制定の具体的な第一歩は、明治九年（一八七六）九月七日に明治天皇が元老院に発した次の「国憲起草の詔」だった。

「朕《ちん》爰《ここ》ニ我建国ノ体《てい》ニ基キ広《ひろ》ク海外各国ノ成法ヲ斟酌《しんしゃく》シ以テ国憲ヲ定メントス汝等《なんじら》ソレ宜シク之カ草按《そうあん》ヲ起創《きそう》シ以テ聞《ぶん》セヨ朕将《まさ》ニ撰《えら》ハントス」（『明治天皇紀』三）

日本の憲法は外国憲法を「斟酌」して定めるが、それは模倣であってはならず、その内容は「我建国ノ体ニ基」いたものでなくてはならないとの趣旨であり、ここから、帝国憲法は我が国伝統の憲法慣習を成文化したものであることが窺える。また「朕将ニ撰ハントス」の部分から、天皇が自ら撰んで定める、すなわち欽定憲法であるとの前提が見える。

自由民権運動の嵐が吹き荒れる明治十五年（一八八二）、明治天皇から憲法調査のため渡欧を命ぜられた伊藤博文は、欧州で広く憲法について学んでから帰国すると、制度取調局の局長に就任し、憲法及び典範には井上毅《いのうえこわし》、議員法には伊東巳代治《いとうみよじ》、選挙法及び貴族院令には金子堅太郎《かねこけんたろう》をそれぞれ主とし、その起草に当たらせた。

そして、国会開設へ向けての準備が進められた。明治十七年（一八八四）、貴族院設置に先駆けて華族令が制定され、明治十八年（一八八五）にドイツの内閣を模範とした内閣制度が創設されると、伊藤は内閣総理大臣に就任し、憲法草案の取りまとめと、憲法草案を審議するための枢密院の設置に向けて尽力した。

憲法と典範を担当する井上は、フランスに留学して司法制度を学んだ経験があるも、明治十九年（一八八六）から二十年（一八八七）にかけて、小中村清矩《こなかむらきよのり》や落合直文《おちあいなおぶみ》など一流の国学者や国文学者たちと古典を研究している。井上が研究した古典には『古事記』、『日本書紀』をはじめとする六国史《りっこくし》、『令義解《りょうのぎげ》』『古語拾遺《こごしゅうい》』『万葉集』『類聚国史《るいじゅこくし》』『延喜式《えんぎしき》』『禁秘抄《きんぴしょう》』『神皇正統記《じんのうしょうとうき》』『大日本史《だいにほんし》』『日本政記《にほんせいき》』『古事記伝《こじきでん》』『弘道館記述義《こうどうかんきじゅつぎ》』『新論《しんろん》』などがあり、これらは日本を代表する国典を網羅するものだった。これは、詔の「我建国ノ体ニ基キ」という要請に応えるためだった。

この時期、明治二十年から二十一年（一八八八）にかけて、明治天皇も憲法の勉強に勤《いそ》しんでいた。伊藤博文が、自らの憲法学の恩師であるオーストリアのローレンツ・フォン・シュタイン（Lorenz von Stein）を日本に招聘しようとして果たせず、その代わりに、明治天皇のご学友の藤波言忠《ふじなみことただ》をオーストリアに派遣して、シュタインに付いて憲法を学ばせ、帰国してから明治天皇に進講することが実現した。藤波は毎日三時間の講義を九カ月受け、帰国後、明治天皇に三三回進講した。明治天皇は間接的であるも、シュタインから欧州最先端の憲法学と帝王学を学んだことになる。

憲法の起草で井上が最も苦労したのは第一条だったと思われる。およそ憲法第一条には、国柄（国体）を明記するものである。「日本とは何か」という問いに簡潔に答えなければならなかった。井上は、二〇〇〇年に及ぶ国史の事実を探求して、熟考した結果、『記』『紀』が用いた「シラス」の言葉を、帝国憲法第一条に使用した。「日本帝国ハ万世一系ノ天皇ノ治《しら》ス所ナリ」と。井上はこの難しい設問に、日本とは「万世一系の天皇が治《しら》す国」であると答えたのである。

ところが、井上が書き上げた甲案と乙案を基礎として草案を確定させる議論が進む中で、「シラス」という言葉は当時既に使われていないため、漢語の「統治」を充てることになった。しかし、帝国憲法を完成させる最終責任者だった伊藤博文は、帝国憲法解説書である自著『憲法義《ぎ》解《げ》』（一八八九）に「所謂《いわゆる》『しらす』とは即《すなわ》ち統治の義《ぎ》に外ならず。蓋《けだし》祖《そ》宗《そう》其《そ》の天職を重んじ、君主の徳は八洲《やしま》臣民を統治するに在《あり》て一人一家に享奉するの私事に非《あら》ざることを示されたり。此《こ》れ乃《すなわち》憲法の拠《よっ》て以《もっ》て其《そ》の基礎と為す所なり」と記している。

この草案に用いられた「治《しら》ス」の語は、「統治ス」に置き換えられたものの、同義として用いられている。つまり『記』『紀』の「シラス」の概念は、天皇の統治として、帝国憲法の冒頭に確実に記されたことになる。したがって、天皇が「シラス」存在であることは、帝国憲法の根本建前になっているといえる。そして全七章七六条から成る『憲法草案』が完成した。その過程において、伊藤は頻繁に天皇に拝謁して議論の進展を内奏した。そして『憲法草案』は、明治二十一年四月二十七日に明治天皇に上奏された。

アジア初の憲法となった大日本帝国憲法

上奏の三日後、枢密院が開設され、伊藤博文が初代議長に、また井上毅が書記官長に就任し、帝国憲法案が公式に議論された。枢密院とは、憲法草案を審議するために設置された国家機関である。枢密院では憲法をはじめ、皇室典範とその他の憲法附属法案が丁寧に審議され、憲法については計十四日間の討議を経て条文が全て確定した。その後、明治二十二年（一八八九）二月五日の枢密院本会議で、帝国憲法を含む基本法典が全て最終決定された。

明治天皇は枢密院での憲法に関する全ての審議に臨御《りんぎょ》なさり、熱心に審議に耳を傾けていらした。しかし、自由な発言の妨げになるのを憚り、審議中の御発言は一度もなかった。その後、公文式《こうぶんしき》所定の手続に従って、基本法典が明治天皇に上奏され、裁可を受けた。

そして迎えた二月十一日、装束をまとった明治天皇が賢所《かしこどころ》の内陣《ないじん》で玉串《たまぐし》を奉奠《ほうてん》なさり、皇室典範と憲法典制定の「告文《つげぶみ》」を奏上なさると、次には正殿《せいでん》で憲法発布式典が行われた。明治天皇は服を大元帥の軍装に改めて出御《しゅつぎょ》なさり、内大臣三条実美《さんじょうさねとみ》が捧呈《ほうてい》した「憲法発布勅語」を読み上げると、憲法正文を枢密院議長の伊藤博文が捧呈し、天皇はそれを総理大臣黒田清隆《くろだきよたか》にお授けになった。このようにして大日本帝国憲法が発布された。

「大日本帝国ハ万世一系《ばんせいいっけい》ノ天皇之《これ》ヲ統治《とうち》ス」で書き始められる帝国憲法は、天皇を国家元首とし、統治権の総攬者《そうらんしゃ》とする立憲君主制を採用した。しかし、国の統治については三権分立が定められ、「天皇ハ神聖《しんせい》ニシテ侵《おか》スヘカラス」と天皇の政治利用を禁じ、政治責任が天皇に及ばないこととした。具体的には、行政は各大臣の輔弼《ほひつ》（助《じょ》言《げん》）、立法は議会の翼賛《よくさん》（同意）に基づいて行われなければならず、各大臣と議会が政治的責任を負うこととされた。また、司法は裁判所を通じて行われることが明記されている。併せて皇室典範と議院法が制定され、貴族院と衆議院が設置された。これで日本は、アジア初の自前の憲法を持つ国となったのである。

帝国憲法が欧米憲法の模倣ではなく、日本独自の憲法慣習を成文化したものであることは、起草者である井上毅自ら「我が国の憲法は欧羅巴《ヨーロッパ》の憲法の写しにあらずして即《すなわ》ち遠《とお》つ御祖《みおや》の不文憲法の今日に発達したるものなり」（『井上毅伝』資料篇第三、六四六）と述べていることからも確認できる。およそ世界の憲法は、戦争や市民革命のさなかに数日間で書き上げられるものである。だが、帝国憲法は、国家の安定期において「国憲起草の詔」から約十三年の歳月を費やし、しかも憲法を審議するための機関まで設置して丁寧に審議して定められた。他国の憲法とは成立の背景が異なる。また、天皇の権能や皇室制度などが法に定められたのは初めてのことだった。

そして明治二十三年（一八九〇）、帝国議会が開設された。同年、最初の衆議院議員選挙が実施され、第一回帝国議会が召集された。国税を一五円以上納入しかつ満二十五歳以上の男子にのみ選挙権が限定された制限選挙だった。この頃は欧米列強でも制限選挙が行われていた。選挙によって代議士が選ばれる衆議院と、皇族や華族などで構成される貴族院の二院制の議会制度が確立し、我が国はアジア諸国の中では初めての近代国家となった。

❖修身道徳の根本規範―教育勅語

明治維新は我が国の時代の転換点となったが、明治天皇は、教育現場では国家観や道徳観が失われて文明開化ばかりが進み、「よきものを残す」ことが忘れられたことをお悩みになり、このままでは国が滅びると憂慮なさった。元来明治維新の主旨は、神武創業の始めへの復古と文明開化の二つがあったはずだが、後者ばかり発展し、前者は忘れられていたのである。

当初、文部省は、クリスチャンで、東京帝国大学教授を経て私塾を開設した中村正直《なかむらまさなお》に起草を依頼し、文部省案が完成した。次のような内容だった。

「忠孝は人倫《じんりん》の大本《おおもと》にして其原《そのもと》は実に天に出《い》づ」「忠孝の心は天を畏《おそ》る、の心に出で、天を畏る、の心は人々固有の性《さが》に生ず。されば天を畏る、の心は即ち神を敬ふの心にして」「吾《わが》心は神の舎《やどり》する所にて天と通ずる者なり。天を畏れ神を敬ふには、先ず我心《わがこころ》を清浄にして誠実なるを旨とせよ」（稲田正次《いなだまさつぐ》『教育勅語成立過程の研究』一九七一）

この文部省案を目にした法制局長官の井上毅は目を疑った。伊藤博文の知恵袋ともいわれた井上は、帝国憲法の草案を書いた人物である。井上は山縣有朋《やまがたありとも》首相に書簡を宛て次のように痛烈にこれを批判した。第一に、この勅語は普通の政事上の勅語と同一であってはならず、今日の立憲政体の主義に従えば、君主は臣民の良心の自由に干渉すべきではない、第二に、天を敬い神を尊ぶといった言葉は、宗教上の論争を引き起こす種となるため用いるべきではない、第三に、哲学上の理論は必ず反対の思想を引き起こすため君主の命令によって定めるものではない、第四に、政事的な臭味のある表現は避けるべきである、第五に、漢学者的な口癖や洋学者的な性格の言い方をしてはならない、第六に、君主の訓戒は往々として大海の水のようでなくてはならず、愚者を戒めるような表現をしてはならない、第七に、各派の宗教の一つを喜ばせて他を怒らせるような表現をしてはならないとし「文部の立案ハ其の体《てい》を得ず、如是《にょぜ》勅語ハムシロ宗教又ハ哲学上ノ大知識の教義ニ類し、君主の口ニ出つべきものニ非《あら》ス、世人亦《また》其《そ》の真ニ至尊の聖旨ニ出たる事を信して感激スル者少かるべし」と述べている（前掲書）。

そして、井上毅が教育勅語の草案を書くことになった。帝国憲法を起草するという歴史的大役を成し遂げた井上が、もう一つそれに勝るとも劣らない大仕事を仰せつかったのである。井上は、天皇の信任が厚い枢密顧問官の元田永孚《もとだながざね》の協力の元、帝国憲法との整合性を図りつつ、宗教や思想にかかわらず日本国民の誰もが、天皇の思し召しと受け止めて、素直に従うことができる規範を、命令などではなく、明治天皇自らこれを実践するという体裁で示すこととした。井上が起草した原案を元に、明治天皇は一言一句を熟読の上訂正をご指摘になり、微修正を繰り返した後、最終的に裁可となるのに二カ月以上を要した。そして明治二十三年（一八九〇）十月三十日、天皇が語りかける形式で教育勅語が発布された。ここには、先人たちが大切にしてきた人としての生き方が書かれている。多くの国民はこれをよく守り、修身道徳の根本規範とした。

教育勅語は「朕惟《ちんおも》フニ我《わ》カ皇祖皇宗《こうそこうそう》国《くに》ヲ肇《はじ》ムルコト宏遠《こうえん》ニ徳《とく》ヲ樹《た》ツルコト深厚《しんこう》ナリ」という一文から始まる。これは、天皇の皇祖《こうそ》（初代天皇）と皇宗《こうそう》（歴代天皇）が太古の昔に国を始め、徳に満ちた素晴らしい国を作り育んできたこと、そして「徳」を立てたことが偉大であるという意味である。

次は「我《わ》カ臣民《しんみん》克《よ》ク忠《ちゅう》ニ克《よ》ク孝《こう》ニ億兆《おくちょう》心《こころ》ヲ一《いつ》ニシテ世世厥《よよそ》ノ美《び》ヲ済《な》セルハ此《こ》レ我《わ》カ国体《こくたい》ノ精華《せいか》ニシテ教育《きょういく》ノ淵源《えんげん》亦実《またじつ》ニ此《ここ》ニ存《そん》ス」と続く。これは、「臣民」つまり民が心を一つにして歴代天皇の治世《ちせい》を支えてきたことの偉大さを讃えている。我が国が二〇〇〇年以上も続いてきたのは「君」だけでなく「民」あってのことだという。教育勅語は続けて徳目を示している。

「父母ニ孝《こう》ニ兄弟《けいてい》ニ友《ゆう》ニ夫婦相和《あいわ》シ朋友相信《ほうゆうあいしん》シ恭倹己《きょうけんおの》レヲ持《じ》シ博愛衆《はくあいしゅう》ニ及《およ》ホシ学《がく》ヲ修《おさ》メ業《ぎょう》ヲ習《なら》ヒ以《もっ》テ智能《ちのう》ヲ啓発シ徳器《とくき》ヲ成就シ進《すすん》テ公益《こうえき》ヲ広《ひろ》メ世務《せいむ》ヲ開《ひら》キ常《つね》ニ国憲《こっけん》ヲ重《おもん》シ国法ニ遵《したが》ヒ一旦緩急《かんきゅう》アレハ義勇公《ぎゆうこう》ニ奉《ほう》シ以《もっ》テ天壌無窮《てんじょうむきゅう》ノ皇運《こううん》ヲ扶翼《ふよく》スヘシ」

これは、国民一人ひとりがいかに身を立てたらよいかを示している。父母に孝行し、兄弟は仲良く、夫婦は互いに協力して、友達とは信じ合える関係性を築きなさい。自らを戒《いまし》め、周囲の人たちを大切にし、学問を修《おさ》め、職業を身に付け、知能を啓発して、徳のある人間になり、それを世のため人のために使いなさい。常に憲法を重んじ、法律に従い、もし国に危機が訪れたら勇気を持って公《おおやけ》のために尽くし、連綿と続いてきた皇室を助けなさい、というような意味になる。しかし、このような徳目は明治天皇が自ら思い付いたものではなかった。続けて「是《こ》ノ如《ごと》キハ独《ひと》リ朕《ちん》カ忠良《ちゅうりょう》ノ臣民《しんみん》タルノミナラス又以テ《またもつ》爾祖先《なんじそせん》ノ遺風《いふう》ヲ顕彰《けんしょう》スルニ足《た》ラン」とあるように、これらの美徳を励行《れいこう》するのは、ただ天皇のためではなく、国民が自分の先祖の生き方に向き合うことになるという。このような生き方は、先人たちの教えだった。先人たちが良き伝統を残してきたから今の日本があるといえる。そして次の一文で締められている。

「斯《こ》ノ道ハ実《じつ》ニ我《わ》カ皇祖皇宗《こうそこうそう》ノ遺訓《いくん》ニシテ子孫臣民《しそんしんみん》ノ供《とも》ニ遵守スヘキ所之《ところこれ》ヲ古今《ここん》ニ通《つう》シテ誤《あやま》ラス之《これ》ヲ中外《ちゅうがい》ニ施《ほどこ》シテ悖《もと》ラス朕爾臣民《ちんなんじしんみん》ト供《とも》ニ拳々服膺《けんけんふくよう》シテ咸其徳《みなそのとく》ヲ一《いつ》ニセンコトヲ庶幾《こいねが》フ」

このような生き方は歴代天皇の遺訓であると同時に、その子孫や国民が共に実践すべきことであり、時代や地域によって変化するものでもないと述べ、これらの美徳を先ず天皇である自分が実践するから、国民も一緒にこの道を進んでいくことを望む、と語りかけている。

これまで世界には、偉そうに国民に道徳を命令する帝王はいた。しかし、教育勅語には国民に命令する箇所はない。それどころか、天皇自ら実践すると宣言しているのである。このような教育勅語は、学校現場で用いられ、多くの国民が修身道徳の根本規範として受け入れた。

❖トルコと日本の意外な繋がり

明治二十三年（一八九〇）、和歌山県串本町《くしもとちょう》沖でオスマン帝国（現在のトルコ）の軍艦エルトゥールル号が遭難し沈没する事件が起きた。特使エミン・オスマン・パシャ提督率いる使節団は、日本で歓待を受け、明治天皇から親書と勲章を与えられた。その後、日本政府は、船が老朽化していて台風の時期に当たることから出発を延期するように伝えたが、彼らはそれには従わず横浜港を出発し、本国を目指した。そして、出航翌日の九月十六日の夜半、紀伊熊野灘《きいくまのなだ》に差し掛かったエルトゥールル号は、台風の強風に煽られ、紀伊大島《きいおおしま》の樫野埼《かしのざき》に連なる岩礁に座礁して浸水し、水蒸気爆発によって沈没してしまった。この事故で生き残ったのは、六九名のみで、約五〇〇名もの命が奪われた。外国船の遭難を知った現地の日本人は、夜を徹して生存者を救助し治療した。多くの住民は、自分自身も貧しいにもかかわらず、衣服や食料を分け与えて看病した。

そのことをお聞きになった明治天皇は、大いに驚いて海軍の通報艦八重山《やえやま》に赤十字社を通じて医者と看護師を随伴させて御差遣になった。そして、八重山の乗組員と島民は、収容した遺体を埋葬し、墓標を建てた。その後、トルコ人生存者の体力が回復すると天皇は軍艦比叡《ひえい》と軍艦金剛《こんごう》をオスマン帝国に派遣し、生存者たちを帰国させた。イスタンブールに到着した比叡と金剛は、オスマン帝国国民から盛大な歓迎を受けたのだった。

日本とトルコの友情の物語にはまだ続きがある。エルトゥールル号遭難事件から九十五年後の昭和六十年（一九八五）、イラン・イラク戦争の最中、イラクのサダム・フセイン大統領が三月二十日午前二時（日本時間）以降、イラン上空を飛ぶ航空機を全て撃墜するとの声明を発した時のことである。各国は軍用機や民間機のチャーター便を派遣して自国民の保護に努めたが、当時の日本は自衛隊を海外に派遣できない上に、政府が日本航空に救援機の派遣を求めるも、労働組合が安全性などを理由に反対したことで、日本人の保護ができない事態に至った。

そこで、イランに駐在する野村豊《のむらゆたか》大使が困り果てて、在イラン・トルコ大使のイスメット・ビルレル氏に相談したところ、トルコが救援機を派遣して日本人を救出してくれることになった。この時、トルコ大使は「トルコ人ならだれでもエルトゥールル号遭難事件の際に受けた恩義を知っています。ご恩返しをさせていただきましょう」と語ったという。

そして、大使の言う通り、本当にトルコ航空の飛行機二機がテヘランに派遣され、二一五人の日本人全員が救出され、トルコ経由で日本に帰国できた。日本人を乗せたトルコの救援機がイラン領空を抜け出したのは、タイムリミットの一時間十五分前。少し遅れればイラクの戦闘機に撃ち落とされていたかもしれない危険な飛行だった。救援機の派遣を最終的に決断したトルコのトルグト・オザル首相は、他国民を助けるために、自国民を危険に晒《さら》す決断をしたことになる。

後に、元駐日トルコ大使のネジアティ・ウトカン氏は「エルトゥールル号の事故に際し、大島の人たちや日本人がなして下さった献身的な救助活動を、今もトルコの人たちは忘れていません。私も小学生の頃、歴史教科書で学びました。トルコでは、子供たちでさえ、エルトゥールル号のことを知っています。今の日本人が知らないだけです。それで、テヘランで困っている日本人を助けようと、トルコ航空機が飛んだのです」と語った。

❖宮中の経費を削減して軍艦を建造せよ

日本は民法や刑法といった法典の整備も終えて、いよいよ名実共に欧米列強と肩を並べる成熟した近代国家になった。諸法典の整備など近代国家の条件をほぼ整えたことや、ロシアの極東進出に警戒心を示していた英国が条約交渉を受け入れたことで、悲願だった不平等条約改正が実現した。明治二十七年（一八九四）、交渉の責任者に任命された陸奥宗光《むつむねみつ》の努力によって、日英通商航海条約を締結して、遂に英国の治外法権を撤廃することに成功し、それを見た他の欧米諸国も治外法権の撤廃に応じた。しかし、関税自主権が認められるのは、日露戦争後になる。

ロシアが不凍港の獲得を目指して極東へ進出していることに、我が国は強い危機感を抱いていた。当初日本は朝鮮や清《しん》と協同して欧米列強やロシアのアジア進出に対抗しようとした。ところが、当時の朝鮮は清を宗主国とする冊封体制下にあり、自国を守る十分な防衛態勢はなく、また既に清の国力は全盛期の面影もなく衰退していた。島国の日本は、地政学上、朝鮮や清の一部がロシアの植民地となると防衛が困難になる。よって、日本は、朝鮮半島が強国の影響下にない独立国であることを望んだのである。日本は朝鮮に対して軍制改革をはじめ様々な援助を行ったが、朝鮮国内では改革派と保守派の主導権争いがあり、成果を挙げられずにいた。

明治十五年（一八八二）、朝鮮半島で壬午事変《じんごじへん》という朝鮮軍人による暴動が起きると、これに乗じて清が朝鮮半島に派兵して鎮圧し、日本を牽制した。明治十七年（一八八四）にも日本の支援を受けた金玉均《きんぎょくきん》らがクーデターを起こすが、同じく鎮圧されている。これを甲申政変《こうしんせいへん》という。こうして、日本が朝鮮に関与しにくい状況になっていった。

明治二十六年（一八九三）、清の北洋艦隊の六隻が横浜に来航して日本に圧力を掛ける事件が起きた。日清戦争が近いと考える伊藤内閣は、第二次海軍拡張計画を立てて海軍予算の増額を議会に求めるも、議会はこれを否決。衆議院本会議は一月十二日、政府に製艦費削減の同意を求めたが、これに対して政府は不同意と回答し、政府と衆議院は決定的に衝突することになった。

帝国憲法第六十七条は、法律上政府の義務に属する歳出（義務的経費）は、政府の同意なく帝国議会がこれを廃除又は削減することはできないと定めている。しかし、義務的経費の定義は明文規定がないため、その解釈を巡って第一回議会から政府と民党（民権派各党）の間で激しい論争があった。この膠着状態を打開するため、民党は内閣弾劾と天皇の調停を求めた上奏案を第四回議会の衆議院に提出し賛成多数で可決した。

翌二月十日、この事態を憂慮なさった天皇は、詔勅を賜い、貴衆両院議長に伝達させた。「在廷ノ臣僚及帝国議会ノ各員に告ク」と題する詔勅は、列強の勢いが日一日と増している今、国防の備えが一日遅れると一〇〇年の悔いを遺すことになるとし、政府と議会に和協による解決を望むこと、今後六年間、内廷費を削減して製艦費に充て、また文武官僚に同じ期間、俸給の一〇分の一を献納させ製艦費に充てるとの趣旨だった。これを「和衷協同《わちゆうきようどう》の詔勅」という。

しかし、天皇は、宮中祭祀と山陵の費用、そして皇太后に関する費用は少しも削減しないように宮内大臣に伝えた。皇太后からは再三削減の意向が伝えられたが、天皇はこれをお許しにならなかった。親の親が先祖で、その遠い親が神である。明治天皇自ら教育勅語の徳目である「親孝行」を実践していらっしゃると拝察される。また、帝国議会は、政府が求める軍事費を却下するほどの強い権限があったことを確認しておきたい。三権の分立により、政府と軍が議会を無視して勝手に軍拡することはできなかった。「近代国家」とはこのような国のことをいう。

この時、明治天皇は、議会の決定に不服を述べたり、再審を求めたりすることはなかった。議会の決定を尊重しつつも、非常の措置として宮廷費の削減をお決めになったことで、議会は恐縮し、自発的に再審議を行い、政府の要求する製艦費を可決したのだった。

❖朝鮮の独立を実現させた日清戦争

翌明治二十七年（一八九四）、またもや朝鮮半島で暴動が発生した。東学党《とうがくとう》の乱《らん》（甲《こう》午《ご》農民戦争）と呼ばれる民間宗教を中心とした農民らによる暴動である。朝鮮政府が清に援軍を要請すると、危機感を抱いた日本は、日清両国の朝鮮での権力の均衡を維持するために朝鮮に軍を派遣し、日本と清の間で緊張感が高まった。農民軍は解放したものの日本軍は撤収せず、日清両国は遂に軍事衝突し、朝鮮半島、遼東《りょうとう》半島、山《さん》東《とう》半島、黄海《こうかい》などを戦場とする日清戦争が勃発した。

天皇は開戦に消極的だったが、大本営が広島に移されると、七カ月半現地に滞在なさり、大元帥として戦争を御指導になった。天皇が外地で戦う将兵を指揮するために出征なさるのは、飛鳥時代に斉明天皇が百済《くだら》救済のために筑紫《つくし》に行幸なさって以来、一二三三年振りのことである。

大本営が置かれた第五師団司令部は、粗末な木造二階建てで、二階の部屋が御座《ござ》所《しょ》、御湯殿《おゆどの》、御厠《みかわや》、御召替所《おめしかえじょ》、軍議室、侍従長及び侍従の詰所に、また一階が供奉《ぐぶ》各部局に充てられた。御座所は戦地の兵士を思う明治天皇の御希望により、質素なものとされ、御寝室も設けられなかった。二四坪の御座所には玉座《ぎょくざ》を設け、その後方に金屏風を廻らせて剣璽《けんじ》奉安の案《あん》（机）を置き、その前に天皇御璽《ぎょじ》の案を置き、執務、食事、就寝の全てこの一室を用いた。夜は御寝台を運び込んで設備し、朝になるとそれを撤して御机と御椅子に代えた。

東京から持参した御机や御椅子などの他に家具はなく、壁には八角の時計があるのみ。また装飾といえるものは、後に呉《くれ》鎮守府の下士卒が献上した造花と、天皇自作の花瓶が飾られただけだった。侍従が安楽椅子や暖房を勧めたが、戦場にそのようなものがあるかと退けられた。また別の者が長期間のご不便なご生活を心配して増築を言《ごん》上《じょう》したところ「朕《ちん》の不便の故《ゆえ》を以《もっ》て増築を図るは朕の志にあらず、出征将卒《しょうそつ》の苦労を思わば不便何《なに》かあらん」と仰せになったという。

七月二十三日、漢城（現在のソウル）に入った日本軍は、王宮付近で朝鮮兵から発砲されて応戦し、王宮内の朝鮮兵を駆逐して王宮を守護した。我が国は大村益次郎《おおむらますじろう》以来の近代式軍隊の育成に力を注いだため、近代装備や規律の整った訓練された軍隊という面で大きく清軍を凌駕《りようが》し、陸戦でも海戦でも連戦連勝した。清は当時世界第二位の経済大国で、日本の約五倍の経済規模を有していたが、日本はその国との戦いに勝つことができたのである。豊臣秀吉の朝鮮出兵以来約三〇〇年にして、日本の軍隊が海外で戦い、勝利を収めた。

明治二十八年（一八九五）、我が国と清の間で下関《しものせき》講和会議が開かれ、下関条約が結ばれた。この戦争の結果、朝鮮は清から独立した。そして遼東《りようとう》半島、台湾、澎湖《ほうこ》諸島の領有が認められ、清から賠償金を得た他、沖縄の地位が確定した。日清戦争は、朝鮮を独立国として近代的に発展させたい日本と、前近代的な華夷思想に基づいて朝鮮を属国にしておきたい清との戦いだった。「文明開化の進歩を謀《はか》るものと、その進歩を妨げんとするものとの戦い」と述べたのは福沢諭吉《ふくざわゆきち》である。日本は近代国家として実力が認められたが、弱まった清は列強の侵略の対象となる。

❖政治闘争に明け暮れる朝鮮

日清戦争終結の年、東アジアの領地獲得を狙うロシアは、独仏と共に遼東半島の返還を要求した。遼東半島は、条約によって国際的に合法的に割譲されたが、日本にはロシアを筆頭とする三国に対抗する軍事力はなく、涙を呑んで返還に応じた。三国干渉である。しかも、後の明治三十年（一八九七）にドイツが山東半島の南側に位置する膠州《こうしゅう》湾を占領して九十九年間の租借が決まると、ロシアはこれを好機として、遼東半島の旅順と大連を占領して清から租借し、遼東半島と満洲《まんしゅう》地域の権益を固めた。またこの際にフランスも広州《こうしゅう》湾を租借し、英国もそれに対抗して日本から引き継いだ山東半島東部の威海衛《いかいえい》を租借した。威海衛は、賠償金の担保として日本が管轄していた土地である。このようにして、清の本格的分割が始まった。

三国干渉は日本人の反露感情を芽生えさせた。当時の日本国民の間では、「臥《が》薪《しん》嘗《しょう》胆《たん》」が標語になり、日本はより強い国を目指すことになった。三国干渉から十年の後、日本はロシアと戦火を交えることになる。

しかし、日清戦争で清に朝鮮の独立を認めさせるも、朝鮮の改革は一向に進まなかった。改革を進めようとすると、朝鮮の改革派と守旧派の闘争が激化した。また、宮廷内の権力闘争が激烈を極めていたことも密接に関係している。高宗《こうそう》（国王）に代わって実質的に政治を動かしていたのは閔妃《びんひ》であり、国の政治は閔氏一族が掌握していた。王と妃は共に浪費が酷かったという。王の父興宣大院君《こうせんだいいんくん》が閔氏一族によって摂政の座を追われて失脚した明治六年（一八七三）以来、大院君と閔妃は二十年に及ぶ熾烈な権力闘争に明け暮れていた。閔妃は痛烈な反日派で、改革を毛嫌いし、ロシアとの関係を深めていた。閔妃は日韓関係改善の最大の障害となっていた。

安全保障上、朝鮮の改革を必要とする日本、朝鮮での権益を復活させたい清、日清戦争で朝鮮から追い出された清に代わって朝鮮に近づこうとするロシアの思惑が複雑に絡んだ。日本は戦争の犠牲を払って朝鮮を独立させたのだから「朝鮮国民は日本に感謝して、日本に頼りながら改革を進めるはずだ」という多くの日本人の思いは、完全に誤りだった。朝鮮では既に強力な反日勢力が醸成されていた。政変で朝鮮政府から親日官僚が排除されると、日本の影響力は大きく後退し、日本主導で朝鮮を改革することは絶望的となった。朝鮮は急速にロシアに傾倒していく。

朝鮮が近代国家体制を築くことは、我が国の防衛上不可欠だった。日本では、朝鮮の改革を断念し、朝鮮を日本の保護国とすることで、列強の侵入や干渉を防ぐべきだという考えが強まった。そのような中、明治二十八年（一八九五）九月に特命全権公使として朝鮮に赴任した三浦梧楼《みうらごろう》陸軍中将は、大院君のクーデターを装って閔妃を暗殺した。だが、宮廷に居た米国人侍衛隊教官とロシア人技術者に目撃され、日本人が首謀者であることが明らかになってしまった。

参内した伊藤総理は対朝鮮の基本方針について明治天皇に次のように説明した。日本が朝鮮国内政策を援助することは、もはや得るものがないため、朝鮮が自らこれを行う方針を採るべきであり、今後日本が漸次朝鮮への干渉を減らして、国際的非難をかわすことは、日本の将来の地位を保つ上で必要とし、対朝鮮政策は消極的であるべきである、と。

閔妃暗殺により、大院君が復権して親日内閣が成立し、朝鮮の改革が大きく前進する希望が見え始めた。今度は国王が大院君によって軟禁されたも同然となり、国王は自らの毒殺を懸念するようになった。ところが、閔妃暗殺で反日感情が更に高まる中、親日派内閣が改革を実行したことは深刻な状況を招いた。日本軍と日本の居留民を攻撃し、あるいは日本の交通網や通信網を遮断するような抗日活動が、全国で起きるようになったのである。

そんな矢先の明治二十九年（一八九六）二月、親露派によるクーデターが起きる。国王が軟禁されていた王宮から脱出し、ロシア公使館に亡命した。露館播遷《ろかんはせん》という。この亡命は周到に準備されたもので、知る者はほとんどいなかった。王宮は厳重に警備されていたが、国王と王太子はそれぞれ宮女が使用する箱型の輿に隠れて王宮の門を出ると、その輿はそのままロシア公使館に入った。国王は国王親政を宣言し、親日の改革派閣僚の処刑を命じて、親露派の内閣を成立させると、その後もそこで政務を執った。日本の朝鮮との交渉はロシアを経由して行うしか方法がなくなった。このように、朝鮮がロシアの傀儡《かいらい》政権に成り下がったことで、これまで我が国が清と戦ってまで朝鮮を改革しようとしてきた試みが、完全に潰えたのである。

その後、朝鮮内で親露への批判が強くなると、国王高宗は、明治三十年二月、慶運《けいうん》宮《きゅう》（現在の徳寿宮《とくじゅきゅう》）へ移った。高宗は十月には皇帝に即位し、国号を「大韓帝国」とした。王が皇帝を名乗ることで、清と対等な主権国家であることを示そうとした。しかし、それでも改革が進むことはなく帝国とは名ばかりで、実態は独立国であることすら疑わしかった。

そして、日露関係を揺さぶる事件が起きた。明治三十三年（一九〇〇）に清で起きた義和団《ぎわだん》事件である。これは、清国内で外国人の排斥を叫ぶ群衆が、首都北京《ぺきん》の各国公使館を包囲した事件で、清の西太后《せいたいこう》がこの反乱を支持して欧米列強に宣戦布告したため、国家間の戦争に発展した。日本を含めた八カ国から成る連合軍が北京及び紫禁《しきん》城《じょう》（王宮）を制圧して反乱を鎮圧し、各国の軍隊は清が降伏すると共に撤退した。しかし、ロシアは乱の鎮圧後も朝鮮に隣接する満洲地域から撤兵せずに駐留し、日本からの抗議も無視して、朝鮮との国境に防御線を構築し始めたため、日露の緊張はにわかに高まった。

❖日英同盟と米国への根回し

ロシアが満洲から撤兵しない事態は、我が国の国防にとって大きな懸念になった。

ロシアと融和すべきか、もしくは戦うべきかが議論された。当初伊藤博文はロシアとの融和路線で我が国の独立を保とうと考えていた。しかし、当時の外務大臣だった小《こ》村寿太郎《むらじゅたろう》は、英国との交渉に成功し、明治三十五年（一九〇二）に日英同盟を締結すると、ロシアに対抗できる環境が一つ整った。

日英同盟が成立した後も、ロシアの南下政策は進む一方だった。ロシアの軍備増強を放っておけば、我が国の独立は脅かされる。この当時、ロシアを含む欧米諸国は、アフリカや中東地域、アジア地域を次々と植民地化していった。アジアにおいて有色人種で国家の独立を保っていたのは日本を含め、シャム（タイ）、ペルシア（イラン）、ネパール、ブータン、朝鮮などに限られた。

日本は戦争を避けるために日露交渉でロシアに妥協案として満韓交換論を提示した。満洲のロシアの権益と、朝鮮の日本の権益を相互に認めるという内容だった。これで妥結すればロシアは満洲に兵を常駐させられる。だが、日本の大きな譲歩にもかかわらず、ロシアはこれを拒絶した。

明治天皇は開戦に慎重でいらっしゃったが、明治三十七年（一九〇四）二月四日、御前会議で対露開戦を裁可なさった。内廷に入御《じゅぎょ》なさった明治天皇は「今回の戦は朕《ちん》が志にあらず、然れども事既に茲《ここ》に至る、之れを如何《いかん》ともすべからざるなり」と仰せになり、続けて独り言のように「事万一蹉跌《さてつ》を生ぜば〔失敗すれば〕、朕何を以《もっ》てか祖宗《そそう》に謝し、臣民に対するを得ん」と仰せになり、涙を流したこと、そして、夜も眠れず、食事も喉を通らず、健康を害するようになったことが記録されている。そして、明治天皇は二月五日、ロシアとの国交断絶を裁可なさった。

日本政府はこの間、米国大統領セオドア・ルーズベルトのハーバード大学の同窓生で友人でもあった金子堅太郎を米国に派遣し、大統領と面談し、米国の理解と協力を取り付けていた。日本は開戦前から終戦の方法を模索していた。それが後の対米戦争との大きな違いであった。このような周到な根回しは、後に重要な意味を持つことになる。

二月八日、旅順《りょじゅん》港にいたロシア旅順艦隊を日本軍が攻撃して、日露戦争が始まった。また同日、日本の先遣部隊が朝鮮の仁川《じんせん》に上陸し、漢城《かんじょう》（現在のソウル）に入城した。漢城を戦時の作戦拠点とするためである。日本は大韓帝国に協力を要請し、二月二十三日、日本軍の補給線を確保するため、大韓帝国と日韓議定書を結んだ。大韓帝国は外国の侵略に対する日本の行動に便宜を与えること、日本は大韓帝国の独立を保障すること、大韓帝国政府は日本の承認なしに第三国と条約を締結しないことなどを約した。続いて八月には第一次日韓協約が結ばれ、大韓帝国の財政、外交、軍、警察、宮内府などに日本が派遣した顧問を置いた。

❖戦費調達というもう一つの戦い

既に戦争は始まっていたが、戦争資金が準備できていなかった。当時の欧米先進国は金本位制を導入していて、日本も明治三十年（一八九七）からこれを採用していた。金本位制とは、中央銀行が一定の金を保有して、通貨が一定の比率で金と交換（兌換《だかん》）できるとした制度である。金本位制を導入した国の通貨は、それぞれ金の価格と固定されるため、固定為替相場となる。各国は通貨発行量に応じて金を保有しなければならないため、通貨発行量は制限された。

日本海海戦に参加した帝国海軍の連合艦隊は、戦艦六隻中六隻、巡洋艦一九隻中一一隻、駆逐艦二一隻中一五隻が欧米から輸入した艦艇である。このように、当時の日本は兵器や物資の多くを輸入に頼っていた。外国から物資を買うには金（正貨）が必要で、日本は日本公債を発行して英国通貨のポンドの調達を試みた。ポンドは金と交換可能な最も信頼される正貨だった。しかし、ロンドン市場の日本公債は、日露関係の緊張が高まるにつれ値を下げ、開戦後は更に下落した。他方、ロシア公債は開戦で下落したものの、その後は堅調な値動きをしていた。世界の金融市場は、ロシアが勝つものと見ていた。

この時、ロンドンに派遣されたのが日銀副総裁の高橋是清《たかはしこれきよ》である。高橋は三月三十一日に英国のリバプールに到着すると、直ぐにロンドンに向かった。高橋は多くの銀行家や金融業者と面談したが、彼らの多くはロシアの勝利を予測していて、日本公債の募集は困難だった。四月後半になると、まだ開戦して間もないにもかかわらず、正貨が極端に不足してきた。金本位制を維持するための金の準備率が二二・二％まで低下したのである。そこで金の輸出を停止すると、金本位制を破棄したことになり、外貨建ての公債の募集は絶望的となる。

しかし、水面下で日本公債への投資の可能性を模索していた銀行家がいた。個人金融家のアーネスト・カッセル卿、株式仲買人のヘンリー・ラミー・ビートン、クーン・ローブ商会のヤコブ・シフである。銀行団とその後ろにいる有力な金融業者たちが詳細を詰めていった。

日本軍は四月三十日、朝鮮と清の国境を流れる鴨緑江《おうりよくこう》を渡り、五月一日にはロシア軍の守る九連城《くれんじよう》を占領した。世界にその報せが流れると、日本公債の引受先が固まった。一〇〇〇万ポンドの日本公債の内、半分をパース銀行と香港上海銀行が、また残りを米国のクーン・ローブ商会が引き受けることになったのである。ヤコブ・シフが引き受けるというニュースは、多くの投資家たちを動かした。日本公債の申し込みは人気を博し、ロンドンでの応募倍率は二六倍、ニューヨークでは五倍（米国では目標額に達すると締め切るため倍率が上がらない）となった。目標額の一〇〇〇万ポンドを調達できたのである。高橋はその後も、銀行家や金融業者たちとの人間関係を駆使して公債を募集し、終戦までに八二〇〇万ポンド、さらには戦後に有利な条件で借り換えるために四八〇〇万ポンド、計一億三〇〇〇万ポンドを調達した。

❖アジア中に勇気を与えた日露戦争の勝利

日露戦争が始まると、陸戦では第三軍司令官乃木希典《のぎまれすけ》の率いる部隊が、二〇三高《にひやくさんこう》地《ち》を占領してロシア帝国の旅順要塞《りよじゆんようさい》を陥落させ、旅順港に停泊するロシア太平洋艦隊を壊滅させた。旅順攻囲戦に投入した日本軍約一三万の内、約四万五〇〇〇人が負傷し、約一万五〇〇〇人が戦死した他、ロシア軍も約一万六〇〇〇人が死亡した。

その後、奉天《ほうてん》（現在の瀋陽《しんよう》）で総勢六〇万に及ぶ大軍同士がぶつかり合った奉天会戦では、十八日間に亘《わた》って死闘を繰り返し、世界の陸戦史上でも稀に見る規模となった。この戦いで日本軍約三七万人の内、約六万人が負傷し、約一万六〇〇〇人が戦死した。また、海戦では、当時最強といわれたロシアのバルチック艦隊が欧州から遠路はるばる回航してきたが、東郷平八郎《とうごうへいはちろう》の率いる連合艦隊が、明治三十八年（一九〇五）五月二十七日と二十八日の日本海海戦でこれをほぼ全滅させ大勝利を得た。

日本軍がロシアの艦隊を殲滅《せんめつ》したことは欧米諸国に大きな衝撃を与えた。日本海海戦の日本の勝利を聞き及んだ米国のセオドア・ルーズベルト大統領は、盟友の金子に宛てた親書に「今回の大勝利は、かのトラファルガー海戦の勝利やスペインの無敵艦隊の撃破も、これには遠く及ばない」と綴り「BANZAI!!!」で結んだ。その後、金子がホワイトハウスに行くと、大統領は、電報を受け取ったその日のことを「午前から午後まで来る人毎に東郷艦隊の勝利の模様を一々《いちいち》説明して、殆《ほとん》ど自分は日本の海軍の大将のやうな気持で居《い》たが、顧《かえり》みれば自分は亜米利加《あめりか》の大統領である。それに日本の海軍の戦《いく》さの事ばかり朝から晩まで話して居《お》つて、何も公務が手に着かなかつた」（金子堅太郎『日露戦役秘録』一九二九）と金子に語った。

日露戦争では日本兵の士気が高かったのみならず、秀でた作戦が日本を勝利に導いたといえる。日露戦争での日本による新戦法、新兵器の発明は陸戦では騎兵の廃止、海戦では軍艦の構造を改めさせることになり、世界史における近代戦争の転換点となった。かくして、我が国は鎖国を解いてまだ半世紀ほどしか経っていないにもかかわらず、世界第一位の陸軍兵力と世界第三位の海軍兵力を誇るロシア軍を、陸戦と海戦の両方において打ち破ることができたのである。

このような各地での華々しい戦果が伝えられても、天皇は表情一つ変えなかったと伝えられている。侍従長から旅順陥落の報せを受けた天皇は、喜びの表情を浮かべることもなく、ロシアのステッセル将軍が祖国のために力を尽くしたことを讃え、将軍の武人としての名誉を保つように山縣有朋《やまがたありとも》参謀総長に伝えさせた。山縣は乃木希典にこの勅命を打電し、乃木は部隊全体にそのことを周知させた。水師営《すいしえい》の会見では、通常敗軍の将の帯剣は許されないが、乃木はステッセルの帯剣を許した。ステッセルはその後も乃木を尊敬し「自分は乃木大将のような名将と戦って敗れたのだから悔いはない」と語っている。天皇は夥《おびただ》しい数の兵士が命を落としていることをご存じだった。日露戦争開戦当初に、天皇がお詠みになった御製の一つに次の歌がある。

「よもの海みなはらからと思ふ世になど波風のたちさわぐらむ」

世界の海は一つであるのに、なぜ波風が立つのであろうか、というこの御製は、なぜ人々は争い戦争をするのかという、戦争そのものを憂う気持ちを詠んだものと思われる。天皇はこの戦争の間、食事と睡眠の時間を除き、常に執務室に出御していらしたという。

日本のロシア人捕虜の取り扱いを称賛したのは米国のキリスト教宣教師シドニー・ギューリック博士だった。松山に連行されたロシアのワリヤーグ艦の負傷兵たちは、ほとんど「客」としてもてなされたという。収容所には医師、通訳、薬剤師をはじめ一一名の看護師が従事し、十分な広さの宿舎には、洋式の寝台、毛布、敷布、枕、枕カバーが用意された他、兵士たちのために毎日洋食が供され、病室には二、三日おきに切り花が飾られた（Sidney L Gulick, The White Peril in the Far East）。また、ロシア人捕虜の妻エリザ・ルハマー・シドモアは「日本政府は〔捕虜の〕私的自由を保障し、快適な洋式設備を整えてくれた。それは、観光客が旅館で享受出来る以上のものだった。一方で下士卒たちは、かつて夢見たこともない天国のように豊かで、清潔で、快適で、無為な境遇にあった」と書き記している（Eliza R Scidmore, As the Hague Ordains）。

我が国は海外からの借金と国債で国力は既に疲弊しきっていて、戦争を継続することは困難だった。しかし、それはロシアも同じで、ロシア国内では専制政治に対する不満から革命運動が起こった。そして、米国のルーズベルト大統領が、日露戦争の講和を仲介することになる。米国で開かれたポーツマス講和会議では我が国の代表として小村寿太郎《こむらじゅたろう》がその交渉に当たった。

その結果、明治三十八年九月、ルーズベルト大統領の斡旋《あっせん》によりポーツマス条約が結ばれ、日露戦争は終結した。この条約では、ロシアは我が国に対して①朝鮮における日本の優越権、②旅順《りょじゅん》と大連《だいれん》の租借権、③北緯五〇度以南の樺太《からふと》の割譲、④沿海《えんかい》州《しゅう》・カムチャツカ半島周辺での日本の漁業権、を認めた。日本は遂に三国干渉の雪辱を果たすことができた。

ところが、賠償金を得ることはできなかった。これは賠償金よりも戦争終結を目指した政府の判断だったが、多額の借金によって国力が限界に達していることを知った国民の一部は不満を爆発させ、東京の日比谷公園周辺で暴動を起こし内務大臣官邸や交番などを襲撃した。一時戒厳令が敷かれたこの騒ぎを日比谷焼打事件と呼ぶ。

しかし、我が国は独立を保つことができた。この勝利は、近代において有色人種が白色人種に勝利を収めた初の例であり、欧米列強に植民地支配を受け、あるいはロシアの南下政策に悩んでいたアジア、イスラム、アフリカの諸国に勇気と希望を与えた。

❖大韓帝国の併合と中華民国の建国

明治三十八年（一九〇五）十一月、日本はポーツマス条約に基づき、大韓帝国と第二次日韓協約（日韓保護条約）を締結して外交権を取得し、伊藤博文が初代統監《とうかん》に就任した。高宗《こうそう》皇帝は、朝鮮が実力を備えた時にはこの条約は撤回する旨を書き足すように求めると、伊藤は一文を加筆し、皇帝はこれに満足した。大臣の一部は調印に反対したが、皇帝自ら説得に当たって調印に至った。こうして大韓帝国は日本の保護国となった。

大韓帝国を立て直すには巨額の財政支援が必要だった。日本は財務顧問を派遣し、大韓帝国に無利子、無期限で資金の立替をした他、直接支出により援助した。明治四十年度の大韓帝国の歳入は七四八万円しかなかったが、必要な歳出は三四〇〇万円以上だった。大韓帝国は既に財政破綻していたのである。そのため、日本は不足分全額となる二七〇〇万円を負担した。明治四十一年（一九〇八）は三一〇〇万円、明治四十二年（一九〇九）は二一〇〇万円という具合に、国家歳入の大部分を日本が負担し続けたのである。そもそも、大韓帝国は統治能力が欠如していて、予算の編成能力もなく、毎年丼勘定で「国」を運営していた。明治四十年（一九〇七）の日本の国家予算が約六億円であるから、その五％程度を毎年朝鮮に充てていたことになる。つまり、近年の日本の国家予算が約一〇〇兆円であるから、毎年五兆円を朝鮮に投資し続けていたのと同じことである。

高宗皇帝は、暫くは同盟者として振舞ったが、明治四十年六月にオランダのハーグで開かれた第二回万国平和会議に三人の代表者を派遣し、日韓保護条約が無効であると主張した。これを知った伊藤博文は直ちに王宮に出向き高宗皇帝に、皇帝自ら条約を破るとは何事か、日本の保護を拒否するなら堂々と宣戦布告したらどうか、と問い詰めた。すると皇帝は小さな声で、このことについては何も知らないと答えるのが精一杯だった。これを受けて伊藤がハーグに、大韓帝国の代表団は正当ではないと打電したことで、皇帝の使者たちの嘆願は却下された。

日本政府は高宗皇帝のこのような振舞いを看過することができず、同年、高宗の長男で皇太子の純宗《じゅんそう》を即位させた。この純宗皇帝が李氏朝鮮最後の皇帝となる。純宗には子がなかったため、異母弟の英親王《えい》李垠《りぎん》が皇太子となった。同年、日本の皇太子嘉仁《よしひと》親王（後の大正天皇）が韓国に行啓《ぎょうけい》し、李垠が日本に留学した。

大韓帝国が真の独立国となるためには、近代化を遂げる以外になかった。だが、大韓帝国が自ら秩序を保ちながら改革することは望めない状況であり、一度外国の保護国となり、近代化を進めてから将来の独立を描くことが唯一の現実的な選択肢だったといえる。もしこの時点で保護条約を結ばずに「大韓帝国」という名ばかり立派な独立国の体裁を保っても、清のように列強の食い物にされるのは不可避で、これまでの朝鮮がそうだったように、各派が国内での権力闘争に明け暮れ、到底挙国一致を見ることはなかっただろう。

日本が、国際情勢を敏感に読み取って、列強の力を借りつつも急速に近代化を成し遂げたのは、挙国一致し、君民一体となって日本の独立を目指したからではなかったか。日本にあって、清や朝鮮になかったものは、あるいは「明治天皇」だったのかもしれない。扇の要のように、国を一つに束ねる存在の有無が決定的な違いとなったと思われる。

しかし、日本は大韓帝国を保護国として近代化するのではなく、併合することになる。政府は明治四十二年、朝鮮併合の方針を固めた。ところが、それから間もなく、朝鮮併合に反対していた伊藤博文がハルビン駅で韓国人青年に暗殺される事件が起きた。日本では朝鮮併合を支持する機運が高まった。そして日韓併合条約は明治四十三年（一九一〇）八月十八日、大韓帝国の閣議を通過し、二十二日に、大韓帝国皇帝の御前会議に提示された。皇帝は、日本の天皇に大韓帝国の統治権を譲与する旨を示し、全権委任状に署名の上、国璽を捺《お》した。この後皇帝は、条約の条文を承認し、裁可した。そして条約は李完用《りかんよう》総理大臣と寺内正毅《てらうちまさたけ》統監により署名された。これより日本は、太平洋戦争終結まで朝鮮を統治下に置くことになる。条約締結に際して大韓帝国皇帝が発した勅諭は次のようなものだった。

「朕《ちん》〈皇帝の一人称〉は即位して今日に至るまで、あらゆる努力を尽くしてきたが、朝鮮の病は悪化する一方で、その疲弊は極限に至った。もはや挽回の望みはなく、打つ手もない。このままでは益々《ますます》状況は悪化し、事態を収拾することはできない。そこで、この大任を誰かに任せた方がよいという結論に達した。朕はここに朝鮮の統治権を、従来信頼申し上げている大日本国皇帝陛下に譲渡し、外は東洋の平和を強固にし、内は全朝鮮人の民生を保全しようと決意した。国民は今の国の状況をよく考え、大日本国の優れた文明に服して、幸福を享受せよ。このことは、朕が国民を忘れたからではなく、むしろ国民を救いたいという思いから出たものである。国民は朕の意思を理解して行動せよ。隆熙《りゅうき》四年八月二十九日」（一九一〇年、現代語訳、部分要約）

この条約が署名された直後、日本は「韓国併合に関する宣言」を出して、米英清露など一〇カ国から承認を得た。また、条約が署名された七日後には、明治天皇から臨時恩賜金として三〇〇〇万円が与えられ、旧大韓帝国が日本から借用していた二六五一万円は、そのまま棒引きにされた。日韓併合後も、日本から多額の税金が朝鮮に投入され続けた。日本政府からの援助は併合前と比べて半額ほどに減ったものの、残りの半分は日本政府発行の公債と、日本からの借入金で賄われていたため、税収の倍に相当する毎年約二〇〇〇万円を日本から調達する状況に変化はなかった。朝鮮は、歳入の半分から三分の二を日本の税金で賄うことで、ようやく近代化に着手することができたのである。さらに、駐留する日本軍二個師団の経費も、全額日本持ちだった。

明治四十三年から昭和十九年（一九四四）までの間に、日本政府が発行した公債は二一億円以上で、この内償還された七億円強を差し引いた一四億円以上が未償還である。立替金と直接支出と補充金を合算すると、総計二〇億七八九二万円を日本政府が朝鮮に支出した計算になる。戦後「朝鮮は日本に搾取された」といわれることがあるが「日本が朝鮮に搾取された」のが実態である。

朝鮮王族は日本の皇族に準ずる王公族とされた。皇帝と太皇帝は併合後もソウルの昌徳宮、徳寿宮に住み、また日本に留学中の皇太子の李垠は日本の皇族である梨本《なしもと》宮守正王《みやもりまさ》の長女方子《まさこ》女王と結婚した。欧米列強が植民地とする場合は、王家そのものを滅ぼすが、日韓併合では朝鮮王族を存続させ優遇したのである。一般的な植民地とは異なっていた。

また、併合後に置かれた朝鮮総督府は、土地調査を実施し、鉄道、ダム、上下水道、病院、電話、郵便などの社会基盤を整備していった。日本が朝鮮半島に敷設した鉄道は五〇〇〇キロメートル以上、学校については、日韓併合時点では日本が作った学校を含めても一〇〇校程度しかなかったところ、昭和十九年までに国民学校だけで五二一三校を設置した。学校では日本語と共に、当時は衰退し使用頻度が少なくなっていたハングル文字の教育を実施し、旧帝国大学では六番目となる京城《けいじょう》帝国大学（現在のソウル大学校）を大正十三年（一九二四）にソウルに設置した。これは大阪帝国大学と名古屋帝国大学よりも早い。また総督府は、半島全域に図書館を設置した他、総督府博物館（現在の韓国国立中央博物館）を設置し、昭和十九年に完成した水豊《すいほう》ダムは、日本の黒部ダムの出力三三・五万キロワット時の二倍以上となる七〇万キロワット時で、現在も北朝鮮の電力を担っている。

欧米列強の支那進出によって、清は弱まっていた。その中で満州族《まんしゅうぞく》の清を打倒し、漢民族《かんみんぞく》の国を復興しようとする運動が起こり、明治三十八年（一九〇五）、三民主義を唱えていた孫文《そんぶん》らは東京で中国同盟会を組織し、活動資金集めに奔走した。そして、明治四十四年（一九一一）、辛亥革命により清が滅亡し、翌年、孫文が臨時大総統となり中華民国建国が宣言された。

❖明治期の産業革命と明治文化

明治時代は、産業革命を成し遂げ、猛烈な勢いで経済成長を成し遂げた時代でもあった。明治十五年（一八八二）、中央銀行である日本銀行が設立されたほか、多くの銀行が設立された。明治二十年代には、紡績織物業《ぼうせきおりものぎょう》や製紙業などの軽工業が発展し綿糸《めんし》や生糸《きいと》、織物は輸出品の主軸になった。また、重工業化も進んだ。明治三十四年（一九〇一）には官営の八幡製鉄所《やはたせいてつしょ》が開業し、造船業が盛んになった。石炭の採掘も進み、九州や北海道では次々と炭鉱が開かれた。そして産業が活発になると一部の企業の利益が大きくなり、財閥へと成長した。三井、三菱、住友などの財閥は、銀行や鉄道をはじめ幅広い事業を手掛け、軍需産業の中核を担うようになる。主要都市間を結ぶ鉄道を敷設《ふせつ》し、蒸気船の運行を始めた他、前島密《まえじまひそか》によって郵便制度が確立され、新たな電信網が人々の生活を支えた。このような変革は日本の産業革命と呼ばれる。

一方、経済の発展と共に都市では会社や工場で働く中間層や労働者が増加した。しかし、賃金や労働条件は厳しく、労働運動が起きるようになった。そのような中、社会主義思想が広がっていった。産業の急速な発展は環境問題を生じさせることもあった。中でも足尾銅山鉱毒事件《あしおどうざんこうどくじけん》は有名である。足尾銅山（栃木県）から出た鉱毒が渡良瀬川《わたらせがわ》流域の田畑に流れ、大きな被害を齎《もたら》した。政府は問題解決に消極的で、鉱毒予防令を出すも効果はなく、栃木出身で元国会議員の田中正造《たなかしょうぞう》が、明治天皇に直訴しようとして取り押さえられる事件が起きた。

日本の伝統的美術は、外国人によって見直された。中でも有名なのが、米国から来日した東洋美術史家アーネスト・フェノロサである。僧侶ですら見ることが許されなかった法隆寺夢殿《ゆめどの》の救世観音菩薩立像《くせかんのんぼさつりゅうぞう》を二〇〇年振りに開帳させた人物としても知られる。フェノロサは狩野芳崖《かのうほうがい》らに、洋画の線の描き方や遠近法などをすすめ、新しい日本画の成立を支援した他、教え子の岡倉天心《おかくらてんしん》らと東京美術学校（現在の東京藝術大学美術学部）の設立にも努め、日本美術の素晴らしさを海外に広めた。欧米文化を受け入れる動きは他の美術分野でも進み、絵画では横山大観《よこやまたいかん》や黒田清輝《くろだせいき》、彫刻では高《たか》村光雲《むらこううん》らが欧米諸国の最新の表現方法を学び、これを日本に広めた。音楽ではドイツに留学した滝廉太郎《たきれんたろう》が欧米の表現を取り入れた唱歌を作った。

明治時代は文学についても大きな変化があった。二葉亭四迷《ふたばていしめい》はそれまでの文語体を止め、口語体で小説を書いた。「書きことば」と「話しことば」とを使い分けていた時代から、私たちが今日使う文章表現へ転換された。これを言文《げんぶん》一致運動という。また、個人を大切にする欧米的な考え方が広まり、夏目漱石《なつめそうせき》や森鷗外《もりおうがい》は新たな視点から人々を描いた。樋口一葉《ひぐちいちよう》は近代都市に生きる貧しい女性を描き、石川啄木《いしかわたくぼく》は生活の厳しさを表現した。

学問については、大学での研究が進められる中、世界的に評価される人物が登場した。医学では、ペスト菌を発見した北里柴三郎《きたざとしばさぶろう》、赤痢菌《せきりきん》を発見した志賀潔《しがきよし》、物理学では、原子模型の研究で長岡半太郎《ながおかはんたろう》が活躍した。

❖日本を小国から大国に押し上げた偉大な明治天皇

明治四十四年（一九一一）になると明治天皇の御健康に衰えが見えはじめた。にもかかわらず、天皇は熱心に国事に奔走なさった。天皇は糖尿病を患い、慢性腎臓炎を併発するようになっていた。明治四十五年（一九一二）七月三十日未明、明治天皇は崩御あらせられ、明治時代は幕を閉じた。宝算満五十九歳だった。そして、即日、嘉仁《よしひと》親王が践祚あそばし、新しい元号は「大正」と決められた。大行天皇《たいこう》（天皇崩御の後、追号が贈られるまでの呼称）には天皇号「明治」が贈られた。元号が天皇号に充てられたのは歴史上初めてのことだった。以降これが慣例となる。

明治天皇を知っていても「何をした人か」と問われると、明確に答えられる人は少ないかもしれない。一言でこれに答えるなら「日本を近代化させ世界の大国に押し上げた偉大な天皇」となるのではないか。明治天皇は強い個性の持ち主でいらっしゃったようで、そのお人柄は、重臣たちの記録などから知ることができる。明治天皇は大酒飲みで、風呂嫌い、写真嫌い、そして大の能好き、また生涯で約一〇万首の御製《ぎょせい》（天皇の和歌）をお詠みになるなど、個性的で頑固な印象を受ける逸話が伝えられる。最も強い傾向としては「義務感」を筆頭に挙げるべきだろう。天皇は生涯を通じて、立憲君主国の君主としての義務に最も強い関心をお示しになり、自身の業績や評価などには全く無関心であらせられた。この御姿勢は御父孝明《こうめい》天皇と同じである。

帝国憲法の審議に当たって、天皇は連日枢密院に臨御《りんぎょ》なさるも、一度も御発言はなかったが、天皇が凜《りん》としてお座りになっていらっしゃることで、どれほど重臣たちが緊張感を持って議論に臨んだか想像に難くない。「天皇は微動だにせず、およそ彫刻のようだった」というのは、面会を果たした外国人によって記されたことである。

また明治天皇は、宮殿での儀式を洋式に変えるなど、西洋の風習を積極的に取り入れた半面、教育勅語を渙発《かんぱつ》（発布）なさって、日本の伝統を尊重することにも尽力なさった。そして、明治天皇の贅沢嫌いは徹底していた。軍服や靴が擦り減っても修理を命ぜられるのみで、新調をお許しにならず、また全国に建てられた立派な別荘を一度も利用せず、娘たちにも使わせなかったという。天皇のお気持ちは常に国民と共にあり、天皇だけが特別であることをお好みにならなかった。天皇は生涯を通じて、寒暖は固《もと》より、苦痛や体の不調を訴えたことはほとんどなく、虫歯ですら痛みに耐えて治療をお許しにならなかったという。また明治天皇は大の戦争嫌いとしても知られる。天皇は日清日露いずれの戦争にも反対なさり、華々しい戦果が伝えられても表情一つ変えず、敵の将兵の名誉を重んじるように命ぜられたのは既に述べた通りである。

明治天皇の時代は、優秀な政治家たちが命をかけて政治に没頭した時代だった。明治天皇は能力ある政治家たちを的確に信任激励なさり、その威光は彼らに勇気と力を与えた。明治天皇なくして我が国の近代化はなかったといえよう。

13 大正時代

❖寛容で親しまれる天皇

明治四十五年（一九一二）七月三十日の明治天皇の崩御《ほうぎょ》により、第一二三代大正《たいしょう》天皇がご即位になり、元号が「明治」から「大正」に改元された。新天皇は満三十二歳であらせられた。ここから大正時代に入る。

大正天皇は即位前から体調に不安があった。皇太子時代は安定していたものの、即位後は過密な日程をこなさなければならず、恐らく健康上の理由で、軍事行幸を除いては行幸《ぎょうこう》先に皇后が同伴することが通例となった。明治天皇が単独で行幸なさったのと対照的である。

明治天皇が厳格で近寄りがたい天皇だったのに対し、大正天皇は寛容で親しみやすい天皇だった。皇太子時代の明治三十三年（一九〇〇）、京都帝国大学附属病院へのご訪問で、たまたま居合わせた二人の患者に直接お声掛けになり、病状などについてお尋ねになったことは、先例のないことだった。また同年の北九州巡啓《じゅんけい》では、九州鉄道で小倉《こくら》から熊本に移動する際、同乗した福岡県知事に「汝《なんじ》は煙草《たばこ》を好むや」と煙草を差し出したところ、知事は驚愕したとの逸話がある。明治天皇の巡幸では、少数の者しか謁を賜わることはできず、しかも天皇からの御下問は稀で、居合わせた民間人にお声掛けになることは皆無だったため、極めて対照的である。

同じく皇太子時代には、行啓《ぎょうけい》先で皇太子の要望によって直前になってお立ち寄り先が追加され、夜にこっそりと行在所《あんざいしょ》を抜け出して一人で散歩なさり、自由闊達《かったつ》なご発言が多く分け隔てなく誰にでも気さくにお話しになり、そのようなことが連日地方の新聞に掲載されるのを楽しんでご覧になった。そのような皇太子の行啓は全国で熱烈に歓迎された。皇太子の全国巡啓により、皇室と国民の距離が一気に縮まったといえよう。明治時代の後半は、天皇の行幸が徐々に軍事関係中心となったため、皇太子が工場や農園、そして学校や名所旧跡などをご訪問になったことは意義深い。そこには、大東亜戦争後に全国を巡幸《じゅんこう》なさった昭和天皇のお姿を重ねることができる。

大正天皇は計四方の皇子に恵まれた。後に天皇に御即位あそばす第一皇子の裕仁《ひろひと》親王をはじめ、弟宮の淳宮雍仁《あつのみややすひと》親王（秩父宮《ちちぶのみや》）、光宮宣仁《てるのみやのぶひと》親王（高松宮《たかまつのみや》）、澄宮崇仁《すみのみやたかひと》親王（三笠宮《みかさのみや》）は、いずれも元気に成長なさった。そして大正天皇は子煩悩だったことでも知られている。元来、天皇や皇太子は子供と離れて生活するものだったが、大正天皇は皇太子時代に妃と三人の皇子と一緒にお過ごしになった（三笠宮は大正四年

〈一九一五〉の生まれ)。三皇子の診察をしたドイツ人医師のエルウィン・ベルツは「皇子たちに対する東宮〔皇太子〕の、父親としての満悦ぶりには胸をうたれる」と日記に記している。皇太子時代には子供たちと食事、鬼ごっこ、将棋、映画鑑賞などをなさる機会が多く、その他家族との逸話が多く伝えられ、子供たちの手を引く写真も残されている。家族で食事を共になさることも多く、皇太子妃節子《せつこ》のピアノの伴奏に合わせて家族皆で軍歌や唱歌を歌い、時には侍従や女官も加わって全員で合唱することもあった。

淳宮と光宮にとっては、優しかった父大正天皇と異なり、明治天皇については「怖い人」という記憶しかなかった。祖父明治天皇に会う機会は限られていて、面会時間も正味一分程度と短く、それも表御座所で挨拶を申し上げ、天皇が頷くだけというもので、正に「拝謁」というに相応しかった。秩父宮は後年「僕は一度も、祖父明治天皇の肉声をうかがったことがないのだ。年に三回すなわち春秋と誕生日とに参内《さんだい》するのが例であって、その時にはお目にかかったのだが、御前に行ってお辞儀をすると、かすかにお唇の動くような気はしたが、ついぞお声は聞かなかった」(『秩父宮雍仁親王』)と語っていらっしゃる。明治天皇は政務に打ち込む余り、家族との会話はほとんどなく、一家との写真も残されていない。

親しみやすい皇太子時代の御気質は、御即位後も変わることがなかった。御即位後間もない大正元年（一九一二）十一月、大正天皇は桃山《ももやま》行幸に随行する原敬《はらたかし》（当時内務大臣）を、車中にお召しになった。当時、天皇の乗御《じょうぎょ》なさる御召《おめし》列車に大臣や政府関係者が乗ることはなかったが、大正天皇は皇太子時代にそうだったように、何の躊躇《ちゅうちょ》もなさらなかった。

また、大正天皇の写真が度々新聞に掲載されるようになったのは大きな変化である。その最初が、十一月十六日と十八日付の『東京朝日新聞』に掲載された陸軍特別大演習での写真だった。これまで天皇の行幸先の様子が写真で紹介されることはなかった。「見えない天皇」から「見える天皇」への転換を意味する。

明治時代は、明治天皇が大の写真嫌いでいらっしゃったことから、公表された写真は数枚程度しかなかった。御真影の撮影も頑なに拒絶なさったため、イタリア人画家エドアルド・キヨッソーネが描いた原画を写真に複写した「御真影」が配布されたにとどまった。しかし、キヨッソーネの絵が精巧だったため、多くの人はそれが写真だと勘違いした。この絵は、宮内大臣だった土方久元《ひじかたひさもと》がキヨッソーネに依頼して制作されたものである。外国人による写生も困難と思われ、キヨッソーネは襖の陰に隠れて明治天皇の龍顔《りゅうがん》（天皇の顔）を拝し、写生して肖像画を仕上げた。明治天皇はその「御真影」を初めてご覧になった際、無言のままで良し悪しについて言及はなかったと伝えられている。大正天皇は皇太子時代から写真がお好きで、多くの写真が残っている。皇太子時代にはその写真が行啓先の学校に下賜されるようになり、また写真付きの行啓記念絵葉書が販売され、新聞に写真が掲載されることもあった。

しかし、御即位後、生活は激変し、御体調も不安定になっていった。大正二年（一九一三）には肺炎で重体となるも、快復し、公務に復帰なさったが、その後は御用邸などでご静養になることが多くなり、大正三年（一九一四）秋頃から歩行がふらつくようになるも、大正四年（一九一五）十一月には京都御所にて即位礼を、また仙洞御所《せんとうごしょ》の大嘗宮《だいじょうきゅう》にて大嘗祭を全うなさった。

即位礼に際しては、宮中賢所《かしこどころ》に祀られている三種の神器《しんき》の内の御神鏡《ごしんきょう》を京都に移御《いぎょ》する必要があった。そのため、人類の鉄道史上唯一となる神様専用車両が製造された。賢所乗御車《かしこどころじょうぎょしゃ》である。車両中央には賢所奉安室《ほうあんしつ》、またその前後には御神体《ごしんたい》を監守する掌典職《しょうてんしょく》のための部屋が計六室あり、賢所奉安室は総檜の神殿造りで、金具には金メッキが施されている。床は三〇センチメートルほど高くなっていて、御神座《ごしんざ》のある中央正面には菊紋があしらわれた観音開きの御扉《みとびら》が取り付けられている。天照大御神の御霊代《みたましろ》である御神鏡は、天皇でも同乗することが憚られる存在であり、そのためにこの車両が製造された。賢所乗御車は昭和三年（一九二八）の昭和天皇の即位礼でも使用されたが、平成二年（一九九〇）の上皇陛下、令和元年（二〇一九）の天皇陛下の即位礼は東京で行われたため、御神鏡の移御はなかった。廃車となったが、御料車庫《ごりょうしゃこ》で保管されている。

❖第一次世界大戦と対支要求

日露戦争に敗れたロシアはアジア進出を断念して、欧州への進出を図ったが、欧米諸国はアジア地域の植民地支配を強めていった。十九世紀の末頃になるとドイツが力を付けて、オーストリアやイタリアと三国同盟を結んだ。これに危機感を抱いた英国は、敵対していたロシアとの関係改善を図り、フランスも味方に引き入れて協商を結び、三国協商を成立させて対抗した。この二つの勢力を中心として、欧州諸国は対立を深めていった。こうした緊張関係に加えて、オスマン帝国の衰退に伴って、民族間の衝突が激化し「欧州の火薬庫」と呼ばれていたバルカン半島で、三国協商に属するロシアはスラブ民族の独立運動を支援し、三国同盟に属するオーストリアはその運動を抑えようとした。

そんな中で起こったのがサラエボ事件である。大正三年（一九一四）、ボスニアのサラエボで、オーストリアの皇太子夫妻がセルビア人青年に暗殺された。これを発端に、両陣営の緊張関係は、欧州全土を巻き込む戦乱へと発展する。これが第一次世界大戦である。

我が国は日英同盟を理由に、三国協商の陣営に与《くみ》して、ドイツに宣戦布告し、支那大陸のドイツの租借地だった山東半島《さんとう》と青島《チンタオ》を攻略した。また日本は、三国協商の要請により、欧州の地中海に日本海軍艦隊を派遣し、ドイツ海軍の潜水艦から輸送船や商船を護衛した。そして、米国が参戦したことが決定打となり、世界大戦は三国協商側の勝利で終戦した。

青島の戦いでドイツ軍は日本・英国連合軍に降伏し、約四五〇〇人が捕虜となり、後に南洋諸島からの捕虜が加わって、総勢約四七〇〇人が日本の一六カ所で五年余りの収容所生活をした。日本は国際法規に則って捕虜を待遇したため、虐待や強制労働はなく、毎日朝晩の点呼をする以外は、収容所での生活は捕虜たちの自由に委ねられた。そのため、スポーツや文化活動も盛んで、徳島県の板東俘虜《ばんとうふりよ》収容所はベートーベン『交響曲第九番』（第九）が日本で初めて全楽章演奏された地として知られている。大正七年（一九一八）六月一日に行われたこの演奏は、アジアで最古とされる。中でも板東俘虜収容所は自由度が高く、遠足や海水浴が行われた記録がある。

また労役に従事する捕虜もいて、対価として賃金が支払われた。捕虜の内、職業軍人は一割に満たず、アジア各地から召集された人たちが大半で、彼らのほとんどが職業に就いていたため、技術を持つ者も多かった。技術があると技術指導で収入を得ることもできた。収容所ではすることがなかったため、仕事はよい気晴らしになったという。ソーセージ、パン、ビールなどの製造技術は重宝され、捕虜によって日本に浸透したドイツ文化もある。また、工業製品の製造や建築土木など、自分の技術を生かす捕虜も多かった。収容所内での経済活動の自由も認められて、収容所内に店を出す捕虜もいた。板東俘虜収容所には、菓子店、写真店、時計修理店、楽器修理店、仕立屋、そしてボウリング場などが軒を並べ、売店では生ビールも売られていた。

大正八年（一九一九）末から捕虜たちは本国に送還されたが、約一七〇人が日本に残ることを希望した。その一人が、日本で初めてバウムクーヘンを作った菓子職人のカール・ユーハイムで、大手製菓会社の「ユーハイム」を創業した人物である。他にも、ロースハムを考案したアウグスト・ローマイヤー、パン店「フロインドリーブ」を創業したハインリヒ・フロインドリーブなどがいる。また、日本に興味を持ち日本に残って日本研究者になった者も多かった。

大正七年に終わった第一次世界大戦は四年間に及び、飛行機や戦車が新兵器として登場し、従来の戦争とは一線を画する性格を帯びた。経済や人的資源、科学技術などを総動員する、まさに総力戦となり、欧州諸国を中心に大きな被害を出し、国々は疲弊した。

当時の支那大陸は、清《しん》が滅亡して以来、軍閥が跋扈《ばっこ》し、統一政府もなかったため、ドイツが持っていた支那大陸の権益を、我が国に引き継ぐよう中華民国に要求した。当時、支那大陸の一部の実権を握っていた中華民国の袁世凱《えんせいがい》はこれに強く反発し、国際社会に向けて日本の非道を発信して抵抗を試みた。しかし、支那における日本の地位を強化するため両国関係を緊密化するという名目のもと、我が国は中華民国に対して計二十一カ条を要求した。

それでも交渉は妥結の目途が立たず、日本は当初の二十一カ条の要求項目を十カ条にまで減らした。この際の要求を「二十一カ条の要求」と称することが多いが妥当ではない。ここは単に「対支要求」あるいは「対支十カ条の要求」と称すべきである。それでも支那ではこれに反発して反日運動が展開され、大正八年に学生運動を機に五《ご》四《し》運動が起きた。後に日本は中華民国との交渉の末、山東半島を返還し軍を撤退させるが、その他の権益は放棄しなかった。これは新たな危機となったロシアや、支那への進出を強めていた欧米諸国に対して危機感を持っていたからである。

ロシア革命と社会主義の成長

初めての世界大戦は、もう一つ世界に大きな転換を齎《もたら》した。日露戦争の頃より燻《くすぶ》っていたロシアの共産主義者が遂に大々的な武装蜂起を起こし、ロシア革命と呼ばれる共産主義革命を起こした。大正六年（一九一七）に起きたロシア革命はロマノフ王朝を打倒した二月革命と、レーニン率いる共産党が他勢力を排斥して共産党一党独裁体制を確立した十月革命の総称である。ここに世界史で初めての社会主義・共産主義国家であるソビエト政権が成立した。

社会主義は資本主義に取りこぼされた人々に希望を与え、資本主義に替わる新しい思想として期待された。しかし、日本や欧米列強は、社会主義の考え方が自国に広まることを警戒した。ソ連は大戦を即座に離脱し、国内改革に努めた。我が国は欧米諸国と共同して、ロシア革命を阻止し社会主義の拡大を防ごうとシベリア出兵などの干渉戦争を始めた。しかし、ソビエト政権は反革命勢力を鎮圧し、大正十一年（一九二二）に複数の共和国から成るソビエト社会主義共和国連邦（ソ連）が成立した。

革命政府は世界各国の資本主義に反対する人々に期待されたが、その期待はやがて裏切られていくことになる。レーニンの後に指導者となったスターリンが主導して、五カ年計画を実施し、工業や農業の改革に着手した。この計画経済によって、後の世界恐慌の影響を受けることなく、成長を享受したが、その陰でスターリンは大規模な政治弾圧を実施して、反対勢力を悉《ことごと》く処刑した。

我が国でもソ連のコミンテルン日本支部として、秘密裏に日本共産党が結成された。日本政府はソ連の暴力的な性格を危惧して、ソ連と国交を結ぶ際に、日本共産党を中心とする共産主義勢力の革命運動を抑止するために、大正十四年（一九二五）に治安維持法を制定した。

大正七年（一九一八）に、三国協商陣営の勝利で第一次世界大戦が終結し、翌年にパリ講和会議において、ベルサイユ条約が締結された。戦争責任は全て敗戦国ドイツに押し付けられ、ドイツは領土が縮小し、巨額の賠償金に苦しむことになった。戦勝国の責任は全く遡及されず、敗戦国にばかり膨大な負担を課したこのやり方は、第二次世界大戦の種火となる。

我が国はこの講和条約に五大国（米国、英国、フランス、日本、イタリア）の一員として参加した。そして、米国のウッドロー・ウィルソン大統領の提起により、大正九年（一九二〇）に世界平和と国際協調を達成するための組織として国際連盟が設立された。ドイツが植民地支配していた太平洋の南洋諸島は、国際連盟から委任され、日本の委任統治になった。

国際連盟の設立に当たり、我が国は人種差別撤廃を規約に盛り込むように提案した。これは国際社会における人種差別撤廃に関する世界初の提案だった。国際連盟が人種的偏見により日本の発展を阻害しないこと、またアメリカなどで起きた日系移民排斥問題を解決するきっかけを作ることがその意図だったが、賛成多数ながらも全会一致を要する案件とされ、採択されなかった。有色人種にして白色人種に食い入る日本は、アジアとイスラムから大きな期待が寄せられていた。

そして、国際連盟の提案国である米国が、自国の議会での反対を受けて、国際連盟に加入することができず、日本、英国、フランス、イタリアを常任理事国として、スイスのジュネーブに本部を置いて発足した。しかし、十分な権能が備わっていなかったため、結局は後の第二次世界大戦を未然に防ぐことはできなかった。しかし、第一次世界大戦の反省を受けて、国際的な協調が重要視されるようになった。大正十年（一九二一）には依然大きな影響力を持っていた米国の呼び掛けにより、ワシントン会議が開かれて、軍縮等について各国が議論する場が設けられた。

我が国の明治以降の経済の発展は目覚ましく、実質GNP（国民総生産）は明治二十三年（一八九〇）と比較すると、大正九年で約二・三倍、昭和十五年（一九四〇）で約五・二倍となっている。

❖大戦景気と大正デモクラシー

世界大戦によって、我が国の経済は大戦景気と呼ばれる活況を見せていた。大正バブルと呼ばれることもある。重化学工業が急速に成長して、主戦場となった欧州諸国などへの輸出が増大した。輸出額が輸入額を上回るようになり、その結果、日露戦争以来債務国だった日本は短期間の内に債権国となった。また農業国が工業国となったのもこの時期である。ところが、この急速な輸出産業の成長は、急速な物価上昇を招くこととなり、シベリア出兵も重なったことから、先の需要を見越した商人が米を買い占めた。この影響で米の値段が大幅に上がり、米騒動と呼ばれる暴動に発展した。

　また、この頃には護憲運動が盛んになった。これは、明治維新に功のあった薩長《さっちょう》を中心とする藩閥《はんばつ》による藩閥政治に対し、国民が不満を抱いた結果である。桂太郎《かつらたろう》が組閣した際にそれは大きな波となって第一次護憲運動として現れた。米騒動による混乱の責任を取り、寺内正毅《てらうちまさたけ》内閣が退陣すると、当時の世論も後押しする形で平民出身の原敬《はらたかし》が内閣を組閣した。原敬は追い風に乗って陸海軍大臣と外務大臣以外の全ての国務大臣を立憲政友会の党員で組織し、初の本格的な政党内閣を成立させた。その後、大正十三年（一九二四）に加藤高明《かとうたかあき》内閣が成立したのを機に、衆議院第一党の党首が組閣すること、その内閣が失政によって倒れたら野党第一党の党首が組閣すること、そして政権交代の前後には衆議院議員総選挙を実施する「憲政《けんせい》の常道《じょうどう》」が、犬養毅《いぬかいつよし》首相がテロリストの凶弾に倒れるまでの八年間続いた。これは我が国の政治史にとって重要な出来事だった。

　大正時代は政党政治が確立し、民主主義（デモクラシー）の議論が活発化した。政治学者の吉野作造《よしのさくぞう》は「国家の主権の活動の基本的の《ママ》目標は政治上人民にあるべし」という民本主義《みんぽん》の考え方を提唱して、これは君主制と矛盾しないとし、民衆を重んじる政策決定を求めた。人民の幸福のために政治が行われるべきという考えは、神武創業の精神にも合致する。民主主義と君主主義が矛盾しない点を説明したことは大きな功績だったといえる。また、憲法学者の美濃部達吉《みのべたつきち》は、主権は天皇ではなく国家にあることを説き、天皇機関説を主張した。大正デモクラシーと呼ばれるこの時期は、政党内閣を理論的に後押しするかたちで、闊達《かったつ》に議論された。民に主権ありという民主主義の考え方は、このように議論を積み重ねることで成熟していく。

大正十四年（一九二五）、加藤高明内閣が二十五歳以上の男子に選挙権を認める普通選挙法を成立させた。しかし、女性に参政権が与えられるのはまだ先のことである。男女同権を求める運動は次第に高まっていった。

米国のウィルソン大統領が述べた民族自決の原理は、欧州に影響を与えた。各民族が自ら帰属を決定し自治すべきであり、他国や他民族の干渉は受けるべきではないという この考えは、東欧と北欧の多くの地域の独立を後押しした。権利を求める戦いは、アジアでも民族運動という形で現れた。英国植民地のインドでは、自治権を返還する約束を反故《ほご》にされたことから、民族運動の機運が高まったが、マハトマ・ガンディーの非暴力不服従の精神に従って緩やかな抵抗を志した。また支那では排日運動が起こり、朝鮮でも日本からの独立を目指す三・一運動が起きた。

近代化の成果が着々と実を結んできた我が国において、国民の教養も高まっていった。学校教育では、個人の自主性が重んじられるようになった。活字文化も広がり、新聞や雑誌などが急速に成長して盛んに言論が戦わされるようになり、娯楽分野でも週刊誌や絵本、小説が人気を集めるようになっていった。国産初のアニメも生まれ、蓄音機やレコードの登場により歌謡曲が広まり、ラジオ放送が始まるなど、国民の娯楽も充実していった。ただ、生活では欧米式の生活様式が浸透し、日本式の生活様式は衰退した。西洋建築や洋服、洋食の浸透がその一例である。

学問では西洋の学問をうまく取り入れようとした哲学者の西田幾多郎《にしだきたろう》が、西洋哲学と東洋哲学を融合させることで新たな可能性を示した。文学では谷崎潤一郎《たにざきじゅんいちろう》や志賀《しが》直哉《なおや》が支持され、芥川龍之介《あくたがわりゅうのすけ》や小林多喜二《こばやしたきじ》らが続いた。美術では新たな美人画を世に示した竹久夢二《たけひさゆめじ》や、岸田劉生《きしだりゅうせい》をはじめ多くの才能が世に出た。

また、工学者の宇田新太郎《うだしんたろう》と八木秀次《やぎひでつぐ》によって共同開発された「八木・宇田アンテナ」は、テレビ受像用として広く普及し、現代まで使用されている。その高い技術力は後に米軍にも注目され、このアンテナの技術を用いた受信・レーダー機能が二度の原子爆弾投下の際にも用いられたのは歴史の皮肉である。

ところで、大正十二年（一九二三）九月一日、関東大震災が発生した。人口が密集する東京や横浜を直撃したため、約一九〇万人が被災し、一〇万人以上が死亡あるいは行方不明となった。戦後になって、この震災のあった九月一日を防災の日とすることになる。

❖歴代随一の漢詩を遺した文化人大正天皇

大正天皇は生涯で一三六七首の漢詩をお詠みになった。歴代でも漢詩を好んだ天皇はいらしたが、大正天皇の漢詩の数は桁違いに多い。二番目に多いのは第一一〇代後《ご》光明《こうみょう》天皇の九八首、三番目は第五十二代嵯峨《さが》天皇の九七首であるから、その差は歴然としている。大正天皇が漢詩をお詠みになったのは明治二十九年（一八九六）から大正六年（一九一七）までの二十二年間であるから、平均すると年間六二首、一週間で一・二首となる。

大正天皇が皇太子時代の明治二十九年、漢学者の三島中洲《みしまちゅうしゅう》が東宮侍講《とうぐうじこう》となり、当時満十六歳の皇太子の漢詩の手解《てほど》きを始めた。ご学友の甘露寺受長《かんろじおさなが》が「大正様は非常に詩がお好きで、むつかしい韻や平仄《ひょうそく》の規則にも拘《かかわ》らず、すらすらと平らかにお詠みになり、私どもの到底及びもつかない所でした」（『大正天皇御製詩集』一九六〇）と述べている。三島は大正天皇の御即位後も、漢詩の添削を続けた。

大正天皇は、公務の合間などで時間ができると、よく「一つ詩を作らうか」と楽しそうにおっしゃり、多くの場合は貞明《ていめい》皇后が菊紋の入った専用の用紙に清書なさり、それに三島が批点《ひてん》を打って返上したという。御製《ぎょせい》を一つ紹介したい。大正三年（一九一四）に学習院の卒業式に臨んでの作である。

示学習院学生　　学習院の学生に示す
修身習学在文園　身を修《おさ》め学《がく》を習いて文園《ぶんえん》に在《あ》り
新固宜知故亦温　新固《しんもと》より宜《よろ》しく知るべし故《こ》も亦温《またたず》ねよ
勿忘古人蛍雪苦　忘るる勿《なか》れ故人蛍雪《こじんけいせつ》の苦
映窓燈火郭西村　窓に映ずる燈火郭西《とうかかくさい》の村

（学習院の学生に示す。学園の中では身を修め学問に励み　新しいことは無論よく知らねばならぬが、古いこともじっくり身につけるように　昔の人の〝蛍雪の功〟の辛苦を忘れてはいけない　ここ西郊《さいこう》の目白《めじろ》で夜の窓に燈火が映るように）（石川忠久《いしかわただひさ》『漢詩人　大正天皇』二〇〇九）

大正天皇はよく「漢詩はいいが和歌は駄目だ」と仰ったそうだが、和歌の詠み手としての評価も高い。和歌の大家である岡野弘彦《おかのひろひこ》氏は「明治天皇や昭和天皇と比べると、歌の数は少ないが、歌に現れた心の鋭敏さの点では三代の天皇のうちで大正天皇が一番するどい感じがする」と述べ「大正天皇は玉葉集《ぎょくようしゅう》・風雅集《ふうがしゅう》の伏見院《ふしみいん》や永福門院《えいふくもんいん》の歌に流れる中世の宮廷の清涼で、透徹した描写の歌風を、よく身につけていられたと言えよう」と評し、次の三首を挙げている（岡野弘彦『大正天皇御集』二〇〇二）。

はるかなる沖の波間のはなれ島夕日をうけてあらはれにけり
群雀ねぐらあらそふ竹村のおくまであかく夕日さすなり
雨はれしあしたの風に苗代のみなくち祭るしめなびくなり

このように大正天皇は、漢詩と和歌のいずれにおいても、卓越した才能を発揮なさった。

❖摂政設置に抵抗した大正天皇

大正八年（一九一九）になると、大正天皇の体調が急速に悪化していく。秋以降は真っ直ぐにお座りになれなくなり、散歩や趣味のビリヤードもなさらなくなった他、言語障害が現れ始めた。原首相の日記によると、簡単な勅語すら十分になされず、首相自ら「国家の重大問題」と認識していることが分かる。同年末以降は公式の出御《しゅつぎょ》はほとんど見合わせられた。

大正天皇の御不例《ごふれい》が長期化したため、政府は何らかの発表をする必要に迫られた。大正九年（一九二〇）三月、初めて病状が公表された。東京帝国大学名誉教授で医師の三浦謹之助《みうらきんのすけ》は、幼少時代の脳膜炎の影響で脳に影響が出ていると診断したが、そのことは伏され、糖尿と坐骨神経痛が原因と発表された。七月には二回目の発表があり、脳に関する記述はなかったものの、言語障害が生じていることが伝えられた。

大正十年（一九二一）になると、大正天皇は意思疎通もままならない状況に陥った。同年より宮内大臣の職にあった牧野伸顕《まきののぶあき》は大正天皇の様子を日記に書き遺している。それによると大正天皇は、一人でお歩きになることが叶わず、左右から支えられて御召列車にお乗りになり、那須塩原《なすしおばら》の御用邸にはよくおいでになったにもかかわらず、記憶にない様子であり、また、日光で李王世子の李垠《りぎん》に謁を賜った際に、親しかったにもかかわらず、終始無言であらせられたという。

他方では『牧野伸顕日記』同年八月二十三日条には、大正天皇の要望から、大正天皇の妹に当たる竹田宮《たけだのみや》妃昌子《ひまさこ》内親王との会食が実現した旨が記されていて、明確な意思をお持ちになっていらっしゃったことも分かる。

皇太子裕仁《ひろひと》親王（後の昭和天皇）は、同年三月三日から六カ月の予定で欧州外遊の途上にあり、水面下では御帰国後に摂政を立てる準備が進められた。御帰国から約一カ月後の十月四日、大正天皇の病状が公表された。これまでの発表では大事ではないことに力点が置かれた内容だったが、四回目の今回の発表では、天皇の病気は快復の見込みがないこと、また幼少期の脳膜炎の疾病が関係することが初めて伝えられた。

そして十一月四日、東京駅で原首相が暗殺された。

十一月二十二日、牧野宮内大臣と松方正義《まつかたまさよし》内大臣が大正天皇に拝謁し、皇太子の摂政就任について裁可を求めた。その時の大正天皇の様子を牧野は「聖上《せいじよう》陛下には唯々アー〳〵と切り目〔切れ目〕〳〵に仰せられ御点頭《ごてんとう》〔頷く〕遊ばされたり」「恐れながら両人より言上《ごんじよう》の意味は御会得《ごえとく》遊ばされざりし様《よう》、我々両人共《とも》拝察し奉りたり」と記している。

しかし、侍従武官の四竈孝輔《しかまこうすけ》が二十五日付の日記に記すところによると、正親町実正《おおぎまちさねまさ》侍従長が、大正天皇が使っていらっしゃった印籠を下げようとしたところ、大正天皇はこれを拒んだという。にもかかわらず侍従長は印籠を持ち去ったようで、直後に内山小二郎《うちやまこじろう》侍従武官長が御前に出た際に、大正天皇は「先程侍従長は此処《ここ》に在《あ》りし印を持ち去れり」と仰せになったというのだ。

もし四竈のいうことが正しければ、大正天皇が牧野らに「アー〳〵」と仰せになったのは、ただ意味も理解せずに意味のないことを仰ったということにはならない。この点について『大正天皇』（二〇〇〇）の著書である原武史《はらたけし》教授は同著で「天皇は全く逆に、もはや言葉の自由がきかない状況の中で、精一杯の抵抗の姿勢を見せていたからこそ、正親町は印籠を勝手に持ち出したのではないか」と述べ、「天皇は自らの意思に反して、牧野をはじめとする宮内官僚によって強制的に『押し込め』られたというのが私見である」という。

摂政設置の憲法上の問題点

この点について、憲法学的考察を加えたい。帝国憲法は第十七条で「摂政ヲ置クハ皇室典範ノ定ムル所ニ依《よ》ル」とし、旧皇室典範は第十九条第二項で「天皇久《ひさし》キニ亘《わた》ルノ故障ニ由《よ》リ大政ヲ親《みずか》ラスルコト能《かな》ハサルトキハ皇族会議及《および》枢密顧問ノ議ヲ経《へ》テ摂政ヲ置ク」と規定している。いかなる場合にいかなる手続きを経て摂政が置かれるかが問題となる。具体的には、本来皇族会議と枢密顧問は天皇の諮詢《しじゅん》により開催されるが、例え旧皇室典範に定めるような場合でも天皇の意思がある場合に、天皇の意思を無視して、諮詢を待つことなく、皇族会議と枢密顧問が摂政の設置を自発的に議決できるかが問題となる。

帝国憲法下の憲法学界の通説によると、天皇の意思とは無関係に、天皇の諮詢を待つことなく、皇族会議と枢密顧問は摂政の設置を決定できるという（佐々木惣一《ささきそういち》『日本憲法要論』一九三〇、美濃部達吉『逐条憲法精義』一九二七他）。この見解に立てば、摂政設置は憲法学的な瑕疵《かし》はないことになる。

しかし、少数説ながら里見岸雄《さとみきしお》博士の次の説は論理的に説得力がある。博士は、天皇の諮詢が不可能な場合はともかく、精神に故障なく、明確に統治の意思が健在しながらも身体の重患により「大政ヲ親《みずか》ラスルコト」が叶わない場合もあるはずで、その場合は、諮詢不能ではないのであるから、皇族会議と枢密顧問が自発的に決議できるとするのは妥当を欠くという。そして、諮詢可能であれば、天皇が皇族会議と枢密顧問に諮詢し、その奉答を斟酌《しんしゃく》して摂政設置を決定するのであれば、天皇が摂政に任命する大命があるべきと結論する（里見岸雄『帝国憲法概論』一九四二）。恐らくこの主張に反論できる憲法学者はいないであろう。もしこれを否定するなら、一部の政治家によって恣意的に天皇を実質的に排除することが可能になってしまう。

実際は、大正天皇の諮詢を待つことなく、皇族会議と枢密顧問が自発的に摂政設置を議決し、皇太子裕仁親王が摂政にご就任になった。直ちに、大正天皇が摂政を任ずる詔書に、大正天皇ではなく、皇太子がご署名になり、その旨が発表された。もし原教授が指摘するように、大正天皇が「言葉の自由がきかない状況の中で、精一杯の抵抗の姿勢を見せていた」のであれば、諮詢可能な状況だったのだから、大正天皇の諮詢を経ずに議決したことは「牧野をはじめとする宮内官僚によって強制的に『押し込め』られた」という原教授の見解は、憲法学的にも正しい。

天皇が自らの意に反して天皇を辞めさせられるのは、あってはならない事態である。明治期に「皇室典範」が審議された際、為政者が天皇を譲位に追い込んだ事例、上皇が政治的実権を握って政治が混乱した事例、天皇が自らの意思で譲位することで政治に圧力を掛けた事例を考慮し、譲位を制度化しないことを決めた。現憲法では摂政は制度となっているが、摂政の設置は事実上の天皇の排除であるため、その運用には慎重さが求められる。昭和天皇の晩年に摂政を設置しなかったのは、正しい判断だったと評価することができる。

大正天皇は、精神に支障を来した凡庸で異常な天皇だったかのような印象を持つ現代人が多い。しかし、実際にはそれとは正反対で、大正天皇は、人間味に溢れ、多くの人から親しまれた天皇だった。幼少期には病弱でいらっしゃったものの、明治二十二年（一八八九）に皇太子におなりあそばしてからは健康状態も良く、精力的にご公務をなさったことや、満二十八歳の時の韓国行啓は、日本史上初の皇太子の外遊となったことは強調しておきたい。

大正天皇の治世は比較的明るい時代だったが、昭和期に入るとにわかに内外共に厳しい時代に入る。以降は親しみやすい天皇よりも、厳格な天皇が求められる時代になる。そのことは、大正天皇が国民の意識から消された理由なのかもしれない。昭和天皇が模範にすべきは、父大正天皇ではなく、祖父明治天皇であるべきという政治的な意図が働いたのではないかと思う。

皇太子裕仁親王が摂政にご就任になり、政務からお離れになった大正天皇は療養生活にお入りになるも病状は回復せず、大正十五年（一九二六）、満四十七歳にして崩御となった。この日、二十五歳の摂政宮《せっしょうのみや》裕仁親王が践祚なさった。第一二四代昭和天皇である。新しい元号は「昭和」とされ、この日から昭和時代が始まった。

大正天皇治世は長くはなかったが、日本が大国としての地位を確立させた時期であり、また大正ロマン、大正デモクラシーといわれるように、束の間の自由で明るい時代だった。現在の両陛下をはじめ皇族方のなさりようは、大正天皇に由来するものが多い。人間的で家庭的な皇室の在り方が既にそうであるし、誰とでも分け隔てなく積極的にお話しになるのも大正天皇由来である。現在ではあまりに普遍的であるため大正天皇を想起しないが、現在の皇室の原型は大正天皇が作り出したものといっても過言ではない。大正天皇は近代日本の象徴というに相応しく、世界に開かれた日本、開明的な日本、朗らかで優しい日本、平和な日本の象徴であらせられた。

14 昭和時代（戦前・戦中期）

❖昭和天皇の「若気の至り」

昭和天皇の践祚《せんそ》翌年の昭和二年（一九二七）春、昭和天皇は歴代天皇の中で初めてとなる、御田植えをなさった。この年は赤坂離宮《あかさかりきゅう》に稲田が作られたが、昭和四年（一九二九）からは皇居内に稲田が作られ、以降は毎年皇居で行われた。例年、秋には御稲刈りをなさり、収穫された稲は、伊勢の神宮の神嘗祭《かんなめさい》に根付きのまま奉られ、また十一月二十三日に宮中神嘉殿《しんかでん》で行われる新嘗祭《にいなめさい》に供えられる。皇居での稲作は、その後も歴代天皇により継承され、現在に至る。

思うに、神嘗祭や新嘗祭で、天皇自らお育てになった稲を供するのが、祭りの作法としては最も丁寧であり、間違いがない。『古事記』でも天照大御神《あまてらすおおみかみ》が水田を営んでいらっしゃった。ところが、長きに亘《わた》り、歴代天皇が毎年稲作をなさる習慣がなかった。そのことにお気づきになった昭和天皇の感性は鋭い。自ら御田植えなさり、収穫した稲を神々にお供えになるという、一段次元の高い祭りが実現したことになる。伝統とは、このように創造されるものなのである。

昭和は幕開けから混沌としていた。支那では清朝《しんちょう》亡きあと、軍閥が各地で政権を建てた。孫文《そんぶん》の後継者となった蔣介石《しょうかいせき》は、南京《なんきん》に国民政府を建て、北京《ぺきん》政府を討伐すべく北京に進軍した。その北京政府を統率していたのが満洲の軍閥の将軍である張作霖《ちょうさくりん》だった。日本は、昭和三年（一九二八）四月、蔣介石の北伐《ほくばつ》から在留日本人を保護するために、山東《さんとう》省に出兵した（第二次山東出兵）。国民革命軍兵士が日本人の店舗を略奪する事件を起こしたのが発端となり、日本は軍を増派し（第三次山東出兵）、同五月に日本軍と蔣介石の国民革命軍との軍事衝突に発展した（済南《さいなん》事件）。

同年六月には、国民党軍が北京に迫ると、張作霖は本拠地である満洲に引き揚げるが、その途中、満洲の奉天《ほうてん》（現在の瀋陽《しんよう》）で列車が爆破され死亡した。張作霖爆殺《ちょうさくりんばくさつ》事件である。この事件は、南満洲《みなみまんしゅう》鉄道を守備するために日本が派遣している関東軍《かんとうぐん》の一部軍人による暗殺といわれているが、ソ連の特務機関が関東軍の仕業に見せかけて行ったとの主張もある。

ところで、関東軍の「関東」とは、奉天《ほうてん》、吉林《きつりん》、黒竜江《こくりゅうこう》の三省のことで、満洲を意味する。それに熱河《ねっか》省を加えて「満蒙《まんもう》」といった。万里の長城の一部を構成する要塞である山海関《さんかいかん》より西側を関内、また東側を関東あるいは関外と称したのが由来である。

田中義一《たなかぎいち》首相は、犯人を軍法会議で処罰すると昭和天皇に約束したが、陸軍が強く反対したため実行できなかった。それが昭和天皇の逆鱗《げきりん》に触れ、首相が参内すると天皇は「それでは前と話が違ふではないか、辞表を出してはどうか」（『昭和天皇独白録』）と強い語気でおっしゃり、首相は総辞職を決めた。これは我が国の憲政史上、天皇の御言葉が内閣を総辞職させた唯一の例である。また田中はその後、家に籠りきりになり、辞職から約三カ月後に狭心症で死去した。

後年、昭和天皇はこの件について「こんな云ひ方をしたのは、私の若気の至りである〔中略〕この事件あつて以来、私は内閣の上奏する所のものは仮令《たとひ》自分が反対の意見を持つてゐても裁可を与へる事に決心した」（前掲書）と述懐なさった。田中内閣総辞職当時、天皇は満二十八歳でいらっしゃった。

❖石原莞爾の「満蒙領有論」

日本は日露戦争後のポーツマス条約で旅順《りよじゅん》と大連《だいれん》の租借権と、南満洲鉄道の経済権益を獲得し、当時の満洲には二〇万人以上の日本人が居住していた。しかし、昭和三年（一九二八）に国民党政府が成立すると、国民党が満洲での権益を回収しようと排日運動を扇動した。

当時満洲を支配していたのは張学良《ちょうがくりょう》だった。父の張作霖が死亡してから張学良は、敵方の蔣介石に忠誠を誓って南京国民政府に合流し、反日の態度を強めていった。昭和六年（一九三一）に入ると、日本人が殺傷される事件が相次ぐようになる。日支間の軍事衝突は最早時間の問題だった。繰り返される排日暴力事件への対応として、関東軍作戦主任参謀だった石原莞爾《いしわらかんじ》によって周到に用意されたのが満洲事変である。

関東軍は南満洲鉄道を守備し、沿線の治安を維持することの他、ソ連の南下を抑えるという重要任務を担っていた。石原は研究の結果、ソ連の南下を阻止するには、北《ほく》満《まん》（満洲北部）の要所を押さえる必要があるとの結論を得ていた。当時の支那に統一政権はなく、支那は軍閥による内乱状態にあった。支那はソ連の南下を抑えられないので、蔣介石や張学良に代わって日本がソ連の南下を防ぐ必要があると石原は見ていた。満洲北側のソ連国境には険しい興安嶺《こうあんれい》山脈が横たわっている。日本が北満を勢力下に置くことで、ソ連の北方からの侵入を阻止することができ、そのためには日本が満洲全体を領有する必要があるというのが石原の満蒙領有論である。

当時、ソ連では既にスターリン独裁体制が発足し、昭和三年から第一次五カ年計画が始まり、大正十三年（一九二四）にレーニンが死去してからの政治的混乱で停滞していたソ連経済が再建される可能性があった。ソ連が経済を再建させると、満洲での日本軍の行動にソ連が介入することが予測されるが、この時期ならばソ連は極東に関与できないというのが石原の読みである。北満占領はソ連が力を付けるまでに実行しなければならず、絶好の時機が到来していた。石原は、もしソ連が介入しても、北満を先に占領しておくことで防御可能と見ていた。

また、張学良政権の暴政により、経済は極度に悪化して、治安も悪くなり政治腐敗も進んだことで、民衆の不満は頂点に達しようとしていた。建国前の満洲では凍死する者が街に溢れていたという。当時の満洲の三〇〇〇万人の民衆にとって共通の敵は張学良政権だった。張政権を打倒して満洲を支那から分離することで、満洲は安定的に発展可能だった。

満蒙領有により、満洲の治安が維持されて人々の生活が安定するだけでなく、朝鮮の統治も安定し、さらには支那本土に対しても日本が指導的立場に立ち、支那の統一と安定を促進することができると見られた。また、満洲の資源は日本経済を更に発展させる上で不可欠と考えられた。「満洲は日本の生命線」というのはそのことを意味する。

石原は独自の世界最終戦史観を持っていた〈『世界最終戦論』の出版は昭和十五年〈一九四〇〉〉。欧米列強を主導する米国と、アジアを主導する日本は、いずれ世界を二分してぶつかり合うのは不可避で、その「最終戦」を経て世界は平和に導かれるという考え方である。石原の構想では、来たるべき最終戦に備えて、日本が満蒙を領有することは必須だった。

❖「戦争の天才」が起こした満洲事変

昭和六年（一九三一）九月十八日、奉天《ほうてん》郊外の柳条湖《りゅうじょうこ》付近で関東軍が南満洲鉄道のレールを爆破し、張学良の東北軍《とうほくぐん》による破壊工作であると発表した。この自作自演の爆破事件が柳条湖事件である。関東軍はこれを口実に軍事行動を起こした。政府は戦線を拡大しない方針だったが、関東軍はこれを無視して独断専行し、朝鮮軍も加わった。僅か五カ月後の昭和七年（一九三二）二月にはハルビンを占領し、日本本土の約三・五倍の面積の満洲全体を軍事的に制圧してしまった。政府は関東軍のこのような行動を追認することになる。そして同三月、清国最後の皇帝として知られる愛新覚《あいしんかく》羅溥儀《らふぎ》を元首（建国当初は満洲国執政《しっせい》、後に満洲国皇帝）とする満洲国が建国された。これが満洲事変《まんしゅうじへん》で、双方共に宣戦布告していないため、戦争ではなく事変と表現される。

心配されたのはソ連と米国の介入だった。関東軍は、北満を占領する際にソ連が管理する中東鉄道には危害を加えず、ソ連を刺激しないように配慮した。実際に石原の読み通り満洲事変でソ連は動かなかった。米国も同様で、ただ不承認の態度を表明しただけだった。

満洲事変が起きた時、満洲地域に展開する国民党軍は約二三万、対する関東軍はおよそ一万であり、圧倒的な戦力差があった。にもかかわらず満洲を制圧したところが、石原莞爾が「戦争の天才」といわれる所以《ゆえん》である。石原には勝算があった。石原は一躍時の人となり、当時世界の有力な政治家や軍人の知るところとなった。

国民政府との対話による解決を目指した犬養毅《いぬかいつよし》内閣は、満洲国を承認しない方針だった。しかし、犬養首相は同年五月十五日に海軍の将校に暗殺されてしまう。五・一五事件である。これにより、政党政治は幕を下ろした。そして、後継の斎藤実《さいとうまこと》内閣は満洲国を承認した。

だが、国際社会は日本に味方しなかった。国際連盟は現地にリットン調査団を派遣し、昭和八年（一九三三）の総会では、満洲国を認めず、日本軍の満鉄沿線までの撤兵を勧告した。日本はこの決定に反発し、国際連盟を脱退した。他方、同年、日本の関東軍は国民革命軍と塘沽《とうこ》停戦協定を結んだことで、柳条湖事件からの一連の軍事衝突は停止された。

❖満洲国建国は正当である

当初、石原は満蒙領有を考えていたが、参謀本部の強い反対に遭い独立国家とする方針となった。石原ら関東軍が折れた形になったが、石原は独立国家とする方が優れていると考えるようになる。その理由は、満洲を独立国として五族協和を実現することで、満洲に住む諸民族の自尊心を傷付けずに健全に発展できると考えたからである。

満洲占領が正当といえるためには、満洲の住民から支持されることが条件となる。もし三〇〇〇万の満洲住民が張政権の方を支持して抵抗するのであれば、抗日運動を激化させるだけで、僅か一万程度の関東軍では収拾不可能となる。それどころか、関東軍は全滅し、二〇万人以上の日本人居留民も怨嗟の対象となって悉《ことごと》く殺されたに違いない。しかし実際は、ゲリラ事件や民衆の抵抗はほとんど起きなかった。ベトナム戦争では、ベトナム民衆の強烈な抵抗に遭って米軍が敗退したが、そのようなことは満洲事変では起きていないのである。

しかも、関東軍は満洲奥地まで進軍し、本来守備すべき南満洲鉄道沿線の警備が完全に手薄になったが、無防備な沿線でさえ民衆の抵抗はなかった。関東軍と満洲の民衆にとっての共通の敵は張政権だったのである。満洲事変は満洲の民衆から支持されていた。後に満洲国で一部反乱が起きるが、それは、石原の掲げた五族協和の理想と離れて一部の日本人が高圧的態度を取るようになったことへの反抗だった。

満洲国建国は国際社会から日本の傀儡《かいらい》と批判された。確かに、満洲国の軍事、外交、治安維持は日本が担い、その費用は満洲国が負担するという形となったため傀儡といわれる側面はあっただろう。しかし、だから何だというのか。満洲を併合せずに独立国としたことは、日本の正義感の現れではなかったか。当時、世界の列強で他の地域を軍事占領して、丁寧に独立国に導いた例は極めて少ない。満洲事変に反発した米国も、かつてテキサスやハワイを併合し、フィリピンを領有して植民地としていた。欧州の列強も同様である。先の大戦の終結後に列強の植民地が次々と独立しようとした時、これを力で阻止しようとしたのも宗主国たる列強ではなかったか。

また、日本の支援なくして満洲国の建国はなかったとも非難されたが、それも、だから何だというのか。米国がフランスの支援なく独立戦争に勝てたとは思えない。またパナマ運河を生命線と見る米国が支援してこそパナマはコロンビアから独立できた。その後米国はパナマの運河地域の永久租借権と排他的管理権を獲得し、パナマの内政に介入していった。

しかも、欧米列強がしてきたように、日本は満洲国を植民地としていない。むしろ、満洲国が健全に発展するように最大限の支援をしてきた。そもそも、当時満洲に国家はなく、日本人が満洲民衆の支持を受けて軍閥を打倒して満洲国を建国したのが満洲事変だった。辛亥革命で滅亡した清の皇帝は満洲族であり、末代皇帝の溥儀が満洲国皇帝となったのは自然な流れである。

また、関東軍が政府の決定を無視したことに対する批判も大きい。しかし、当時、もしパナマで同様のことが生じたら米軍はどう対処しただろう。例えば、パナマの軍閥が運河を破壊し、運河の運営に携わる米国人を次から次へと殺害する事件が起きたら、米軍は直ちにその軍閥を軍事的に排除したに違いない。まして、事前に関係諸国の同意を求め、国際連盟の意見を聞くことはないだろう。一日の遅れが致命的になるからである。

しかし、政府の方針に違反して命令に背いても結果が良ければ許されるという先例を作ってしまったのは問題だった。石原の後輩たちが同じように大陸での戦線を拡大してしまうのは間もなくのことである。満洲事変までで止めておけば日本は無益な大陸での戦争や、対米戦争を避けられたといえる半面、満洲事変までで止めることは、事実上不可能だったともいえる。

世界恐慌と国際協調の終焉

昭和の初期は、世界の経済が不安定で、国際的に不安が広がった時代だった。昭和四年（一九二九）にニューヨーク証券取引所で起きた株価大暴落により、米国経済は大混乱に陥った。銀行が連鎖的に倒産し、金融システムが機能しなくなり、大規模な金融危機に発展した。この混乱は世界に広がり、十年ほど続く深刻な不況に突入する。この不況は世界恐慌と呼ばれている。

　この事態に対して、世界中に多くの植民地を持つ英国とフランスは、域内の関税を低くして、域外からの輸入品には高い関税を課した。このようにして関係する国を囲い込み、自給自足に持ち込むことで自らの経済圏を守ろうとした。これをブロック経済という。これにより、国際協調の時代は終わり、自由貿易は一気に衰退していった。米国は経済を立て直すために、ニューディール政策を実行した。米政府は大規模な公共事業を行って、雇用を回復させようとした。政府が積極的に経済介入するのは、これまでの資本主義を修正することを意味する。

　世界がブロック経済に移行すると、日本、ドイツ、イタリアのような世界に植民地を持たない工業国は大打撃を受けた。ドイツとイタリアは個人よりも国家の利益を優先するファシズム（全体主義）に傾き、外に植民地を求めた。日本は資源小国で、多くの資材を輸入に頼っていたため、その影響は深刻だった。日本はこの事態に対処するため、第一次世界大戦以降禁止していた金の輸出を解禁するが、そのための緊縮財政と金融引き締め政策により深刻なデフレ不況が起き、昭和恐慌に突入する。デフレ（デフレーション）とは、物価が持続的に下落することをいう。デフレが続くと、物価が下がり、企業の利益が減少し、賃金が低下し、消費が減退し経済全体が縮小してしまう。世界恐慌下の各国はこうしたデフレ不況に悩まされていた。

　そんな中、大蔵大臣に就任した高橋是清《たかはしこれきよ》が恐慌脱出の指揮を執った。日露戦争の戦費調達を成し遂げた人物である。高橋は金輸出の再禁止と、低金利政策、財政支出の拡大など、積極的なデフレ対策を実行した。これが高橋財政である。その結果、我が国は世界で最も早く恐慌を脱出することに成功する。そして、デフレ対策によって恐慌を脱出し、物価が上昇したことから、政府は財政の引き締め政策へと転じていく。軍事予算の削減も目指した。

政府は軍縮によって歳出を削減しようと、昭和五年（一九三〇）、米英と協調してロンドン軍縮条約を批准し、補助艦を制限することが決まった。だが、海軍の軍令部（軍の作戦を担当する機関）から不興をかった他、野党の政友会から、軍令部の承認なしに軍縮を約束したのは天皇の統帥権（軍の指揮権）の干犯《かんぱん》に当たると攻撃され、政治は混乱した。これが統帥権干犯問題である。軍の兵力量にまで統帥部の承認を要するというこの考えは、軍の予算にまで軍が関与できることを意味する。結果として軍の権限を強めることになった。憲法学上、海軍の編成は軍政に属するため海軍大臣の専権であり、統帥の権限に属さないため、統帥権干犯には当たらない。浜口雄幸《はまぐちおさち》首相は条約に反対していた軍令部長と軍令部次長を更迭して事態の収拾を図り、条約を批准したが、首相は東京駅で右翼の青年に銃撃されて重傷を負い、総辞職に追い込まれた。

イタリアでは大正十一年（一九二二）にムッソリーニ率いるファシスト党がローマ

に向けて進軍する示威行為を行い、国王から組閣を命じられて独裁政治を行い、世界恐慌に直面するとエチオピアを侵略し併合した。ドイツは、ヒトラー率いるナチス（国家社会主義ドイツ労働者党）が、第一次世界大戦後のベルサイユ条約の破棄を掲げて圧倒的な支持を集め、昭和七年（一九三二）七月の選挙で第一党に躍進した。ナチスはドイツ人の不満を人種差別へと向ける宣伝工作を行い、ユダヤ人を標的とし、共産主義と自由主義を批判して人気を獲得した。ヒトラー内閣が発足すると、ナチスは憲法を停止して一党独裁を敷き、国際連盟から脱退した。その後ドイツは軍拡を続け、東側の周辺地域を併合していった。そしてドイツは、個人の自由を制限して全体の利益を追求する全体主義国家に変質した。

他方、スターリン率いるソ連は、資本主義に背を向けて、共産主義を実践し、国家権力が経済を統制する五カ年計画を実行していった。そのため、世界恐慌の影響を受けずに済み、成長を遂げていく。ソ連はいよいよ共産主義に自信を深め、全世界の共産化を進めていくのである。

青年将校たちの叛乱

陸軍内では二つの派閥が反目していた。一つは軍部が国政を統制して高度な軍事国家の構築を目指す統制派、もう一つは天皇親政のために国家改造を実行し昭和維新を目指す皇道派である。対立はいよいよ激化し、昭和十一年（一九三六）二月二十六日、皇道派に強く影響された陸軍青年将校らによるクーデター未遂事件、二・二六事件が起きた。

二二名の青年将校たちは、天皇を取り巻く君側《くんそく》の奸《かん》や、腐敗した資本家に天誅《てんちゅう》を下すことで、天皇親政を実現しようと、一四〇〇名以上の兵を率いて叛乱を起こした。決起部隊は、岡田啓介《おかだけいすけ》首相をはじめ多くの閣僚を襲撃し、総理大臣官邸、陸軍省、参謀本部、警視庁、東京朝日新聞などを占拠《せんきょ》した。岡田首相は間一髪のところで難を逃れたが、内大臣斎藤実《さいとうまこと》、蔵相高橋是清《たかはしこれきよ》、教育総監渡辺錠太郎《わたなべじょうたろう》らは殺害され、侍従長鈴木貫太郎《すずきかんたろう》も瀕死の重傷を負った。青年将校らは軍首脳を通じて昭和天皇に昭和維新断行を訴えた。彼らは昭和天皇が味方してくれることに全てを懸けていたのである。政府と統帥部の上層部には青年将校らに同情的な意見もあったが、昭和天皇の逆鱗は甚だしく「速かに暴徒を鎮圧せよ」と御下命になり、しかも、必要あれば自ら錦旗《きんき》を持って鎮圧に出掛けるとも仰せになった（『嶋田繁太郎無表題備忘録』）。叛乱は失敗に終わった。

帝国憲法は第十一条に「天皇ハ陸海軍ヲ統帥ス」と記すが、これは天皇が自由に兵を動かせることを意味しない。帝国憲法は、天皇の統治権は大臣の輔弼《ほひつ》（助言）と議会の翼賛《よくさん》（同意）によって行われることを明文で規定していて、軍の統帥権は統帥部の輔翼《ほよく》（輔弼と同義）によって執行されることが憲法慣習となっていた。だが天皇はこの時ばかりは岡田首相の所在が不明であり、陸軍省の態度が手緩《てぬる》かったこともあり、直に叛乱の鎮圧を命ぜられた。我が国の憲政史上において、天皇が直接軍を御指揮になるのは、この時以外に例はない。

後年、昭和天皇は「私は田中内閣の苦い経験があるので、事をなすには必ず輔弼の者の進言に俟《ま》ち又その進言には逆《さから》はぬ事にしたが、この時と終戦の時との二回丈《だ》けは積極的に自分の考へを実行させた」（『昭和天皇独白録』）と仰った。この事件の結果、軍の皇道派は力を落とすも統制派が力を強め、政治への関与を強めていく。事件後に成立した広田弘毅《ひろたこうき》内閣は、暫く廃止されていた軍部大臣現役武官制を復活させた。陸軍大臣と海軍大臣は現役の軍人に限定されるという制度である。これによって、内閣の決定に対して、軍が事実上の拒否権を持つことになった。

❖支那事変で戦時体制に入った日本

支那では満洲国成立後、更に排日運動が激化していたが、昭和十二年（一九三七）七月七日、盧溝橋《ろこうきょう》事件が起こった。当時北京《ぺきん》には、明治三十三年（一九〇〇）に起きた義和団《ぎわだん》事件以来、条約に基づいて日本軍が駐屯していた。日本軍が北京郊外の盧溝橋付近で何者かの銃撃を受けたことから、国民革命軍との戦闘に発展した。近衛文《このえふみ》麿《まろ》内閣は、この事変の名称を「支那事変《しなじへん》」と閣議決定した。この時も、双方が宣戦布告しなかったため事変と呼んでいる。政府と統帥部は戦線の不拡大を決定したが、軍部はこの時も暴走し、全面戦争に発展してしまう。

昭和天皇は、七月二十一日には軍令部総長の伏見宮に「支那の事は大きくならなければ良いが、困ったもの」(『嶋田繁太郎備忘録・日記』)と、また七月二十九日には近衛首相に「もうこの辺で外交交渉により問題を解決してはどうか」(『昭和天皇発言録』、石射猪太郎《いしいいたろう》『外交官の一生』一九八六)と仰せになり、一貫して早期解決を求めていらっしゃった。

事態が拡大した要因として七月二十九日未明に起きた通州《つうしゅう》事件が挙げられる。冀《き》東防共《とうぼうきょう》自治政府の保安隊(中国人部隊)が日本軍守備隊と通州特務機関と日本人居留民を襲撃した事件である。保安隊は日本軍一一〇名を全滅させて、日本人居留民の家を一軒残らず襲撃し、三八五名中二二三名を虐殺した。しかもその殺害方法が余りに猟奇的《りょうきてき》で、日本中を震撼させた。反乱は一日で鎮圧され、自治政府が謝罪し、慰謝料が支払われたが、この事件は支那事変の強硬論を後押しした。

政府は、早くも八月には不拡大路線を撤回した。満洲事変を起こした陸軍参謀本部作戦部長の石原莞爾は不拡大を主張したが、同作戦課長の武藤章《むとうあきら》が強硬路線を主張したため、参謀本部をまとめることができなかった。九月には内戦で戦っていたはずの国民党と共産党が「抗日」で手を結び、抗日民族統一戦線が発足した。

九月十三日、昭和天皇の一つ下の弟である秩父宮《ちちぶのみや》の姿はドイツ、ニュルンベルクの古城楼上にあった。英国のジョージ六世の戴冠式に天皇の名代として出席するために欧州に渡っていた秩父宮は、帰国前に急遽ドイツを訪問しヒトラー総統との午餐会に臨んだのである。

最初は総統も緊張した様子だったが、午餐の中盤過ぎ頃から、徐々に饒舌《じょうぜつ》になり、一旦スターリン批判を始めると、その勢いが増していき、抑えられなくなっていった。総統は拳を握り、机をたたく仕草をしながら「私は人間としてスターリンを信用できません」「私は彼を信じない。また恨みます！」と大きな声を上げた。激昂するヒトラー総統の言葉は、通訳を介して矢継ぎ早に英語に翻訳されてきた。秩父宮は、それを最初にこやかに聞いていたが、少し沈黙が流れたあと、秩父宮は静かに口を開き「一国の最高責任者として、民族を指導し、世界の平和に貢献しなければならない重大な責務のある貴方のような方が、他国の代表者を、そのように毛嫌いしたり、また恨んでもよいものでしょうか」と、爽やかな英語で言ってのけた。すると、ヒトラー総統の表情が瞬時に強張り、それからというもの、国際問題には一言も触れず、差し障りのない話題に終始したという（『秩父宮雍仁親王』）。以来、秩父宮はヒトラーに強い嫌悪感を抱くようになった。

当時、秩父宮が在籍していたのは参謀本部作戦部作戦課戦争指導班だった。参謀本部は陸軍の作戦を立案する機関で、特にその中でも作戦課は陸軍の中枢神経ともいえる部署だった。秩父宮が所属する戦争指導班は作戦課の中にあり、その任務は、長期的、総合的な観点から国策の企画および立案を行うことだった。秩父宮の外遊中に、上司だった石原莞爾作戦部長が失脚した。秩父宮は支那事変の拡大に反対だったため、頼りの上司を失ったことになる。そして、十一月二十日には大本営が設置された。大本営は、陸軍の参謀本部と、海軍の軍令部が統合された機関で、戦争時に設置される。秩父宮は大本営陸軍参謀に、また、弟の高松宮《たかまつのみや》は大本営海軍参謀となった。日本軍は十二月に、南京《なんきん》国民政府の首都である南京を陥落させたが、蔣介石《しょうかいせき》率いる国民革命軍は内地の重慶《じゅうけい》に拠点を移し、長期戦に縺《もつ》れ込んでいく。国民政府は、米国、英国、ドイツなどの支援を受けて抗日戦争を継続した。

現在、中華人民共和国政府は、日本軍は南京攻略で南京市民を三〇万人以上殺したと主張している。しかし、それは日本を貶めるための政治宣伝であり何の根拠もない。当時、国民革命軍の軍人の多くが民間人に扮《ふん》して便衣兵《べんいへい》と呼ばれるゲリラ兵となって敵対行為をした。これは国際法違反だった。逮捕され処刑された便衣兵も多く、これを「虐殺」と指摘されている可能性もある。また、日本軍入城時の南京の人口は二〇万人程度であり、三〇万人の虐殺は不可能である。そして、日本軍が南京を占領してから一カ月後には人口が五万人増加している。大虐殺があった直後に五万人が移住してくるわけがない。大虐殺は事実無根というべきである。

昭和十二年十一月に、駐支ドイツ大使のトラウトマンが日支間の和平工作を進め、停戦の直前まで話が進んだが、日本軍が南京を攻略したため、和平条件を有利に書き換えたのは本国政府だった。内閣は総辞職をちらつかせて、和平を求める参謀本部の意向を封じ込めた。結局支那側は回答を渋り、遂に和平は流れた。盧溝橋事件以来、事態の不拡大を主張し続けてきた秩父宮が所属する参謀本部の戦争指導班の努力はここに潰えた。よく「軍が暴走した」と表現されるが、この時は軍の統帥部が和平を求め、政府が暴走したのである。

もしここで和平が成立していたら、日本は米国と戦争することはなかった。対日経済制裁を発動する理由がないため、ハル・ノートもなければ、真珠湾攻撃も起きなかったはずである。しかし、当時の政府首脳は未だ対米戦争に日本が突き進んでいることに気付いていなかった。

支那大陸での戦闘が拡大し長期化すると、近衛文麿内閣は昭和十三年（一九三八）、国家総動員法を成立させ、戦時体制に移行した。以降、政府は議会に諮ることなく、労働力や物資を動員することができるようになった。国が経済や国民生活を統制するため、統制経済と呼ばれる。戦時体制に入ると、軍需品の生産と調達が優先される。そのため、生活必需品や食料の生産が後回しになり、国民生活を圧迫した。昭和十五年（一九四〇）から砂糖、マッチ、木炭などが切符制に、またその翌年から米が配給制になった。

第二次近衛内閣は昭和十五年、総力戦体制を作るための新体制運動を推進した。これにより全政党が解党し、新たに発足した大政翼賛会《たいせいよくさんかい》にほとんどの政党が合流した。近衛は当初、軍の暴走を抑えるためには、軍に対抗できる国民政治組織が必要と考えたが、実際、大政翼賛会は政府に指導される結社に成り下がり、議会はより形骸化された。しかし、ドイツやイタリアとは異なり、帝国議会は停止されず、制限を受けながらも継続された。

昭和十五年は日本にとって特別な年だった。『日本書紀』の神武天皇即位から二六〇〇年に当たる年とされ、国を挙げた祝賀行事が行われた。一万機以上生産された戦闘機の「ゼロ戦」は正式名称を「零式《ぜろしき》艦上戦闘機」という。これは「〇〇年」に作られた戦闘機ということで「零式」と命名されたものである。また、この年は東京で五輪が開催される予定だった。我が国は支那事変で国際的な批判を受けた上に、戦時下にあって競技場などの建設資材の調達が困難となったため、昭和十三年（一九三八）に開催を辞退することになった。「幻の東京五輪」と呼ばれている。

昭和十五年六月二十五日、秩父宮が病に倒れ、間もなく肺結核と診断され、現役を退き療養生活に入った。これは日本にとって不幸なことだった。それから僅か四カ月の間に、後に述べるように日独伊三国同盟が締結され、日本軍が北部仏印《ほくぶふついん》（フランス領インドシナ）に進駐する。もし秩父宮が肺結核に罹らず、参謀本部戦争指導班にいたら、両方とも簡単に決まったはずがない。石原莞爾は戦後になって「〔秩父宮〕殿下がご病気になられさえしなかったら、太平洋戦争は起りはしなかったろう。一九四〇年〔昭和十五年〕まで殿下は参謀本部におられた。殿下こそは陛下と国民を結びつけ、戦争をさけることができた唯一人のお方であった。殿下は日華事変開始に反対され、後には、東亜連盟の理念にもとづいてこれを処理しようとなされた」（マーク・ゲイン『ニッポン日記』一九六三）と語っている。

❖ユダヤ難民を救った二人の日本人

欧州では、イタリアとの軍事同盟を成立させ、また、対立していたはずのソ連と独ソ不可侵条約を締結したナチス・ドイツは、昭和十四年（一九三九）九月、ポーランドに攻め込み、第二次世界大戦が始まった。昭和十五年（一九四〇）、ドイツは、オランダ、ベルギー、デンマーク、ノルウェー、フランスなどを次々と占領し、英国を空爆した。イタリアは枢軸国として参戦し、ソ連はドイツとの密約に基づいてポーランド東部とバルト三国（エストニア、ラトビア、リトアニア）を占領した。米国は英国に軍事物資を提供した。

このようにして、ドイツは欧州の大半を占領し、占領地に恐怖政治を敷いた。強制労働、財産の接収、弾圧などは激烈を極め、特にユダヤ人に対しては徹底的な弾圧を加えた。多くのユダヤ人をアウシュビッツ強制収容所などに送り込み、酷使した上で殺害した。ナチス・ドイツにより命を奪われたユダヤ人は、約六〇〇万人といわれている。

日本は支那で国民革命軍と戦争中であり、欧州の戦争には不介入の方針を立てた。ドイツの快進撃の様子が伝えられると陸軍はドイツとの連携を考え、親米派の米内光政《よないみつまさ》首相を総辞職に追い込み、ドイツと繋がりのある近衛文麿が首相に再任された。

昭和十三年（一九三八）には、ソ連と満洲国の国境にあるオトポール駅（現在のザバイカリスク駅）に、ナチスの迫害から逃れようと米国の上海租界を目指すユダヤ人が現れた。彼らは、満洲国の入国許可が降りずに足止めされていた。そこで、満洲国への入国と上海への移動を手配したのが当時ハルピン特務機関長だった樋口季一郎《ひぐちきいちろう》である。

この脱出経路はユダヤ人の間で「ヒグチ・ルート」と呼ばれ、多くの難民がオトポール駅に押し寄せた。ドイツからオトポール駅経由で満洲に入った者は、昭和十五年までには四〇〇〇人を超えた。この中に多くのユダヤ難民が含まれていると見られる。昭和十六年（一九四一）の統計がないため正確な数字は不明だが、少なくとも更に数千人はこの経路で満洲に入ったと考えられる。日本とドイツは既に日独防共協定を結んだ友好国だったため、樋口のこの行動は外交問題となり、日本でも問題とされた。ドイツから抗議文が届くと、陸軍内部でも批判が高まったが、関東軍参謀総長だった東條英機《とうじょうひでき》が人道上の配慮から樋口を不問としたため、処分は回避された。

ユダヤ難民を救ったもう一人の日本人の話は余りに有名である。昭和十五年（一九四〇）七月から八月にかけて、外務省からの命令に違反して大量のビザを発給し、ユダヤ難民を救った外交官がいた。リトアニアのカウナス領事館の領事代理だった杉原《すぎはら》千畝《ちうね》である。

ドイツに占領されたポーランドからリトアニアに逃れたユダヤ難民たちは、リトアニアがソ連に占領されて各国の領事館が閉鎖されるなか、まだ業務を続けていた日本領事館にビザを求めて殺到した。杉原は悩んだ挙句、人道上どうしても拒否できないという理由で、自ら処分されるのを覚悟の上、受給条件を満たしていない者に対しても手書きのビザを書き続けた。

本省からベルリンへの退去命令が出ると、退去を先延ばしにし、いよいよ無視できなくなる日までの一カ月余りの間ビザを発給し続けた。杉原は、ベルリンに向かう汽車に乗り、列車が動き始めるその瞬間までビザを書き続け、窓越しに交付した。番号が付されているものだけでもその数は二一三九枚に上る。領事館の閉鎖が近づくと効率化のために記録も取らずに発給したため、実際にはその数はもっと多い。また家族で一件のビザで足りるため、杉原のビザで亡命を果たした難民はその数倍に上ると見られる。杉原の発給したビザは「命のビザ」といわれた。

❖日本の武力南進と対日制裁

欧州で第二次世界大戦が勃発した頃、陸軍内では二つの方針が対立していた。英米と組んでソ連を叩く北進論と、日独伊露の四カ国が組んで米英を叩く南進論である。南進論とは、日本軍が資源を求めて南方に進出する構想である。欧州戦線でドイツが東南アジアに植民地を持つオランダとフランスを降伏させたため、このことを利用して南方の権益を確保しようというものである。しかし、南進すると米英の権益とぶつかるため、日独伊露が組むことが前提となる。武力南進を発案したのは、陸軍省軍務局長になっていた武藤章《むとうあきら》だった。武藤は支那事変を拡大する方針を立てた人物である。

それに対して、北進論は、米英と組んでソ連を叩くという構想である。従来、日本にとって最大の仮想敵国はロシアでありソ連だった。特にロシア革命によりソ連が成立してからは、その脅威は一層高まっていた。日本は昭和十四年（一九三九）にはノモンハン事件でソ連と交戦したばかりで、米英と組む道もまだ残されていた。歴史に「もし」はないが、この時もし日本が北進政策を採り、米英と組んで中国共産党とソ連に戦いを挑み、この共産主義撲滅戦争を東條英機ではなく石原莞爾が指揮していたら、恐らく今の世界地図は全く違うものになったであろう。しかし、南進に反対していた石原は、既に東條と対立して失脚し、しかも秩父宮が病気で引退してしまったため、陸軍内には南進論を止める人はいなくなっていた。武力南進は昭和十五年（一九四〇）七月二十七日の大本営政府連絡会議で国策として決定された。

日本が戦闘中の国民革命軍に、英国などの連合国や米国は物資を援助していた。その輸送線を援蔣《えんしょう》ルートという。国民革命軍を打ち負かすには援蔣ルートを遮断しなければならず、日本軍は同年九月二十三日、現在のベトナム北部に当たる北部《ほくぶ》仏印《ふついん》（フランス領インドシナ）に進駐した。

ドイツが戦果を挙げる中、日本では「バスに乗り遅れるな」との機運が高まっていた。日独伊三国同盟が閣議決定された九月十六日、近衛首相が参内した。この時昭和天皇は「独伊の如き国家とその様な緊密な同盟を結ばねばならぬような事で、この国の前途はどうなるか、私の代はよろしいが、私の子孫の代が思いやられる」（橋本徹馬《はしもとてつま》『天皇秘録』一九五三）、「この条約は、非常に重大な条約で、このため米国は日本に対してすぐにも石油や屑鉄の輸出を停止するだろう。そうなったら、日本の自立はどうなるか」（『岡田啓介回顧録』）と仰せになり、対米戦争について言及して「自分は、この時局がまことに心配であるが、万一日本が敗戦国となった時に、一体どうだろうか」（『西園寺公と政局』八）と問うたが、近衛は「誠心御奉公申し上げる覚悟でございます」と言うのみだった。この時点で、米国の対日経済制裁について、あるいは対米戦争や敗戦の可能性について言及していらっしゃるが、そのような憂いを共にした政府首脳は一人もいない。

北部仏印進駐の四日後の九月二十七日、日独伊三国同盟が締結された。これらを受けて米国は日本を敵国とみなし、鉄の禁輸に踏み切った。米国は昭和十四年には日米通商航海条約の破棄を通告し、対日輸出制限を徐々に強めていたので、それが強化された形である。

昭和十六年（一九四一）四月には日ソ中立条約を締結した。ところが、その僅か二カ月後、ドイツは独ソ中立条約を破ってソ連に攻め込んだ。このことは事前に日本に知らされていなかった。ドイツは日本を裏切ったのである。もし事前に対ソ開戦の構想があることを知っていたら、日本はソ連と条約を結ぶことはなかったろう。ドイツは日本の同盟国であり、ドイツがソ連を攻めたことで、ソ連は日本にとって敵対国となった。気付いたら、日本は四方を敵に囲まれることになってしまったのである。本当にソ連が中立を守ってくれればよいが、もしソ連が日本に攻め込んだら、日本は終わる。日本の運命は、究極的にはソ連に握られてしまった。

ドイツの対ソ開戦を受け松岡洋右《まつおかようすけ》外務大臣は、日ソ中立条約を破棄しても同盟国としてソ連を攻めて挟み撃ちにすべきという北進論を主張したが、近衛文麿首相はこれを却下した。これが日本の運命の分かれ目となった。

従来ソ連は日本にとって仮想敵国だったので、ソ連が参戦する可能性があると、軍を南に動かすことができない。ところが、中立条約が締結されたことで、一応は軍を南に展開することができるようになった。日米交渉が継続している最中の七月、政府は日本軍の南部仏印進駐を決定した。石油やゴムなどの資源を確保するのが目的だった。

しかし、このことは、日米関係を決定的に決裂させてしまう。七月二十八日から開始された南部仏印進駐は、対米戦争の回避不能点だった。日本が米国に伝達したのは七月二十三日で、米国は早くも七月二十五日に在米日本資産を凍結し、八月一日には対日石油全面禁輸に踏み切った。政府と統帥部にとっては予想していなかった事態である。英国とオランダもこれに続き、世界的な対日経済封鎖が発動することになった。この三カ国と中華民国を加えた四カ国による対日経済封鎖は、日本ではその頭文字をとってＡＢＣＤ包囲網と呼ばれた（A=America, B=Britain, C=China, D=Dutch）。

我が国は石油をはじめ、重要な物資を米国からの輸入に頼っていた。昭和十五年の統計によると、鉄の六九・九％、石油の七六・七％、機械類の六六・二％は米国からの輸入だった。石油に関しては、オランダ領インドネシアからの輸入が一四・五％あるので、米国とオランダ領を合わせたら、実に九一・二％に上る。米国とインドネシアからの石油禁輸により、日本は支那大陸での軍事作戦を実行できなくなり、国民生活にも甚大な影響を及ぼすことになった。まさに日本の生命線を断ち切るもので、衝撃が走った。

昭和天皇は木戸幸一《きどこういち》内大臣に南部仏印進駐が各国に与える影響についてご懸念をお示しになっていらっしゃった。その後、実際に対日経済封鎖が実施されると、杉山《すぎやま》元《はじめ》参謀総長に「南部仏印進駐がやはり米国の対日圧迫を誘発したではないか」と不満をお示しになった。杉山が「これは当然予期していたことにて驚くに足らぬ」旨を申し上げると、天皇からは「予期していたというが、なぜそれをいわなかったか」と厳しいお言葉があった（『大東亜戦争開戦経緯』四）。政府と軍の首脳が楽観視していた中、昭和天皇だけが経済封鎖の可能性と重大性を事前に指摘していらっしゃった。この頃の日本は、国際情勢を読み解く力が欠如していた。

❖御前会議での異例の御発言

対日経済封鎖が実施されると、統帥部は対米英蘭戦の開始を覚悟した。昭和十六年

（一九四一）九月三日、陸海軍が対米戦争の準備に入ること、そして十月上旬までに日米交渉妥結のめどが立たなければ開戦することなどを記した「帝国国策遂行要領」が大本営政府連絡会議で可決された。

木戸幸一内大臣がこの決定のことを近衛から聞かされたのは九月五日のことである。木戸は「これは大変なことだ、開戦の決定ではないか」と驚き、「いままでなんの話もなく、この重大な案を、突然陛下に申しあげても、陛下はお考えになる時間もなくお困りになるのではないか」と意見を述べ、その場で近衛首相を詰問した。

木戸は、この案では結局戦争になるほかなく、せめて期限を外すように求めたが、近衛は、連絡会議で既に決定済みであり、変更はできず、日米交渉に努力するしかないと答えた。

木戸の懸念をよそに、九月五日には、近衛首相立会いの下、杉山元《すぎやまはじめ》参謀総長、永《なが》野修身《のおさみ》軍令部総長が、大本営政府連絡会議で採択された「帝国国策遂行要領」について内奏《ないそう》した。ところで「内奏」とは非公式に天皇に申し上げることを意味し、公式に天皇に申し上げて裁可を求める上奏《じょうそう》と区別される。

この要領は、陸海軍が戦争準備に入ること、そして十月上旬までに日米交渉妥結のめどが立たない場合は開戦することなどを記した「戦争計画」にほかならず、天皇は外交よりも戦争準備の方に重点が置かれていることに不満を見せた。

立憲君主国における君主は、国策を直接決定する立場にない。天皇は、政府と統帥部の決定に対して、あくまでも質問をすることしかできない。だが、昭和天皇は質問をすることを積極的に活用した。天皇の質問を「御下問」という。時に御下問は厳しいものになり、天皇の前でたじろぐ重臣も少なくなかった。重臣がはぐらかすように答えても、天皇にごまかしは利かなかった。杉山が書き留めたメモ（『杉山メモ』）からその際のやり取りを復元すると次のようになる。

昭和天皇は「南方作戦は予定通りできると思うか」「上陸作戦はそんなに楽々とできると思うか」「九州の上陸演習では船が非常に沈んだが、ああなればどうするか」「天候の障害はどうするか」と御下問を繰り返したが、何を聞いても「できる」と即答する杉山に、昭和天皇はいらだちを募らせていったと思われる。戦争計画の不備をあぶり出すために御下問は続いた。

昭和天皇が「予定通りできると思うか」と問うて杉山が言葉に詰まった瞬間、天皇はやや不満な様子で「お前は支那事変勃発時に陸軍大臣として『蔣介石はすぐ参る』と言ったのを記憶している。だが、四年の長きにわたり未だやれぬではないか」と言うと、さっきまで流暢に戦争計画を語っていた杉山は、この厳しい御下問に、たちまち言葉を失った。もはや天皇に嘘つき呼ばわりされたに等しい。少しの沈黙の後、杉山はすっかり恐懼《きょうく》して「支那は奥地が開けておりますので……」と言い訳するのが精一杯だったが、天皇はさらに語調を強めた。「支那の奥地が広いというなら、太平洋はなお広いではないか」。表御座所の空気は張り詰めた。何も奉答することができなくなった杉山総長は、力なく頭を垂れた。

しばらくして、必死に言葉を探していた永野軍令部総長が助け舟を出した。「今日、日米の関係を病人に喩《たと》えれば、手術をするかしないかの瀬戸際にきております。手術をしないでこのままにしておけば、段々衰弱してしまうおそれがあります。手術をすれば非常な危険があるが助かる望みもないではない。統帥部としてはあくまで外交交渉の成立を希望しますが、不成立の場合には思い切って手術をしなければならんと存じます」

そこで、ようやく杉山が口を開いた。「このままでは日本の国力は衰退するばかりであります。まだ力のあるうちに国運を興隆させ、困難を排除しつつ国運を打開する必要があると考えます」。二人の統帥部長の話を聞いていた天皇の表情は、明らかに不機嫌さを増したに違いない。天皇はこれまでにない大声で「絶対に勝てるか！」と問うと、杉山は「絶対とは申しかねます。しかし、勝てる算のあることだけは申し上げられます」。すると、天皇は再び大声で「ああ分かった」と仰せになった。

翌九月六日、御前会議を前に木戸は昭和天皇に拝謁し「陛下としては最後に今回の決定は国運を賭しての戦争ともなるべき重大なる決定なれば、統帥部に於《お》いても外交工作の成功を齎《もたら》すべく全幅の協力をなすべしとの意味の御警告を被遊《あそばさる》ことが最も可然《しかるべき》か」(『木戸幸一日記』下)と意見を申し上げた。

同日、昭和天皇臨席の元開催された御前会議で、原嘉道《はらよしみち》枢密院議長が、戦争準備と外交のどちらが軸であるべきかを厳しく追及した。これは木戸と原が事前に打ち合わせた筋書だった。海軍大臣は答弁したものの、統帥部長は発言しなかった。すると昭和天皇は、統帥部長が枢密院議長の重大な問いに答えないのは遺憾であると仰せになり、ポケットからメモをお取りになって、明治天皇の御製《ぎょせい》「よもの海みなはらからと思ふ世になど波風のたちさわぐらむ」を、はっきりと二度朗誦《ろうしょう》あそばした。日露戦争のさなか、戦争に至ったことを憂う明治天皇の御製である。これは外交を優先すべしという、昭和天皇の明確な意思だった。昭和天皇は木戸が進言した通り、外交交渉を優先させるべき旨の意思表示をなさった。

帝国憲法下の確立された慣行によれば、政府と統帥部が決定した国策について、天皇はこれを却下する権能を有さない。天皇が御前会議で発言なさること自体が異例であり、また天皇の発言が政治を動かすことは、帝国憲法においては許されないことだった。昭和天皇は、明治天皇の御製をお読みになることで暗黙の内に避戦の叡慮《えいりょ》(天皇の考え)をお示しになったのである。このご発言により、和平を軸にすることを確認して国策が決定された。我が国の憲政史上、政府と統帥部が決定した国策が天皇の言葉によって変更された唯一の例である。

❖皇族首班を退けた木戸幸一内大臣

近衛首相は日米交渉により戦争回避の努力を続け、フランクリン・ルーズベルト大統領との会談を模索したが、米国政府は昭和十六年（一九四一）十月二日、これを拒絶した。避戦を求める昭和天皇と、開戦を求める東條英機陸軍大臣の板挟みに遭った近衛首相は、米国からの回答を受け、戦争を避けるには日本軍が支那から撤兵する以外にないと考えていた。そこで、東條陸相に三度説得を試みたが溝は埋まらなかった。

十月十四日の定例閣議の席で、近衛首相が支那からの撤兵を提案すると、東條陸相は「歴史に汚点を残すことになる」「重大決意を要望する」と、撤兵を拒否しただけでなく、即時開戦を主張した。その後も話し合いをしたが結論に至らず、近衛首相は総辞職を決意した。帝国憲法下では、首相に閣僚を更迭する権限はなく、閣内不一致となれば総辞職する他なかった。

内閣が総辞職すると、次の首相の人選で最も鍵を握る人物は、木戸内大臣だった。内大臣は天皇を常時輔弼する役職であり、政変時には元老や重臣らと共に後継首班の人選に関与する慣習があった。満洲事変以降、軍の力が強くなると、徐々に政治に深く関与する要職に変化していった。政府の情報は首相が、また軍令の情報は参謀総長と軍令部総長が持ち、三つが完全な縦割りだったため、それらの情報が集まるのは天皇だけだった。そのため、戦争となれば天皇の拝謁を取り仕切る内大臣の職務は必然的に重たいものとなる。

また、後継内閣首班の推挙は元老の役目だったが、昭和十五年（一九四〇）に「最後の元老」といわれた西園寺公望《さいおんじきんもち》が死去すると、首相経験者と枢密院議長により構成される重臣会議が後継内閣首班を決定することになった。そこで重臣会議を取り仕切る内大臣の意向が首相人事を左右するようになったのである。候補者が就任を承諾しない時に説得に当たるのも内大臣木戸幸一の役割だった。昭和天皇は木戸を深く信任なさり、そのお気持ちは終戦後も変わることがなかったと伝えられる。木戸は天皇の信任に応え、積極的に意見を述べたことが史料から読み取れる。木戸の発言は天皇の判断に直接的に影響を及ぼした。

明治二十二年（一八八九）に生まれた木戸は、学習院から京都大学へ進み、農商務省に入省、そして昭和五年（一九三〇）に内大臣牧野伸顕《まきのぶあき》の秘書官長に任ぜられた。木戸の卓越した情報能力は、長年の秘書官長時代に培われたといわれている。その後、学生時代からの友人である近衛文麿が首班する内閣で文部大臣、厚生大臣を歴任し、平沼騏一郎《ひらぬまきいちろう》内閣の内務大臣を務め、昭和十五年に内大臣に就任した。

近衛内閣が総辞職すると、次の内閣は日米交渉を妥結に導くか、それが不可能なら対米英蘭戦の開戦を指揮しなくてはいけない。近衛が後継者として天皇に奏請したのは、皇族の東久邇宮稔彦王《ひがしくにのみやなるひこ》だった。東條も木戸内大臣に東久邇宮を推薦した。しかし、皇族首班に徹底的に反対したのが木戸だった。木戸は開戦の決定に皇族が関与することを不可とした。木戸は近衛が辞表を捧呈した十月十六日、東久邇宮を推す東條に「此《こ》の問題を、皇室の一員たる皇族をして実行せしめられ、万一予期の結果を得られざるときは皇室は国民の怨府《えんぷ》となるの虞《おそれ》あり」（『木戸幸一日記』下）と伝えた。

皇族が開戦の決定に関与し、もし戦争に失敗すれば、皇室が開戦責任を負うことになると木戸は考えていた。開戦前の段階で「敗戦後」に言及した首脳は恐らく木戸を措《お》いて他にいないと思われる。また木戸は、敢えて最強硬派の東條に和平交渉させることで、軍内部の強硬派を抑えることができると考えた。そして、万一交渉が不成立になったら、戦争を指揮することができる人物でなくてはならなかった。そうすると、東條しか選択肢はなかった。

この時の木戸の判断は、内大臣として適切なものだったと評価できる。例え東久邇宮が首相でも開戦は逃れられなかったと思われ、もしこの時点で皇族首班となっていたら、東京裁判で絞首刑となったのは東條ではなく、東久邇宮だったはずだ。そうなれば、GHQは皇室を解体し、天皇と皇室は今存在していなかったことだろう。

近衛内閣退陣の翌十月十七日、重臣会議を経て東條英機に大命降下があった。東條を天皇に奏請したのは木戸である。後年、歴史家たちの多くは「木戸が東條を指名したから戦争になった」と論じてきた。だがそれは結果論である。木戸は東京裁判で「私は戦争をくいとめるために東条を指名しました」（『木戸幸一尋問調書』）と述べている。満洲事変、支那事変で明らかなように、統帥部の首脳と政府が反対しても現場の軍部隊が暴走することはこれまでに何度かあった。新聞が盛んに戦争を煽ったこともあり、国論は既に開戦一色となっていた。東條が組閣を命ぜられた日、『朝日新聞』は「国民の覚悟は出来ている。ひじきの塩漬で国難に処せんとする決意はすでに立っている。待つところは、『進め！』の大号令のみ」と書いた（昭和十六年〈一九四一〉十月十七日付）。

昭和天皇は、東條英機を首相に任命なさる際に、木戸内大臣を通じて、九月六日の御前会議の決定を白紙に戻すように命ぜられた。御前会議で昭和天皇が御製を朗誦なさったことで戦争よりも和平を軸とすることで決着したが、戦争準備を含めその決定自体が白紙に戻った。我が国の憲政史上、政府と統帥部が決定した国策が天皇の下命によって覆った唯一の例である。後に「白紙還元の御諚《ごじょう》」と呼ばれる。

❖真珠湾攻撃で対米戦争が始まる

東條は首相に任じられてから、和平に向かってがむしゃらに動いた。この豹変振りは、大本営陸軍部戦争指導班の部内日誌に、東條は変節した、まるで近衛と同じような態度をとるようになった、総理は所信を断行する誠意と節操と努力を忘却した、などと綴られていることからも窺える（『機密戦争日誌』上）。また、優秀な外交官である東郷茂徳《とうごうしげのり》を外相に起用したところにもその姿勢が見える。しかし、東條首相の戦争回避の努力も虚しく、十一月二十六日、米国から「ハル・ノート」が突き付けられた。国務長官のコーデル・ハルの名前からこのように呼ばれている。ここには、日本軍が支那大陸と仏印から全面撤退すること、蔣介石《しょうかいせき》政権を承認すること、日独伊三国同盟を実質的に破棄することなどが記されていた。当時の日本が絶対に認めることができないことがいくつも列挙されていたのである。

そもそも、米国は日本が受諾できない条件をわざと示した。昭和十五年（一九四〇）の段階から、米国は日本の海軍と外務省の暗号電報を解読していた。米国は、日本の内部事情を正確に把握していたことが分かっている。米国陸軍省は、傍受した通信を大統領に報告していた。それはＭＡＧＩＣ《マジック》報告と呼ばれている。大統領とハル国務長官は、日本との交渉中、日本は米国との戦争を覚悟し既に開戦準備をしていることを把握していた。

ヘンリー・スチムソン陸軍長官は、十一月二十五日（ハル・ノートが提示される前日）にホワイトハウスで大統領と会議したことについて次のように日記に書いている。

「大統領は『日本人は元来警告せずに奇襲をやることで悪名高いから、米国はおそらく次の月曜日（十二月一日）ごろに攻撃される可能性がある』と指摘して、いかにこれに対処すべきかを問題にした。当面の問題は、我々があまり大きな危険にさらされることなしに、いかにして日本側に最初の一弾を撃たせるような立場に彼らを追いこむか、ということであった。これは難しい命題であった」(Stimson Diary, November 25, 1945)

ルーズベルト大統領は、日本が米国を攻撃する準備を進めていることを知っていた。しかも、ハル・ノートを提示することで、日本が米国を攻撃するように仕向けたのである。真珠湾攻撃前、米国世論の八割以上が戦争に巻き込まれるのを拒否していた。大統領は昭和十五年に「非戦」を公約にして三選を果たした手前、日本が先に攻撃を仕掛ける必要があった。大統領の本当の目的は米国が欧州戦線に参戦することだった。日本が米国を攻撃することで、米国は日本の同盟国であるドイツを攻める資格を得る。終戦翌年の昭和二十一年（一九四六）、スチムソン長官は「日本側に第一撃を加えさせることにはリスクがあった。しかしアメリカ世論の完全なる支持を取り付けるには日本に第一撃を加えさせることは極めて重要であった」と述べている

(Japan's Road to the Pacific War)。大統領は日本を追い込んで真珠湾を攻撃させ、裏口から欧州への参戦を試みたのだった。

ハル・ノートが提示されると、大統領が意図した通り、これまで開戦に消極的だった人の考えまで変えてしまった。東條内閣は交渉を断念し、開戦を決定する。十一月二十六日早朝に、南雲忠一《なぐもちゆういち》中将率いる正規空母を主力とする二三隻の機動部隊が、択捉島《えとろふとう》の単冠湾《ひとかつぷ》を出撃し、米国領ハワイの真珠湾に向かっていた。米国との戦争が始まるには、御前会議での宣戦布告の決定を待つのみだった。日米交渉が妥結した場合は、攻撃中止の暗号が打電される予定だった。

十一月三十日、昭和天皇の弟である高松宮宣仁《たかまつのみやのぶひと》親王が参内した。この日の参内は、我が国が対米戦に突入する最終局面における、戦争回避の最後の機会だった。高松宮は戦争を避ける方法は、天皇を説得する以外にないと考えていた。そして、それを担えるのは高松宮だけだった。この時、兄弟は四十分間程話をした。大元帥の天皇は四十歳、海軍中佐で軍令部に所属する大本営海軍参謀の高松宮は三十六歳だった。海軍中佐といえば巡洋艦や駆逐艦の艦長クラスに過ぎず、同じ兄弟といえども軍籍上の階級の違いは余りにも大きい。本来、大元帥が中佐と作戦に関する会話をすることなどあるはずもなく、あまつさえ、重大な国策について中佐が大元帥に意見具申するなど前代未聞だった。昭和天皇は弟宮の進言を複雑な心境でお聞きになったようである。皇族といえども職務の範囲を超える部分について容喙《ようかい》してはならず、昭和天皇は、責任のない者が意見を言うことを良しとしなかった。終戦後、昭和天皇は次のように語っていらっしゃる。

「高松宮が昨日の様子をきゝに来た、そして『今この機会を失《しっ》すると、戦争は到底抑《おさ》へ切《き》れぬ、十二月一日から海軍は戦闘展開をするが、已《すで》にさうなつたら抑へる事は出来ない』との意見を述べた。戦争の見透《みとおし》に付《つい》ても話し合つたが、宮の言葉に依《よ》ると、統帥部の豫想《よそう》は五分五分の無勝負か、うまく行つても、六分四分で辛うじて勝てるといふ所ださうである。私は敗けはせぬかと思ふと述べた。宮は、それなら今止めてはどうかと云ふから、私は立憲国の君主としては、政府と統帥部との一致した意見は認めなければならぬ、若《も》し認めなければ、東条は辞職し、大きな『クーデタ』が起り、却《かえっ》て滅茶苦茶な戦争論が支配的になるであらうと思ひ、戦争を止める事に付《つい》ては、返事をしなかつた」(『昭和天皇独白録』)

昭和天皇は木戸内大臣をお召しになり「一体どうなのだらうかね」とお尋ねになった。木戸は、今度の御決意は一度ご聖断となれば後へは引けない重大事であり、海軍大臣と軍令部総長にお確かめになるべきと言上した。参内した東條首相は、自存自衛上開戦は已むなきことを述べた上で「統帥部においては戦勝に相当の確信を有すると承知致しております」と奉答した。昭和天皇は続けて嶋田繁太郎《しまだしげたろう》海軍大臣と永野修身《ながのおさみ》軍令部総長をお召しになり、長期戦が予想されるも予定通り開戦するや否やにつきお尋ねになった。御下問に対して、海軍の軍政の責任者である海相と、軍令の責任者である軍令部総長は、いずれも戦勝への確信があると奉答したのである。

昭和天皇は再度木戸内大臣に「何《いず》れも相当の確信を以《もっ》て奉答せる故《ゆえ》、予定の通り進む様《よう》首相に伝へよ」(『木戸幸一日記』下)と御下命になった。そして、十二月一日に御前会議が開かれ、遂に対米戦争の開戦が正式に決定した。機動部隊に打電された暗号は「ニイタカヤマノボレ一二〇八」。真珠湾の攻撃を命じる暗号だった。「朕茲《ちんここ》ニ米国及《および》英国ニ対シテ戦《たたかい》ヲ宣《せん》ス」で始まる「宣戦の詔書」には、「今ヤ不幸ニシテ米英両国ト釁端《きんたん》ヲ開クニ至ル、洵《まこと》ニ已《や》ムヲ得《え》サルモノアリ、豈朕《あにちん》カ志《こころざし》ナラムヤ」の一文が見える。今回の開戦は忍び得ず自身の意思ではない旨を詔書に盛り込むよう、昭和天皇がご希望になったことで挿入された。日本の置かれている状況を的確に表現し、已むなく開戦に至った苦悩を示す他、正義を実現し戦争を完遂する強い意志を感じることができる、格調高い文章である。部分要約を次に示す。

「我が国は東アジアの安定を確保して世界平和に寄与することを目指しているが、中華民国は東アジアの平和を撹乱し、日本に武器を取らせるに至り、しかも、米英両国は中華民国の残存政権を支援して東アジアの平和を乱し、平和の美名に隠れて東洋を制覇しようと目論んでいる。さらにはそれに与《くみ》する国を誘って日本周辺の軍備を増強させ、通商に妨害を与え、経済を封鎖して、日本の生存に重大な脅威を加えた。日本は平和に解決するために長い間耐えてきたが、米英には譲る精神もなく、経済上と軍事上の脅威を増大させて日本を屈服させようとしている。これでは、東アジアを安定させようとしてきた日本の積年の努力は悉《ことごと》く水泡に帰することになる。したがって、日本は、今や自存自衛のために決然《けつぜん》と立ち上がって、一切の障害を破砕するほかない」

❖日本の快進撃とアジア諸国

日本海軍の機動部隊は昭和十六年（一九四一）十二月八日（日本時間。現地時間では七日）朝、第一次攻撃隊を、また約二十分後には第二次攻撃隊をそれぞれ発進させ、戦艦三隻沈没、戦艦二隻大破、軽巡洋艦二隻大破、駆逐艦二隻大破、航空機破壊一八八機、航空機損傷一五五機、米軍の戦死者二三四五名といった戦果を挙げた。他方、日本軍は、未帰還機二九機、航空機損傷七四機、日本軍の戦死者六四名という比較的軽微な損傷で、しかも艦艇は無傷だった。

複数の航空母艦を同時運用して敵基地を空襲するのは、人類の歴史上、真珠湾攻撃が初めてだった。六隻の航空母艦から三五〇機以上の飛行機が飛び立ち、敵基地攻撃後に整然と帰還することは、神業に近いことだったのである。当時この運用技術を持つのは日本海軍だけだった。

しかし、米国に対する宣戦布告の通知が、真珠湾攻撃の開始時間の後になったため、米国は日本を国際法違反であると強く批判し「リメンバー・パールハーバー」という言葉を使って国民の反日感情を煽っていった。また、戦果は華々しく見えるものの、真珠湾にいるはずの航空母艦が不在だったため、無傷で残った。しかも、船のドックも無傷だったため、沈没を逃れた艦艇は直ぐに修理することができた。膨大な燃料を満載した燃料タンクもそのまま残った。そのため、真珠湾攻撃は戦術的には成功だったが、戦略的には失敗したといわねばならない。

米国は、真珠湾攻撃の前日に、日本の宣戦布告文の暗号解読を終えていた。また、日本がハワイのスパイを通じて真珠湾の艦艇の配置状況の情報を収集していたことも、大統領は事前に把握していた。しかし、大統領はハワイの司令官に何の警告も発しなかった。このことは戦後、大統領は意図的に米兵を危険に晒したとして、米議会で問題とされた。

日本軍は同時に南方作戦も開始した。英国東洋艦隊は、十二月八日、日本軍を迎え撃つためにシンガポールを出港して北上したが、十二月十日、サイゴンから飛び立った日本軍の陸攻隊《りくこうたい》が攻撃を仕掛け、最新鋭の戦艦プリンス・オブ・ウェールズと巡洋艦レパルスを撃沈した。当時は航行中の戦艦を航空攻撃で沈めるのは不可能と考えられていた。日本軍はここでも世界初のことをやって見せたのである。

マレー半島に上陸した日本軍の部隊は南下して英国が統治していたマレー半島を制圧し、昭和十七年（一九四二）二月十五日、英国東洋艦隊が本拠地としていたシンガポールを占領した。また米国が支配していたフィリピンの攻略戦、オランダが支配していたジャワ・スマトラの攻略戦、英国が支配していたビルマの攻略戦などを次々に成功させ、東アジア、東南アジア、西太平洋の大半から欧米の軍隊を排除し、広い範囲を勢力下に置いた。我が国は、この戦争を自存自衛の戦争と位置づけ、先の支那事変を含めて大東亜戦争と閣議決定した。

そして、日本政府はフィリピンとビルマの独立を承認した。タイとは開戦直後に同盟を締結した。また、台湾と朝鮮は明治期から日本の領土に編入されていて、満洲と支那大陸東部は親日政府が樹立されていた。日本は、このように日本の影響下にある地域を大東亜共栄圏と呼んだ。

また、日本軍が英国軍と戦って捕虜にした英国兵の中には多くのインド人がいた。日本軍は彼らにインド独立のために決起することを呼び掛けて、インド国民軍が結成され、独立を目指して日本軍と行動した。大東亜共栄圏の地域の国々は欧米の植民地からの独立を願っていて、終戦後、その多くが独立した。例えば、マレーシア、シンガポール、インドネシア、ベトナム、フィリピンなどが挙げられる。

❖戦局の暗転と高松宮の東條暗殺計画

初め勢いよく戦線を拡大したものの、昭和十七年（一九四二）六月、ミッドウェー海戦で日本軍は大敗し、航空母艦四隻と重巡洋艦一隻を失い、これにより日米の航空戦力が逆転した。船は数年で建造でき、航空機はより短期間で製造できるが、優秀なパイロットを一人育てるのには五年から十年の歳月を費やすといわれる。パイロットの大半を失ったことは、日本としては大きな痛手だった。昭和天皇に正確な戦況が伝えられていないと危惧した高松宮は、直ぐ天皇に手紙を宛て、速やかに終戦を図るべきと進言した。しかしこれも黙殺される。昭和天皇は一貫して立憲君主国の君主としての在り方に拘《こだわ》っていらっしゃったと見える。

そして、昭和十七年八月七日、米軍はガダルカナル島上陸作戦を開始した。翌年の二月に日本軍が撤退するまでの約六カ月に及ぶ壮絶な戦闘が繰り広げられた。日本軍の損耗は甚大で、二万人以上が戦死し、艦と航空機の損耗も著しく、日本の敗戦は一段と濃厚となった。以降、米国による本格的な反攻が始まる。昭和十八年（一九四三）五月にはアリューシャン列島のアッツ島守備隊が全滅して二六〇〇人以上が戦死し、その後も日本の劣勢が続いた。この頃から撤退を「転進」、全滅を「玉砕《ぎょくさい》」と、苦しい状況を美化した言葉に言い換えるようになる。

内閣と統帥部は並列の関係だったが、東條英機は首相と陸相を兼務しながら、統帥部の参謀総長（陸軍）までも兼務した。しかも、東條の指示で嶋田繁太郎海相までも、統帥部の軍令部総長（海軍）を兼務するに至り、東條独裁体制が成立し「東條幕府」とも揶揄された。だが、陸相が参謀総長を兼務することは、軍政の長が軍令の長を兼務することを意味し、重大な憲法違反であるとの声が上がった。この点を手紙で厳しく問い詰めたのが、天皇のもう一人の弟の秩父宮雍仁親王だった。秩父宮は結核を患い、療養生活中だったが、自ら動き回ることができない分、東條に何度も厳しい抗議の手紙を宛てた。

昭和十九年（一九四四）に入ると、高松宮は負ける方法を真剣に考え始めた。米軍は太平洋の島々を占領し、日本包囲網を狭めてきた。そして昭和十九年六月、米軍はマリアナ諸島のサイパン上陸作戦を開始した。マリアナ諸島は絶対国防圏構想で戦略上最も重要な地域だった。もしマリアナが陥落したら、日本本土の大半が、米軍の長距離爆撃機B29の射程距離に入るからである。つまりそれは、日本中の都市が空爆の対象になることを意味する。そしてサイパンは米国の手に陥ちた。日本側は約三万人の兵士と約一万人の民間人が命を失った。日本が進むべき道は二つしかなかった。一つはマリアナ諸島を守り抜くこと、そしてもう一つはマリアナ諸島を失ったら早期に講和することだった。しかし、日本はマリアナを失っても戦争を継続した。

日本が初めて経験する総力戦を支えたのは国民だった。その負担は女性や子供たちを含む全国民に及び、当時日本人だった朝鮮人や台湾人にも及んだ。昭和十八年（一九四三）には、大学生も徴兵の対象となった。学徒出陣である。多くの男子が兵隊になったため、国内の軍需工場などには、二十五歳未満の未婚の女子が勤労挺身隊《きんろうていしんたい》として動員された。また中学生（旧制）以上の生徒も軍需工場などに勤労動員された。昭和十九年になると、台湾人と朝鮮人も本土に渡り、徴用工《ちょうようこう》として働いた。徴用工には賃金が支払われた。

戦争が長引くにつれ、国民生活はいよいよ困窮し、金属の供出も求められるようになった。それでも人々は、我が国の勝利を願い、一丸となって困難を乗り切ろうとした。戦況は悪化していったが、大本営は正しい戦況を伝えず、隠蔽した。報道は政府の統制下に置かれ、国内のラジオや新聞などは大本営の発表をそのまま伝えるだけだった。国民には戦況が極めて不利な状態に陥ったことも知らされなかった。

高松宮の手足となって動いていた細川護貞《ほそかわもりさだ》が書き残した『細川護貞座談』（一九八六）には衝撃的なエピソードが書かれている。昭和十九年七月に高松宮と細川が、東條首相を暗殺することについて真剣に検討したというのだ。細川が高松宮邸に参邸した時、宮が沈痛な顔をして「もうこうなった以上は東條を殺す以外にないな」というと、細川は「壁に耳ありということもあるし、殿下が殺さなきゃいかんと口に出された以上は殿下の命が危ない。だから今からすぐ実行しましょう」といった。その後二人は、高松宮が東條に電話をして宮邸に呼び出し、現れた東條を細川が殺すという計画を練った。細川は東條を刺殺した上で自らも果てる覚悟だった。だが暫く二人は黙って睨《にら》み合った末、高松宮が静かに「それはやめよう」というと、細川は中大兄皇子《なかのおおえのみこ》が蘇我入鹿《そがのいるか》を誅《ちゅう》したことを持ち出し、高松宮に実行を促すも「陛下の信任しておられる総理大臣をぼくが殺すわけにはいかん」との回答があり、東條暗殺計画は沙汰止みとなった。

❖都市空爆と本土陸上戦

マリアナ諸島が米軍に占領されると、米軍による本土の都市空爆が開始された。絶対国防圏を突破されたことの責任を取り、昭和十九年（一九四四）七月、東條内閣が総辞職になった。

そして、昭和二十年（一九四五）三月には壮絶な攻防戦の末に硫黄島《いおうとう》が陥落する。攻める米軍は航空母艦一六隻、戦艦八隻を含む一〇〇隻以上で、約一一万人の規模の機動部隊だったが、日本軍守備隊は約二万三〇〇〇人という劣勢だった。だが、日本軍は粘りに粘った。これだけの兵力差があれば、短期間で軽微な損耗で占領できると見るのが普通であり、当初米軍は三日で占領する計画だったが、占領まで一カ月以上を要した。一万八〇〇〇人以上の日本兵が戦死した。しかし、死傷者の総数は米軍の方が上回っていた。陸戦史上、これほどの劣勢でここまで粘った例はない。

硫黄島は離島であるも日本本土の島である。我が国は本土の一角を米国に明け渡すことになってしまった。日本を空爆するB29長距離爆撃機はマリアナから飛来する。硫黄島を手に入れた米国は、そのB29を護衛する戦闘機を硫黄島から離発着させられるようになり、本格的な都市空爆が可能になった。通常の戦闘機は航続距離が短いため、マリアナから終始B29を護衛することができなかった。米軍は硫黄島を手に入れたことで日本の制空権を得た。

迎えた三月十日未明、焼夷弾《しょういだん》を満載した三〇〇機以上のB29爆撃機が東京の空を埋め尽くし、無差別爆撃を実行した。東京大空襲である。この一回の空襲だけで、東京の約四割が焼かれ、約二七万の家屋が焼失し、女性や子供を含む罪のない民間人約一〇万人が殺された。空襲としては、人類史上最大規模の虐殺になる。東京への空爆は一〇〇回を超えた。また、B29による爆撃は、大都市だけでなく日本全土に及び、約四〇〇の市区町村が被災した。

四月一日には米軍が沖縄本島への上陸を開始した。その日から、三カ月近くの死闘が繰り広げられ、日本軍の戦死者は約六万五〇〇〇人（沖縄県出身者を除く）、米軍将兵約一万二〇〇〇人、県出身の軍人および軍属約二万八〇〇〇人、一般県民約九万四〇〇〇人（推定）に上った。沖縄を守るために、爆弾を持ったまま敵艦に突入する特攻作戦も行われ、二八〇〇人以上の特攻隊員が散華《さんげ》した。沖縄攻防戦では、旧制中学校の生徒、男女二三〇〇人以上が、志願という形で学徒隊に編入され、一二〇〇人以上が死亡した。また、逃げ場を失って自決した民間人もいた。沖縄も離島だが日本本土である。本土で住民を巻き込んでの陸上戦が行われたのは沖縄だけである。

沖縄に向かった世界最大の戦艦大和《やまと》が、米軍の機動部隊の集中攻撃を受けて、鹿児島県徳之島《とくのしま》沖で沈没したのは四月七日のことである。大和を含め六隻の艦艇が沈没し、約三七〇〇人が戦死した。この日、鈴木貫太郎《すずきかんたろう》内閣が成立した。

特攻に志願した若者たちの遺書を読むと、その多くは家族を守るために志願したことが分かる。彼らは「お国のため」「天皇陛下のため」に死を選んだといわれることがあるが、それは誤りである。大切な命を投げ出してまで守るべきものは、この世にそれほど多くない。そもそも国家や天皇のために死ぬ人などいるはずがない。彼らは愛する人を守るために出撃していったのである。それは「日本国家の存続」と「愛する人の幸せ」が、一体のものと信じられたからだった。「日本国さえ存続すれば大切な人は幸せでいられるはず」という思いが若者たちの気持ちを動かしたのである。

「お国のため」「天皇陛下のため」というのは、単なる比喩表現に過ぎない。

特攻機が艦艇に突入する様子を見た米軍の将兵たちは驚き、感動を覚えた者もいた。「自分にはできない」という気持ちを手記に残した者もいた。だが、米兵に精神的影響を与えたのは特攻隊員に限らない、硫黄島をはじめ、各激戦地で勇敢に戦った兵隊たちは、特攻に志願した者ではなかった。たまたま、その地へ派遣されただけだったが、特攻と同じような最期を迎えた。大東亜戦争を通じて、組織立って投降した部隊はなく、日本人は最期まで勇敢に戦った。米兵の多くは、命を投げ出してまで国を守ろうとする日本人を不思議に思った。そのことは戦後の米国の占領方針に少なからず変化を与えたと思われる。

昭和天皇がどの時点で終戦を決意なさったかを明確に示すことは難しいが、六月二十二日に最高戦争指導会議の構成員をお召しになり、六月八日の同会議が決定した「戦争完遂」の方針にかかわらず「戦争の終結に就《つ》きても此際《このさい》従来の観念に囚《とら》はるゝことなく、速《すみやか》に具体的研究を遂げ、之《これ》が実現に努力せむことを望む」（『木戸幸一日記』下）と仰せになった。しかし、政府と統帥部が終戦の「具体的研究」に着手した形跡はない。

❖ソ連参戦が先か原爆投下が先か

欧州戦線では、米国が参戦したことで連合国軍が反攻に転じた。ドイツ軍がスターリングラード攻防戦でソ連軍に敗北し、これを機にドイツは敗退を重ねる。昭和二十年（一九四五）二月、米英ソの三首脳はヤルタ会談で戦後処理を話し合い、ドイツ降伏から九十日以内にソ連は対日参戦すること、南樺太《みなみからふと》と千島《ちしま》列島はソ連に引き渡されることなどが密約として交わされた。

そして昭和二十年四月にヒトラーが自殺し、五月にドイツは降伏した。この時点で、連合国と戦う国は日本だけになった。ソ連の対日参戦の時計の針が動き始めた。しかし、そのような密約があることを知らない日本は、中立条約を結ぶソ連に終戦の仲介をしてもらおうとしていた。七月十二日、昭和天皇は近衛文麿元首相を特使に任命し、ソ連に特使派遣を打診した。米国はその暗号電報を傍受、解読して、トルーマン大統領に報告していた。日本が和平に向けて本格的に動き始めたことを大統領は知っていた。

七月十六日、米国でトリニティー実験と呼ばれる人類史上初の核実験が行われた。核実験が成功したとの報せは、ドイツのポツダムにいる大統領に届けられた。七月十七日からは米英ソの三首脳が戦後処理と対日戦争の終結などについて話し合う会談が開かれることになっていた。大統領の気掛かりは、本当にソ連が密約を実行して対日参戦するかどうかだった。大統領に助言する高官たちは、ソ連が参戦すれば日本は降伏すると分析していたからである。七月十七日、大統領はソ連のスターリン書記長と会談した。その席でスターリンは八月中旬までに参戦すると約束した。大統領はその日の日記に「彼は八月十五日までに対日戦争に参戦する。そうなったらジャップ（日本を蔑む言葉）も終わりだ」（Truman, *Off the Record, 1980*）と書いた。トルーマン大統領は、ソ連参戦で日本は降伏すると確信していたのである。

七月二十一日には、核実験の詳細が大統領の元に届けられた。原子爆弾の威力はTNT火薬一万五〇〇〇トン以上で、爆発台になった高さ二一メートルの鉄骨の塔を瞬時にして気化させたという内容だった。大統領はこの日を境に別人のようになったという。

ところが、大統領に助言する高官たちは、原子爆弾を日本に使用しても日本は降伏しないと分析していた。なぜなら、既に東京をはじめとする六六の都市が空爆を受けているにもかかわらず、日本は戦闘意欲を失っていないので、六七番目の都市が消滅したところで、それが理由で日本が降伏するとは考えにくいと見ていた。彼らは日本に原子爆弾を使用することに反対した。しかし、大統領側近の中で、バーンズ国務長官だけが原子爆弾の使用に積極的だった。

米国には対日戦争を終わらせるために三つの選択肢があった。一つは本土決戦を実行して日本を軍事制圧することだった。しかし、これは犠牲が大きいので優先されなかった。あと二つが、天皇の地位を保障することとソ連が参戦することだった。いずれかによって、日本は直ちに降伏するものと考えられていた。ソ連が参戦を約束した今となっては、ソ連の参戦をただ待てば日本は降伏するはずだった。にもかかわらず、トルーマン大統領は原子爆弾の使用に拘《こだわ》った。

七月二十四日、大統領はスターリン書記長に、原子爆弾の開発に成功したと伝えた。スターリンは「それを日本に対しうまく使ってほしい」と述べたが、宿舎に帰るとソ連の諜報部門の長官に電話して、事前に米国の核開発の情報を掴めなかったことを厳しく叱責した。もし原爆投下により日本が降伏したら、ヤルタ会談で認められたソ連の権益は失われる。スターリンは米国が原子爆弾を使用する前に参戦しなくてはならないと考え、参戦日程を前倒しするよう指示した。

他方、米国は、ソ連が参戦したら日本は降伏すると考えていたので、原子爆弾を使用するなら、ソ連が参戦する前でなければならなかった。トルーマン大統領は、原子爆弾の使用を決断する。戦争を終わらせるために原子爆弾を使用したという事実はない。ソ連の参戦が先か、米国の原子爆弾投下が先か、二国間で競争が始まった。米国は原子爆弾投下の時期を八月三日から十日と予定していた。ソ連の参戦は前倒しして八月八日か九日を目標とした。いずれも良い勝負だった。

❖原爆投下とソ連参戦

七月二十五日、トルーマン大統領は、日本に原子爆弾を投下するよう口頭で命じた。天候が良くなり次第、一つ目の原子爆弾を、広島、小倉《こくら》、新潟、長崎のいずれかに投下し、二つ目は準備が整い次第、他の候補地に投下する命令書が伝達された。四つの候補地は、原子爆弾の効果を観察するため、ほとんど空爆していなかった。原子爆弾用に「とってあった都市」なのである。二つの原子爆弾の投下が同時に命令された。一発目を投下して日本が降伏しなかったから、仕方なく二発目を投下したという事実はない。米国は原子爆弾を二発しか所有していなかった。

七月二十六日、遂に日本に対する降伏勧告であるポツダム宣言が発せられた。当初、合衆国政府案には、天皇の地位を保障する文言が入っていたが、調印直前になって、その一文は削除された。大統領に助言する高官たちは、日本が降伏に応じるためには、天皇の地位の保障が第一条件であると分析していたので、この一文を入れることで日本は確実に降伏すると見ていた。実際に米国政府の分析は正しく、日本の政府と統帥部は天皇の地位の保障を終戦の絶対条件と考えていた。ポツダム宣言を受け取った日本では、ポツダム宣言に天皇の地位について記載がなかったので、政府と統帥部の中で大論争が巻き起こった。

トルーマン大統領は七月二十五日の日記に「日本に対して、降伏してこれ以上死者を出さないよう警告を出そう。日本が受諾しないことは分かっているが、チャンスは与えてやろう」と書いた。だが、大統領は、天皇の地位を保障する一文を削除したため、日本はポツダム宣言を受諾しないと分かっていた。むしろ、日本が受諾できない文面に作り変えたのだった。日本が同宣言を受諾してしまったら、原子爆弾を投下できなくなる。原子爆弾を投下するためには、同宣言は日本によって一度拒絶される必要があった。故に重要な一文が削除されたのである。

ポツダム宣言が発せられてから二日後の七月二十八日、鈴木首相は同宣言について「重視する要なきものと思う」と述べたところ「政府は黙殺」との記事が『朝日新聞』に掲載され、世界のメディアは「日本はポツダム宣言を拒絶した」と伝えた。「黙殺」は「拒絶」ではないため、これは完全な誤訳だった。だが、これで米国は原子爆弾投下の口実を得た。

「リトル・ボーイ（おちびちゃん）」というふざけた名前のウラン型原子爆弾の準備が完了したのが七月三十一日だったが、台風が接近していたため、八月五日になって、翌日の作戦実行が決まった。原子爆弾を搭載した爆撃機Ｂ29「エノラ・ゲイ」がマリアナ諸島のテニアン島を離陸したのが現地時間の午前二時四十五分で、日本時間の午前八時十五分、第一投下目標の広島に原子爆弾が投下された。投弾目標は広島市の市街中心部で、投下された原子爆弾は上空五三三・四メートルの地点で爆発した。炸裂直後にできた火の玉の直径は約一〇〇メートルで、その温度は数百万度から一〇〇万度と、太陽の内部温度に匹敵した。広島の上空に太陽が出現したのと同じような状態である。重量四トンの原子爆弾そのものは、炸裂した瞬間に気体となって消滅した。

炸裂した瞬間に発せられた熱線は、光の速さで地面に到達し、あらゆるものを焼き尽くした。地面は放射熱と伝導熱でおよそ一〇〇〇度に達したと見られている。超高圧の火の玉は衝撃波を伴って秒速九〇メートルで膨張し、広島の街を呑み込んでいった。発生した衝撃波は秒速三五〇メートル以上の速度で地面に広がっていき、家屋を吹き飛ばした。そして、巨大なキノコ雲が立ち上った。広島に原子爆弾が投下されたことで、一〇万人から一四万人が死亡し、その後五年で更に一〇万人が死亡することになる。

トルーマン大統領が原子爆弾投下に成功したという報せを受けたのは、大西洋を航行中の巡洋艦オーガスタの船上だった。大統領は舞い上がり、そのメモを手渡した海軍大佐の手を握って「これは歴史上最も偉大な出来事である」と言った。米国政府はこの日、事前に用意してあった大統領声明を発表し、大統領は九日には次のメッセージを米国民に伝えた。

「我々は開発した爆弾を使用した。真珠湾で我々に通告せずに攻撃した相手に、アメリカ人捕虜を飢餓にさらし、殴打し、処刑した相手に、そして、戦時国際法を遵守する素振りさえかなぐり捨てた相手に、原子爆弾を使用した。我々は戦争の苦しみを早く終わらせるために、数多くの命を、数多くのアメリカの青年を救うために、原子爆弾を投下したのである」

だが、原子爆弾の使用によって戦争終結が早まった事実はなく、よって人命が救われた事実はないが、この見解を今も米国政府は踏襲している。日本政府は中立国スイスを通じて、米国政府に次の抗議文を発した。

「このたび米国が使用した原子爆弾は、その性能の無差別かつ残虐性において、毒ガスその他の兵器をはるかに凌駕《りようが》するものである。従来のいかなる兵器にも比較できない無差別性残虐性を有するこの爆弾を使用するのは人類文化に対する新たな罪悪である。帝国政府は、自らの名において、また全人類および文明の名において米国政府を糾弾するとともに、即時このような非人道兵器の使用を放棄すべきことを厳重に要求する」（原子爆弾使用に関する米国政府への抗議文、昭和二十年〈一九四五〉八月十一

日）

やはり、米国政府高官たちの予想通りだった。原子爆弾が使用されても、終戦の手続きは進まなかった。八月七日の朝に関係閣僚会議が開かれるが、東郷茂徳《とうごうしげのり》外務大臣がポツダム宣言受諾を口にするも、大勢の反対により却下され、議題にも上がらなかった。しかし、昭和天皇は原子爆弾投下の報せを受け木戸内大臣に「かくなる上《うえ》は止《や》むを得《え》ぬ、余《よ》の一身はどうならうとも一日も速《すみやか》に戦争を終結して此《こ》の惨劇を繰返《くりかえ》さない様《よう》にしなければならぬ」（『木戸幸一日記－東京裁判期』）と仰せになった。また昭和天皇は、八日に参内した東郷茂徳外務大臣に「此種《このしゅ》武器が使用せらるる以上、戦争継続は愈々《いよいよ》不可能になつたから、有利な条件を得ようとして戦争終結の時機を逸《いっ》することはよくないと思ふ、又条件を相談しても纏《まと》まらないではないかと思ふから成《な》るべく早く戦争の終結を見るやうに取運《とりはこ》ぶことを希望す」（東郷茂徳『時代の一面』一九八九）とも仰せになった。

原子爆弾が投下されても、日本政府はソ連を通じた和平交渉に拘《こだわ》っていた。八月六日にも特使派遣についての返答が欲しいと、再度ソ連側に要請している。日本とソ連との間には日ソ中立条約がある。ソ連が間もなく日本に攻め込んでくることなど、日本側は想像もしていなかった。

日本時間の八月九日午前零時、日ソ中立条約を破り、極東に集結した一五〇万のソ連軍が、満洲と朝鮮に一斉に攻撃を開始した。ソ連参戦を知った日本の首脳は愕然とした。我が国は本土決戦の準備を進めていたが、これはソ連が中立であることが前提だった。米国とソ連の両方を相手に戦うのは不可能で、もはやポツダム宣言を受諾する以外の選択肢はなかった。

この日の朝、鈴木首相は自分の内閣で終戦すると決意した。ソ連参戦の報せを受けた昭和天皇は木戸内大臣に「戦局の収拾につき急速に研究決定の要《よう》ありと思ふ故《ゆえ》、首相と充分懇談する様《よう》に」（『木戸幸一日記』下）と仰せになった。広島の原爆投下では「成るべく早く〜希望す」だったが、ソ連参戦で「急速に研究決定の要あり」に格上げされたことが分かる。

午前十一時前から宮中で、ポツダム宣言受諾を決定する最高戦争指導会議が開かれた。ポツダム宣言受諾の方針は決定したものの、天皇の地位を確認することだけで、それ以外に条件を付けないとする東郷外務大臣と、占領、武装解除、戦争犯罪人の処罰などの除外を条件とする阿南惟幾《あなみこれちか》陸軍大臣が対立し、三対三に分かれた議論は平行線になり、閣議に持ち越されることになった。

長崎に「ファットマン（太っちょ）」というふざけた名前のプルトニウム型原子爆弾が投下されたのが、この日の十一時二分だった。約七万人が死亡した。二つの原子爆弾による犠牲者の数は約三〇万人となる。最高戦争指導会議の途中に長崎への原子爆弾投下が伝えられたが、そのことが会議に特別な影響を与えた形跡はない。

結局、外務大臣と陸軍大臣の意見の対立が解消しないまま、午後十一時三十分、皇居の御文庫《おぶんこ》付属室にて最高戦争指導会議の御前会議が開かれた。既にこの日だけでも約八時間半議論してきたが、この会議でも三時間ほど白熱した議論が戦わされた。十分意見が出揃ったところで、議長である鈴木首相が、議長の一票で決するべきであるが、余りに重大であり、自分の一票で決めることはできず、全く前例のないことではあるが天皇陛下の御聖断を仰ぐほかない旨を述べ、御前に進んだ。すると、昭和天皇から外務大臣の案に賛成であるとの御聖断が下り、条件を付けずにポツダム宣言を受諾することが決定した。これは超法規的な事態だった。帝国憲法成立以来、天皇が自らの意思によって国策を決定した唯一の例である。

❖二度目の御聖断、下る

八月十日の午前中に、日本政府はスイス政府とスウェーデン政府を通じてポツダム宣言を受諾する旨を電文で通知した。そこには「条件中には天皇の国家統治の大権(the prerogatives of His Majesty as a sovereign ruler)を変更するの要求を包含し居らざることの了解の下に帝国政府は右宣言〔ポツダム宣言〕を受諾す」という文言が使われた（『日本外交文書・太平洋戦争第三冊』）。ポツダム宣言自体には天皇に関する項目はなかったため、それを確認したのである。これに対して米国のバーンズ国務長官から返答があった。電文は次のような内容だった。

「降伏の時より天皇及び日本国政府の国家統治の権限（the authority of the Emperor and the Japanese Government to rule the state）は〈中略〉連合国軍最高司令官の制限の下に置かるるものとす（subject to）。〈中略〉最終的の日本国の政府の形態は、ポツダム宣言に遵《したが》ひ日本国国民の自由に表明する意思により決定せらるべきものとする」（前掲書）

このような表現になったのは、米国の世論の九割以上が、交渉なしに日本を降伏させるべきであると見ていたため、米国政府には、日本に譲歩したかのような印象は持たれたくないという事情があった。米国はこれまで頑なに天皇の地位の保障を拒んできたが、原子爆弾が投下されて僅か四日後に日本から降伏の申し入れが届くと、瞬時にこれを快諾した。

天皇の地位を保障すると日本は降伏するというのが政府高官の共通の見解だった。原子爆弾の投下が完了するまでは「天皇の地位の保障」を拒み、投下が完了した後は、むしろ早く日本に降伏してもらわないと困るので「天皇の地位の保障」を伝えたものと見られる。天皇を尊ぶ日本人の気持ちが、原子爆弾を使用するための道具として弄《もてあそ》ばれていたのである。

バーンズ国務長官からの回答を受け取った日本では、その内容を巡って再び議論が蒸し返された。外務省は、暗《あん》に天皇の地位を認める内容と見ていたが、陸軍省は、これでは天皇の地位は保障されないと考えた。そして運命の八月十四日、宮中で御前会《ごぜんかい》議《ぎ》が開かれ、再び外務大臣と陸軍大臣の間で大論争となった。そこで鈴木首相が再び御聖断《ごせいだん》を仰いだところ、昭和天皇から次のお言葉があり、二回目の御聖断が下った。

「反対側の意見はそれぞれよく聞いたが私の考えはこの前に申したことに変りはない。私は世界の現状と国内の事情とを十分検討した結果、これ以上戦争を継続することは無理だと考える。国体《こくたい》問題について色々疑義があるということであるが、私はこの回答文の文意を通じて先方は相当好意を持っているものと解釈する。先方の態度に一抹《いちまつ》の不安があるというのも一応はもっともだが私はそう疑いたくない。要は我国民全体の信念と覚悟の問題であると思うから、この際先方の申入れを受諾してよろしいと考える。どうか皆もそう考えて貰いたい。さらに陸海軍の将兵にとって武装の解除なり保障占領というようなことは誠に堪えがたいことでそれらの心持《こころもち》は私にはよくわかる。しかし自分はいかになろうとも万民《ばんみん》の生命を助けたい。このうえ戦争を続けては結局我邦《わがほう》が全く焦土となり万民にこれ以上の苦悩を嘗《な》めさせることは私としては実に忍び難い。祖宗《そそう》の霊にお応えが出来ない。和平の手段によるとしても素《もと》より先方のやり方に全幅の信頼を措《お》き難いことは当然ではあるが、日本が全く無くなるという結果にくらべて、少しでも種子が残りさえすればさらに復興という光明《こうみょう》も考えられる。私は明治大帝《めいじたいてい》が涙を呑んで思い切られたる三国干渉当時の御苦衷《ごくちゅう》をしのび、この際耐えがたきを耐え、忍び難きを忍び一致協力、将来の回復に立ち直りたいと思う。〔中略〕どうか私の心をよく理解して陸海軍大臣は共に努力し、良く治まるようにしてもらいたい。〔中略〕この際証書《しょうしょ》を出す必要もあろうから政府は早速其《その》起案をしてもらいたい。以上は私の考えである」（下村宏《しもむらひろし》『終戦記』）

これにより、我が国はポツダム宣言を受諾することになった。日本の約二三〇万人の軍人と約八〇万人の民間人が死亡した支那事変から対米戦争へ繋がる大東亜戦争は、ここに終結した。

日本が最終的に降伏する決定を下したのは、原子爆弾やソ連参戦ではなく、実はこのバーンズ国務長官からの回答文だった。最終的にはこの回答文の中に見え隠れする、暗に天皇の地位を保障するように読み取れるかもしれない部分に、米国の誠実なることを期待して、ポツダム宣言を受諾することを決定したのである。

この日の御前会議での天皇の御言葉を基に、終戦の詔書が起草された。玉音放送の録音は午後十一時半過ぎから宮内省の御政務室で行われた。これが翌日の八月十五日に放送されることになる。放送は正午と決定し、玉音盤は宮中に一晩安置されることになった。

ところが十五日未明、徹底抗戦を求める陸軍の青年将校がクーデター計画を実行した。叛乱将校らは近衛師団長を殺害して偽の命令書を掲げ、近衛歩兵第二連隊を皇居内に進めて皇居を封鎖し、東京放送局（現ＮＨＫ）を占拠した。叛乱兵は天皇の詔書を偽造すべく御璽《ぎょじ》を探したが、御璽は既に御文庫の侍従の手元に戻っていた。玉音盤の存在を知った叛乱兵は玉音盤も探し始めたが、徳川義寛《とくがわよしひろ》侍従の機転によって皇后宮事務官室の軽金庫に隠され、難を逃れた。そして、夜が明けると東部軍によって叛乱は鎮圧された。八・一五事件である。そして十五日正午、終戦を告げる昭和天皇の玉音が放送された。

❖対米戦争に勝算はあったか

日本と米国は国力を比較すると、圧倒的に米国の方が大国である。しかし、日米の海軍力を比較すると日本もそれなりの力を持っていたことが分かる。米海軍は大西洋と太平洋に分かれて存在しているので、日本と戦うことができるのは太平洋に展開する艦艇に限られた。

開戦時の米国は、太平洋に主要艦種で一五七隻であるのに対して、日本は、太平洋に主要艦種で二三三隻を保持していた。その内訳は、戦艦は九対一〇、空母が三対九、重巡洋艦は一三対一八、軽巡洋艦は一一対二〇、駆逐艦は六七対一一二、潜水艦は五四対六四だった。また、航空母艦に搭載できる艦上戦闘機は、米国が主要機種で三六五機であるのに対し、日本は一〇〇四機保有していた。しかも、日本の艦上戦闘機「ゼロ戦」は性能が高く、米軍に恐れられる存在だった。また、日本の軍人の練度と士気は極めて高かったと評価されている。無論、国力が異なるので長期戦になったら不利だが、短期か中期であれば、互角どころか有利に戦える可能性があった。

戦後になって「勝てるはずがない戦争」といわれることがあるが、兵力差などから分析すると、短期戦あるいは中期戦なら「勝ってもおかしくない戦争」、もしくは「勝たないまでも負けなかった戦争」だったといえる。日清戦争と日露戦争はいずれも困難な戦争だったが、この二つの戦争では我が国は勝利を収めた。対米戦争はそれらとは逆の結果になった。戦争の結果は、国力や戦力だけで決定されるものではない。いくら弱小の軍隊でも、士気が高く作戦宜しきを得れば勝つこともある。半面、いかに強い軍隊でも、作戦を軽視したりすれば、負けることもある。

昭和天皇は戦後、敗戦の原因は、第一に兵法の研究が不十分だったこと、第二に余りに精神に重きを置き過ぎ科学の力を軽視したこと、第三に陸海軍が不一致だったこと、第四に常識のある首脳が存在しなかったことの四点を挙げていらっしゃる（『昭和天皇独白録』）。

思うに、我が国は、日清日露戦争では不利であるが故に、士気の高さだけでなく作戦に拘《こだわ》った。しかし、二つの戦争に勝ったことで、その後は精神性だけでどんな戦争にも勝てると勘違いしてしまったようである。対米戦争では短期的には有利だったにもかかわらず、精神論に偏り作戦を軽視してしまった。それが最大の敗因だったのではなかろうか。

そもそも、日本は米国と戦争する必要がなかったことは明らかである。開戦の四カ月前まで、石油の約八割を米国から輸入していたのがその証である。南部仏印進駐が米国に対日経済封鎖の口実を与えてしまった。仏印に進駐していなければ、日本が米国と戦う理由はなかった。日本は、図らずも、気付いた時には対米戦争の入り口に足を踏み入れていたのである。蔣介石との、不毛で実益のない戦争に、現《うつつ》を抜かしている間の出来事だった。政府と統帥部の首脳は、国際情勢を読み解く力を持ち合わせていなかったことは、戦争への経緯を見れば明らかである。やはり精神論が判断を狂わせていたと思われる。

第六部
日本の現代

15 昭和時代（戦後期）

❖東久邇宮内閣成立と皇族の特派

玉音放送があった翌日の昭和二十年（一九四五）八月十六日、皇族の朝香宮鳩彦《あさかのみややすひこ》王、東久邇宮稔彦《ひがしくにのみやなるひこ》王、竹田宮恒徳《たけだのみやつねよし》王、閑院宮春仁《かんいんのみやはるひと》王に昭和天皇から突然の御召《おめ》しがあった。昭和天皇は緊張した面持ちで「ご苦労だが君たち夫々《それぞれ》が手分けして第一線に行って自分に代わって自分の心中をよく第一線の将兵に伝え、終戦を徹底させて欲しい」と仰せになった（竹田恒徳「終戦秘話」一九八六）。敵と向かい合う第一線の軍が矛を収めないと、聖断は水泡に帰す。しかし、軍には徹底抗戦を主張する者もいて、武装解除を徹底させるには皇族を派遣する以外になかった。朝香宮は支那派遣軍へ、竹田宮は関東軍と朝鮮軍へ、そして閑院宮は南方総軍へ派遣が決まった。

そして東久邇宮には、直後に大命降下があり、東久邇宮内閣が誕生する。終戦処理は皇族首班しかないというのは木戸幸一《きどこういち》内大臣の考えだった。開戦前、近衛文麿《このえふみまろ》内閣の後継として東久邇宮が俎上《そじょう》に上ったが、木戸内大臣の判断により不成立となったことは既に述べた通りである。しかし、日本がポツダム宣言を受諾した昭和二十年八月、東久邇宮が内閣を首班することになった。終戦処理内閣に東久邇宮を推薦したのは、木戸幸一その人だった。終戦に反対する軍の暴走を抑えることができるのは、軍人かつ皇族である東久邇宮以外にいなかった。終戦時に皇族を推した木戸の判断も適切なものであり、昭和十六年（一九四一）時の一件と併せて、思想の一貫性が見られる。

既にソ連が満洲国に侵攻していたため、特に満洲では大混乱が予想された。竹田宮が翌朝の出発に備えて身の回りの整理をしていると、東久邇宮首相から呼び出しがあり、満洲国の溥儀《ふぎ》皇帝が亡命を希望したら、日本にお連れして欲しいとの特命を受けた。竹田宮はつい七月まで関東軍参謀として新京《しんきょう》（現在の長春《ちょうしゅん》）に赴任しており、溥儀皇帝とは懇意で、皇帝が通化《つうか》の山中に身を潜めていることも知っていた。竹田宮は八月十七日に新京の関東軍司令部、十八日に奉天《ほうてん》（現在の瀋陽《しんよう》）の第三方面軍令部、また同日に京城《けいじょう》（現在のソウル）の朝鮮軍令部で聖旨を伝達した。司令官以下幕僚らは誰もが眼がしらに熱いものを浮かべていたという。

竹田宮は首相からの特命も受けていた。十七日に、不通だった電話が通じ、十八日午後に京城で皇帝と会う約束をしたが「小さな飛行機しかないので長白山脈《ちょうはく》が越えられないから、明日〔十九日〕午後奉天に出る」との電報を受けた。竹田宮は翌日奉天に戻り皇帝との再会を果たそうとするが、十九日、奉天はソ連軍に占拠され、皇帝は奉天飛行場でソ連軍に拘束され、シベリアに送られてしまう。皇帝は日本への亡命を希望していた。もし皇帝の亡命が実現していれば、東京裁判での日本の評価もまた違ったものになっただろう。

竹田宮の搭乗機を護衛していた四機の戦闘機 隼《はやぶさ》は奉天飛行場所属だった。奉天が既にソ連軍に占領されていることを知った四機は、編隊を組んだまま真っ逆さまに空港中央に突っ込んで自爆した。鎌田正邦《かまたまさくに》大尉が二十三歳、他の三人は二十一歳前後という若さだった。

日本はポツダム宣言を受諾して日本軍の武装解除を進めていたが、ソ連軍の侵攻は止まらなかった。ソ連は南樺太《みなみからふと》を占領して北海道を攻撃する拠点を確保しようとしていた。ソ連は北海道の占領を計画していたのである。

❖武装解除した日本に襲いかかるソ連

当時、南樺太には四〇万人余りの日本の民間人がいた。中心都市は豊原《とよはら》で、札幌市を少し小さくしたような整備された街だった。ソ連軍は国境の北緯五〇度線を突破して南下し、また別の部隊は千島《ちしま》列島最北端の島である占守島《しゅむしゅとう》を攻略して、千島列島の島々を次々と占領していった。南樺太第二の都市である真岡《まおか》へのソ連軍の上陸作戦が始まったのは八月二十日早朝だった。当時の真岡は北海道への引き揚げ拠点となっていて、一万五〇〇〇人以上の日本人がいた。

市街地に布陣していると市民を戦争に巻き込むことが危惧されたため、日本軍は一切の発砲を禁じて内陸の山中に後退し、民間人を豊原方面へ誘導していた。しかし、ソ連軍は容赦なく霧の真岡に艦砲射撃を実施して上陸し、無差別に民間人を殺傷して真岡を占領した。

電話交換業務を担っていたのは真岡郵便電信局に勤める若い女性職員たちだった。現在電話は自動で接続されるが、当時は交換手が手動で回線を繋いでいた。交換業務は、仮にソ連軍の侵攻があっても占領後にソ連側に業務を移管するまでは継続する必要があり、八月十六日に残留者を募った。しかし、ほぼ全員が志願したため、家族と相談してから申し出るように指示し、その日は決めなかった。残留組二〇名が決まったのは十七日のことである。八月十九日からは非常態勢が敷かれた。交換業務は昼夜を通して行われるため、従来は三交代制だったが、この日から二交代制に変更された。十九時からは夜勤体制になり、高石ミキ班長以下一一名の女性が当直した。

そして迎えたのが運命の八月二十日早朝だった。ソ連軍の艦砲射撃が始まると、身内の安否を確認する市民たちが一斉に交換台を呼び出し、交換手たちは業務を遂行していった。非番の局員たちも郵便局へ向かったが、途中で射殺された者もいて、実弾が飛び交う中で郵便局へ行くのを断念した局員も多かった。上田豊蔵局長は途中でソ連軍に逮捕された。それでも何とか郵便局に辿り着いた志賀晴代が加わり、交換手は一二名となった。

しかし、ソ連軍の攻撃は激烈を極め、遂に真岡郵便局も被弾するようになる。最期を悟った交換手たちは、交換台の前で静かに青酸カリを飲み、自ら命を絶った。渡辺照が真岡の北に位置する泊居《とまりおる》郵便局に「今、みんなで自決します」と伝えた。泊居郵便局の所弘俊局長は「死んではいけない」と叫び続けたが、受話器越しに聞こえる激しい銃砲声の中から「高石さんはもう死んでしまいました。交換台にも弾丸が飛んできた。もうどうにもなりません。局長さん、みなさん……、さようなら。長くお世話になりました。おたっしゃで……。さようなら」という渡辺の別れの言葉が聞こえ、以降二度と応答はなかったという。

連絡のために外に出て、銃砲火で戻れなくなった者が一名、服毒量が少なくて助かった者が一名いたが、九名が自決した。高石班長が絶命していた班長の机には、二十日の交換証の綴りと事務日誌がきちんと重ねられていた。吉田八重子は交換台にプラグを握ったままうつ伏せ、渡辺は交換台前でコードを掴んだまま倒れ込んで絶命していて、この二人はブレストを頭に付けたままだった。最期まで呼び出しに応じるために交換台から離れようとしなかったことが分かる。部下の遺体を引き取りに行った上田局長はその現場を見て絶句し「職務にたいする責任感をみたように思った」と述べている。

これが真岡郵便電信局事件である。真岡郵便電信局の殉職者は一九人に上る。この時に自決した九人の乙女たちは公務殉職とされ、靖國神社に合祀された。この事件は後に昭和四十九年（一九七四）に映画化された他（『樺太一九四五年夏―氷雪の門』）、平成二十年（二〇〇八）にはこの事件を元にしたドラマが製作された（『霧の火―樺太・真岡郵便局に散った九人の乙女たち』）。稚内《わっかない》市北方記念館には同事件に関する展示がある。九人の交換手たちの名前と享年を列記する。

高石ミキ（二四）　可香谷シゲ（二三）　吉田八重子（二一）
志賀晴代（二二）　渡辺照（一七）　高城淑子（一九）
松橋みどり（一七）　伊藤千枝（二二）　沢田キミ（一八）

昭和四十三年（一九六八）に北海道稚内市をご訪問になった昭和天皇と香淳《こうじゅん》皇后は、樺太が見渡せる高台で北に向かって深く拝礼し、和歌をお詠みになった。そこには御製《ぎょせい》碑がある。

昭和天皇御製　樺太に命をすてしたをやめの心を思へばむねせまりくる
香淳皇后御歌《みうた》　樺太につゆと消えたる乙女らのみたまやすかれとたゞいのりぬる

❖沈められた三隻の引揚船

南樺太の街を容赦なく攻撃したソ連軍の勢いはその後も収まらなかった。ソ連軍侵攻後に樺太から北海道方面への緊急疎開が行われていた。八月二十二日、ソ連軍の潜水艦二隻が樺太から北海道へ引き揚げる民間船三隻に次々と攻撃を加えた。第二新興《しんこう》丸《まる》は攻撃により多くの犠牲が出たが沈没を免れた。しかし小笠原丸《おがさわらまる》、泰東丸《たいとうまる》は沈没しほとんどの乗員と引揚者が死亡した。三船合わせて約一七〇〇名が犠牲となった。三船殉難事件と呼ばれている。

南樺太の玄関口である大泊《おおどまり》港には、疎開しようとする二、三万人もの人が押し寄せていた。大津敏男《おおつとしお》樺太庁長官の判断で、疎開対象者は六十五歳以上の老人、十四歳以下の学童、四十歳以下の女性と乳幼児、そして身体障碍者と病人に限定された。犠牲者に子供が多いのはそのためである。引揚船には疎開者を乗せられるだけ詰め込んで出港したため、定員の何倍もの疎開者を乗せた船は大勢の高齢者、女性、子供で犇《ひし》めきあっていた。デッキから人がこぼれるほどの超満員の状態で出港していった船もある。もう大きい船は残っていなかった。一〇〇〇トンから二〇〇〇トン程度の小型の船を何往復もさせて、波止場に溢れる疎開者たちを次々と北海道に運んでいった。運命の八月二十一日、この三隻の船は大泊を出港した。二十二日の朝には北海道へ到達するはずだった。米軍からはマストに航海灯を灯し、自船の位置を明らかにする無線信号を発しながら航行するように指示されていた。戦時中、夜間は全ての明かりを消して航行したため、船員たちはようやく平和が訪れたと実感していたと思われる。

小笠原丸は、稚内で約半数を下船させ、約七〇〇〇人を乗せて小樽《おたる》に向かう途中、二十二日午前四時二十分に国籍不明の潜水艦の魚雷攻撃を受けた。一本目は回避したものの二本目を受けてあっという間に沈没した。浮上した潜水艦は、海に投げ出されてもがいている無抵抗の人々を銃撃していった。小笠原丸には大砲一門と機銃一丁の装備があったが、武器には覆いが掛けられていて、反撃する間もなかった。北海道の夏は短い。八月十五日のお盆を過ぎたら一気に秋を通り越して冬に切り替わる。寒い海で力尽きた者も多かった。魚雷の轟音で目を覚ました増毛《ましけ》町《ちょう》別苅《べつかり》の漁民の中には、沖にはまだ潜水艦がいるかも知れず、決死の救助活動になることを承知の上で救助に向かった者もいた。六三八名が死亡し生存者は僅か六二名だった。

第二新興丸は、大泊から約三六〇〇人を乗せて小樽に向かう途中、午前四時五十五分、留萌《るもい》北西沖で魚雷攻撃を受け、右舷二番船倉《せんそう》に横一二メートル、縦五メートルほどの大きな穴が空き、ここにいた疎開者のほぼ全員が犠牲になった。そして浮上した二隻の潜水艦から銃撃を受け、甲板にいた人々は次々と倒れていった。第二新興丸は単装砲や機銃を装備していたため、已《や》むなくこれに応戦した。一隻の潜水艦が被弾して潜航したものの、大量の油が海面に浮いたことが確認されている。第二新興丸は大きく右傾して前のめりになった状態で、辛うじて微速で進み、留萌港に辿り着くことができたが、約四〇〇名が犠牲になった。

泰東丸は、大泊から約七八〇人を乗せて小樽に向かう途中、午前九時四十五分、留萌小平町《おびらちょう》沖西方で、浮上した潜水艦から砲撃を受けた。泰東丸の船員たちは白シーツを掲げて無抵抗の合図を示したにもかかわらず、潜水艦は砲撃を止めず、一〇発以上被弾して沈没し、六六七名が犠牲になった。泰東丸には機銃一丁の装備があったが、反撃する間もなかった。

三隻の民間船を沈めたことを未だにソ連とロシアは認めていない。しかし、ソ連海軍第一潜水艦隊所属のL19とL12が当時この海域で作戦活動していたこと、またL19は行方不明となったことが分かっている。第二新興丸からの反撃を受けて沈没したと見られる。

第二新興丸は砲艦だが二門の旋回砲は竹囲いで擬装されていたため、三隻とも外形は軍艦には見えない。例え戦時中であっても民間船舶への攻撃は違法である。まして日本はポツダム宣言を受諾して軍は戦闘を停止し、武装解除を進めていた。また、白旗を挙げた船への攻撃は許されるものではない。潜水艦が浮上して銃撃する際には、甲板にいた女性を中心とした大勢の民間人の姿を視認できたはずである。三船への攻撃は明らかに国際法違反だった。

ところで、ソ連潜水艦に撃沈された小笠原丸は大戦前の明治四十四年（一九一一）、長崎港外で座礁したロシアの客船「リャサン号」の乗客全員を救助したことがあったが、この船を沈めたソ連兵はそのようなことを知る由もなかったろう。

北緯五〇度線から南樺太に侵入したソ連軍部隊と、真岡に上陸したソ連軍部隊は南樺太最大の都市である豊原《とよはら》を占領し、八月二十五日の大泊占領を以って樺太の戦いは終わった。この戦いではソ連軍による無差別攻撃がしばしば行われ、民間人だけでも三船殉難を含めて約三七〇〇人が犠牲になった。また、八月十七日にカムチャツカ半島から千島列島に侵入したソ連軍は、占守島を占領すると、列島の島々の占領を進めた。樺太を占領したソ連軍部隊の一部は八月二十八日から九月一日にかけて、我が国固有の領土である北方領土を占領した。北方領土はこのように不法に占拠されたまま、未だに返還されていない。

またソ連軍は支那大陸にいた日本人約五七万人を捕虜としてシベリアに送った。シベリア抑留である。過酷な強制労働により、日本人約五万五〇〇〇人が命を奪われた。

❖昭和の無血開城と一一宮家の皇籍離脱

東久邇宮首相が最初に取り組むべき重大な任務は全軍の武装解除だった。もし米軍進駐時に戦火を交えたら、終戦は成らない。しかし、内地には武装解除に応じない部隊もあった。首相は陸相を兼務し、自ら陸軍の説得に努めた。海軍航空隊の一部は最後まで抗戦の構えだったが、各地を回って説得したのは高松宮《たかまつのみや》だった。それらが奏功し、占領軍の先遣隊が厚木《あつぎ》飛行場に降り立った八月二十八日までに全軍の武装解除は完了した。占領軍の進駐に当たり、銃弾の一発も暴発しなかったことは、江戸城無血開城に続く「昭和の無血開城」というべきもので、歴史的にも稀有である。東久邇宮首相は、見事にこれを成し遂げた。そして連合国による占領が始まった。以降連合国は、マッカーサー元帥を最高司令官とする連合国軍最高司令官総司令部（ＧＨＱ）を置いて日本の占領統治に当たることになる。

これまで日本は戦争を乗り切るために戦時体制を敷いてきたが、日常に戻されていった。政治面では、民主的傾向を復活させる措置が取られた。治安維持法が廃止され、政党の政治活動が認められたことで、かつてのような政党政治が行われるようになった。また、新選挙法により、これまで一部に限定されていた婦人参政権が広く認められるようになり、二十歳以上の男女が選挙権を持つようになった。

産業面では、戦争を支えたという理由で財閥が解体された。また、労働基準法と労働組合法が成立し、労働者が労働組合などを作ることが認められた。農業については農地改革が行われ、政府が不在地主の小作地を強制的に安く買い上げ、小作人に売り渡した。これにより地主は没落し、新興農家が力を付けた。しかし、農地解体で農地が細分化したため、他国のような大規模農業ができなくなり、現在の農業衰退の原因の一つとなったといわれる。また、ＧＨＱの神道指令により神社と国家が完全に分離された。そして、軍は解体され、外地に出兵していた兵士たちが次々に帰国した。戦争犯罪に加担したとされる政治家や軍人は逮捕され、極東国際軍事裁判（東京裁判）などで裁かれた。また戦争中に重要な地位にあった人は公職から追放された。

健全な民主主義には言論と報道の自由が不可欠である。戦後は広く言論と報道の自由が認められるようになり、戦前のような言論弾圧はなくなった。しかし、学校教科書を含むあらゆる出版物やラジオの内容は、事前にＧＨＱが検閲し、許可を受けたものだけが公表を許された。そのため、言論と報道の自由とは名ばかりで、占領期間中はＧＨＱによる厳しい言論統制が敷かれた。

一般のメディアにはプレス・コード（検閲基準）が適用された。戦勝国への批判、東京裁判への批判、米国が原子爆弾を使用したことに対する批判、日本の軍国主義の正当化などの日本擁護論をはじめ、三〇の項目が禁止対象になった。記事中にこれらの項目に該当する部分があると、発行禁止とされた。学校教科書については教科書検閲基準が適用された。「国体」「国家」「我が国」のような愛国心に繋がる言葉は使用が禁止され、日本の神話や神社に関係すること、そして、国民から尊敬される天皇や皇族の歴史を教えることが禁止された。東京裁判を含め、このような、日本人に戦争を始めたことに対する罪の意識を植え付ける一連の宣伝工作を、占領軍は内部文書でWGIP（War Guilt Information Program）と称した。

❖昭和天皇とマッカーサー元帥の会談

昭和二十年（一九四五）夏に米国で行われたギャラップ社の世論調査によると、昭和天皇の処遇について米国民の三三％が「処刑」、一七％が「（戦争犯罪を）裁判所に認めさせる」、一一％が「終身禁固」、九％が「流刑」を支持した。米国上院も昭和天皇を戦争犯罪人として裁判にかけることを全会一致で決議し、米国政府もその方針を決定した。しかし、マッカーサー元帥はそれに従わなかった。その最大の理由は、元帥が昭和天皇と会見したことと思われる。

昭和天皇が初めてマッカーサー元帥をご訪問になったのは、昭和二十年九月二十七日のことだった。元帥は当初、天皇は戦争犯罪人として訴追されないよう、命乞いをしに来るものと考えていた。ところが、昭和天皇は、元帥の想像も付かないことをおっしゃった。当時、侍従長を務め、米国大使館まで同伴した藤田尚徳《ふじたひさのり》は、備忘録に昭和天皇のお言葉について次のように書き残している。

「敗戦に至った戦争の、いろいろの責任が追及されているが、責任はすべて私にある。文武百官《ぶんぶひゃくかん》（将兵、閣僚、官僚など）は、私の任命するところだから、彼等に責任はない。私の一身はどうなろうとも構わない。私はあなたにお委せする。この上は、どうか国民が生活に困らぬよう、連合国の援助をお願いしたい」（藤田尚徳『侍従長の回想』二〇一五）

この昭和天皇のお言葉を聞いたマッカーサー元帥は、次のように回想している。

「死をともなうほどの責任、それも私の知り尽《つ》くしている諸事実に照らして、明らかに天皇に帰すべきではない責任を引受けようとする、この勇気に満ちた態度は、私を骨のズイまでもゆり動かした。私はその瞬間、私の前にいる天皇が、個人の資格においても日本の最上の紳士であることを感じとった」（『マッカーサー回想記』一九六四）

全国からGHQに宛てられた夥《おびただ》しい数の直訴状の内、天皇に関するものは、ほとんどが皇室の存続を希望する意見が書かれていた。中には血判を捺《お》したものもあった。昭和二十年十一月に内閣情報局の外郭団体である日本輿論《よろん》調査研究所が行った調査によると、天皇の制度を支持するのが九五％だったのに対して、それを否定するのは五％に過ぎなかった。また十二月には米国戦略爆撃調査団も意識調査を実施したが、天皇に好意を抱く人が約七割いた。

また、会見直後の十月二日には、マッカーサー元帥の軍事秘書官ボナー・フェラーズが、元帥宛のメモで「天皇を戦争犯罪人として裁判にかけることは不敬であるだけでなく、精神的自由の否定」となり、「政府の機構は崩壊し、大規模な暴動が避けられないだろう」（フェラーズ文書）と伝えたことも、少なからず影響していると思われる。

会談から約四カ月後の昭和二十一年（一九四六）一月二十五日、マッカーサー元帥は本国の陸軍省宛に次の極秘電文を送った。この電報により、天皇の存続が決定される。

「天皇を起訴すれば、紛れもなく日本国民の間に凄まじい動乱を引き起こすことになるだろう。その影響は、いくら評価しても評価し過ぎることはない。天皇は全ての日本人の統合の象徴である。天皇を葬れば、日本国家は崩壊する。実際のところ、全ての日本人は天皇を国の元首として尊崇していて、善かれ悪しかれ、ポツダム宣言が天皇を維持することを意図していたと信じている。もし連合国の行動が彼らの歴史的な思いを裏切ったならば、そこから生じる日本国民の憎悪と憤激は、間違いなく未来永劫に亘って続くであろう。幾代にも亘る復讐のための復讐が引き起こされ、その悪循環は何世紀にも亘って途切れることなく続く恐れがある。私の考えによれば、全日本人は、消極的あるいは半ば積極的な手段により、天皇を葬ることに抵抗するであろう。彼らは武装解除されているので、訓練され装備された軍にとって特別な脅威はない。しかし、政府の全ての機構が崩壊し、文化的な活動は停止し、反体制の混沌無秩序な状態が、山岳地帯や地方でゲリラ戦を引き起こすことは想像できないことではない。思うに、近代的な民主主義の手法を導入するという希望は消え去り、引き裂かれた人々の中から共産主義路線に沿った強烈な政府が生まれるだろう。これは、現在の占領の状態とは完全に次元の異なった問題が起きることを意味する。そうなった場合、駐留軍を大幅に増員することが不可欠となる。最低百万人の軍隊が必要とされ、軍隊は永久的に駐留し続けなければならない可能性が極めて高い。その上、行政を行うには、公務員を日本に送らなければならず、その必要な数は数十万人にのぼるであろう」(Foreign Relation of the United States)

この会見で昭和天皇と元帥が一緒に写った写真がある。昭和天皇は西洋式礼装のモーニングで、元帥は軍服の略装の開襟シャツだった。正装で小柄の昭和天皇の直ぐ隣に、略装で大柄の元帥が並んで写っている。しかも、昭和天皇が直立なのに対し、元帥は腰に手を当ててリラックスした様子だった。敗戦の事実をこれほど分かりやすく伝える写真は他にない。内務省がこの写真が掲載された新聞を発行停止処分にしたのが問題となった。これまで天皇の笑顔の写真ですら発禁の対象とされてきたため、内務省としては当然の措置だったが、GHQを激怒させてしまった。GHQは十月四日に日本政府に対して内務大臣を罷免するように要求し、東久邇宮内閣は総辞職した。皇族が首班した史上唯一の内閣は、五十四日間という短命でその役割を終えた。

❖本当はなかった「人間宣言」

いわゆる昭和天皇の『人間宣言』とは、昭和二十一年（一九四六）一月一日に発布された昭和天皇の詔書《しょうしょ》の通称である。この後半部分に、天皇が神であることを自ら否定したと解釈される箇所がある。一般的には、かつて神だった天皇が『人間宣言』により人になった、と考えられている。ところが、いわゆる『人間宣言』の本文には、「人間」や「宣言」の文言は用いられていない。また、『人間宣言』の名称は、後になってマスコミ等が付けたものであって、原文には見られず、公式なものではない。同詔書の問題となる箇所を抜粋して示す。

「朕《ちん》ト爾等《なんじら》国民トノ間ノ紐帯《ちゅうたい》ハ、終始相互ノ信頼ト敬愛トニ依《よ》リテ結バレ、単ナル神話ト伝説トニ依リテ生ゼルモノニ非《あら》ズ。天皇ヲ以テ現《あきつ》御《み》神《かみ》トシ、且《かつ》日本国民ヲ以テ他ノ民族ニ優越セル民族ニシテ、延《ひい》テ世界ヲ支配スベキ運命ヲ有ストノ架空ナル観念ニ基クモノニ非ズ」（官報號外）

同詔書は、GHQの民間情報教育局が、天皇自ら神格性を否定する詔書を出すように日本側に要請したことに端を発する。原案をご覧になった昭和天皇は、そのまま了承なさらず「五箇条の御誓文」を冒頭に加えるように指示なさった。同詔書の冒頭に「五箇条の御誓文」の全文が掲げられたことは、御誓文を戦後日本の拠り所として示すことを意図するものだった。また、マッカーサー元師が「五箇条の御誓文」を称賛したことは、木下道雄《きのしたみちお》侍従次長が日記に書き残している。

ところで、内閣書記官出身で、詔書に関する豊富な実務経験を持つ木下侍従次長は、元来「現御神」「明神」などは、奈良時代の宣命《せんみょう》（詔）に多く見られるもので、「現《あきつ》御《み》神《かみ》と大八嶋国《おおやしまのくに》しろしめす天皇《すめらみこと》」「現神《あきつかみ》と御宇《あめのした》しろしめす倭《やまと》根《ね》子天皇《このすめらみこと》」「現《あきつ》神《かみ》と大八洲《おおやしま》しろしめす倭《やまと》根《ね》子天皇《このすめらみこと》」などと書いた十数の宣命が現存していることを示し、これらは「神の御心《みこころ》を心として、天《あめ》の下しろしめす天皇」という意味を持つ天皇の自称で、したがって『「現御神」』とは『天皇』を形容する形容詞ではなく、『しろしめす』に冠する副詞であった」と論じている（木下道雄『宮中見聞録』一九六八）。つまり、「現御神」とは、「神の御心を心として」統治に当たるのが天皇であるという文脈で用いられるものであって、あくまでも天皇の心構えを述べた言葉であるから、天皇自身が神であることを示す言葉ではない。実際、同詔書が発せられたことで、宮中の実務に何らかの変化が生じた事実はなく、宮中の祭祀が変化した事実もない。

問題の箇所は、天皇と国民の絆は相互の「信頼」と「敬愛」に基づくものであり、それ以外に基づくものではないというのが主旨である。天皇が「現御神」でないことを宣言するような文脈にはなっていない。そもそも、葦津珍彦《あしづうずひこ》氏が「天皇は地上にあって、高天ケ原の神を祭った御方《おかた》なので、神聖ではあっても、祭りの対象として神殿で祭りをうけられる方ではない」（『葦津珍彦選集』二）と述べるように、天皇は「祭り主」（拝む存在）なのであって、「祭られる主体」（拝まれる存在）ではない。戦前に「天皇は神だった」という思想はなかったのである。

❖勝者が敗者を裁く「東京裁判」

昭和二十年（一九四五）秋頃から、次々に戦犯容疑者が逮捕された。ポツダム宣言には、戦争犯罪人を処罰するとの条項があった。戦争犯罪は、平和に対する罪をA級戦犯、通例の戦争犯罪をB級戦犯、人道に対する罪をC級戦犯と分類された。これは罪の重さによる分類ではなく、戦争犯罪の種類による分類である。しかし、A級とC級は昭和十九年（一九四四）秋以降に整備されたもので、事後法で作られた新しい戦争犯罪だった。そのため、刑事裁判の基本原則である刑罰不遡及の原則に反するため、今日まで批判が絶えない。

戦犯逮捕の過程では、敵軍の裁きを受けることを拒絶し自決した者もいた。例えば、近衛文麿元首相は服毒自殺、開戦時の参謀総長だった杉山元《すぎやまはじめ》は拳銃自殺、東條《とうじょう》英機《ひでき》内閣の文部大臣だった橋田邦彦《はしだくにひこ》は服毒自殺、東條内閣の厚生大臣だった小泉親彦《こいずみちかひこ》は割腹自殺、満洲事変の時の関東軍司令官だった本庄繁《ほんじょうしげる》は割腹自殺を遂げた。また、開戦時の首相だった東條英機は拳銃で胸を撃って自決を図るも、僅かに急所を逸れたため一命を取り止め未遂に終わった。

戦場となった各地の軍事法廷で開かれたBC級戦犯裁判では、計五四一六人が訴追され、五千数百名が有罪となり、内九三七名が処刑された。ただし、この数字にはソ連および中共軍による日本人戦犯裁判を含んでいない。これらについては、現在でも詳細は不明である。

ＢＣ級の裁判は、まともな弁護を受けられなかった例や、通訳の不備、一方的な密告、そして明らかな報復的処罰も含まれ、不十分な証拠だけで有罪とされた裁判も多かったと指摘される。例えば、栄養失調の捕虜にゴボウを使った料理を提供したことにつき、オーストラリア人捕虜から「木の根を食べさせられた」と告発され、新潟県の直江津《なおえつ》捕虜収容所の所員八名が捕虜虐待の罪で処刑された。また、長野県の満島《みつしま》捕虜収容所の所員一名が、やはり捕虜にゴボウを食べさせたことが虐待として扱われ無期懲役の判決を受けた。当時ゴボウは高価で、少しでも捕虜に栄養を付けさせたいと思った収容所所員の親切心だったが、それが仇となった。また、豆腐を「腐った豆」と誤訳されて問題となった事例や、肩凝りや腰痛の捕虜に灸を据えた収容所所員が捕虜虐待の罪に問われ有罪とされた事例もあった。

そして、Ａ級戦犯を裁く極東国際軍事裁判は、昭和二十一年（一九四六）五月三日、東京市ケ谷《いちがや》の旧陸軍省で開廷した。この裁判は一審制で、通称「東京裁判」と呼ばれる。判事団の長はオーストラリアのウエッブ判事が務め、首席検事には米国のジヨセフ・Ｂ・キーナンが任命され、東條元首相をはじめ二八名が起訴された。東京裁判は法理的には大きな矛盾を抱えていたが、言論統制下にあった日本では、東京裁判を批判すること自体が禁止されていた。

日本人弁護団は、連合国人弁護団と協力して、大東亜戦争は自衛のための戦争だったと主張し、またA級戦犯が事後法である点を鋭く指摘した。しかし、判事団は検事側が主張した、政府と軍の首脳が共同謀議により侵略戦争を始めたとの主張を全面的に採用した。インドのパール判事のみが全員無罪の見解を提出したが、法廷でそれが朗読されることはなかった。昭和二十三年（一九四八）十一月十二日の最終判決で二五名が有罪とされ、東條元首相以下七名には死刑判決が下り、十二月二十三日に絞首刑となった。その他、一六人が終身刑、二人が有期禁固刑となった。

日露戦争で勝利を収めた際、明治天皇が敵将の名誉を毀損しないようにご下命になったことは本書に記した通りである。対して連合国は戦争に勝って、日本の将兵にこのような仕打ちをした。

東京裁判の宣誓供述書で東條は、天皇の戦争責任について「決定したる国策については、内閣及《および》統帥部の輔弼《ほひつ》及輔翼《ほよく》の責任者に於《お》いて其《そ》の全責任を負ふべきものでありまして、天皇陛下に御責任はありませぬ」とした上で、第一に、天皇が内閣の組閣を命じるに当たっては必ず重臣の推薦および内大臣の進言によって決められるのであり、天皇がこれらの推薦や進言を退け、自らの意思で組閣を命じた例は未だなく、またそれは統帥部の輔翼者の任命についても同様であること、第二に、国政に関する事項はこのようにして成立した内閣および統帥部の輔弼輔翼によって行われるのであり、天皇が独自の考えで国政や統帥に関する行動をすることはなく、このことは帝国憲法に明文があり、また内閣および統帥部の決定した事項について天皇が拒否権を行使することはないこと、第三に、天皇が御希望または御注意を表明することがあるが、これも全て輔弼の責任者である内大臣の進言によって行われるものであり、しかもこれら御希望や御注意を拝した輔弼者と輔翼者が更にこれを検討し、再び進言して御裁可を得るものであり、天皇がこれを拒否した事例はないことなどを述べ「一九四一年(昭和十六年)十二月一日開戦の決定の責任も亦《また》内閣閣員及《および》統帥部の者の責任でありまして絶対的に陛下の御責任ではありません」と述べている。

そして東條は、この戦争は自衛戦争であり国際法に違反した戦争ではないため、勝者より開戦の責任者として訴追される筋合いはないこと、しかし、敗戦の責任は、当時の内閣総理大臣だった自分に帰属することを供述して締めくくった(『東條英機宣誓供述書』一九四八)。

東條元首相の戦争指導には批判が多いが、最期は立派だった。第三次近衛内閣の後継内閣は誰が担当しても開戦は不可避だったと思われる。もし近衛の次が東久邇宮だったら処刑されたのは東久邇宮だったであろう。木戸内大臣が心配したように、皇族の処刑と共に皇室が消滅していたことは容易に想像が付く。東條英機は、全ての責任を背負って処刑されることで、天皇と皇室と日本を守ったといえる。処刑に当たっても七人とも立派だったと伝えられている。

ところで、今でも「戦犯」と呼ぶ人が多いが、刑の執行を終えたら復権するため、その後も犯罪者として扱うのは不当である。七名は既に刑の執行を終えているため戦犯ではない。

❖もし石原莞爾があの戦争を指揮していたら

満洲事変の首謀者である石原莞爾《いしわらかんじ》は、当初戦争犯罪人リストに載っていたが、リストから外され、東京裁判では証人として出廷した。石原は膀胱癌の治療で東京飯田橋の逓信《ていしん》病院に入院中だったが、東京裁判初日の五月三日から、病室での尋問を受けた。「今度の戦犯の中で、一体誰が第一級と思うか」という検事の質問に対して、石原は「それはトルーマンだよ」と言い放った。検事がその理由を問うと、石原は枕元から一枚のビラを取り出して見せてこう言った。

「こう書いてある。『もし、日本国民が銃後において軍と共に戦争に協力するならば、老人、子供、婦女子を問わず、全部爆撃する、だから平和を念願して反戦態勢の機運を作れ』と。トルーマン大統領名で書かれている。これは何だ。国際法では、非戦闘員は爆撃するな、と規定があるにもかかわらず、非戦闘員を何十万人も殺したではないか。国際法違反である。このビラがそうだ。立派な証拠である」

面食らった検事が「あれは脅しだ」と反論すると、石原は「そうではない。このビラの通りに実行したではないか」「トルーマンの行為は第一級の戦犯だ」と畳みかけた（早瀬利之《はやせとしゆき》『石原莞爾　マッカーサーが一番恐れた日本人』二〇一三）。

そして昭和二十二年（一九四七）五月一日から二日にかけて、山形県酒田《さかた》市で、東京裁判酒田特別法廷が開かれた。石原の病状が悪化したため、法廷が東北まで出張することになった。東京裁判を出張させたのは石原だけである。石原は対米戦争の勝算について「日本の戦力はアメリカに対して非常に劣弱でありましたけれども、作戦宜しきを得れば、必ずしも敗北するものではなかった」と述べた。各国の記者が集まる中、「戦争の天才」のこの言葉に、法廷内がどよめいた。特別法廷の一日目が終わった日の夜、UP通信とAP通信の記者が石原の宿を訪問し、もし石原がこの戦争を指揮したらどうしていたか問うたところ、石原は次のように答えた。

「石原が戦争をやったのだったら、補給線を確保するために、ソロモン、ビスマーク、ニューギニヤの諸島を早急に放棄し、戦略資源地帯防衛に転じ、西はビルマの国境からシンガポール、スマトラ中心の防御線を構築、中部は比島〈フィリピン〉の線に退却、他方、本土周辺、およびサイパン、テニヤン、ガム〈グアム〉の内海洋諸島をいっさい難攻不落の要塞化し、何年でも頑張りうる態勢をとるとともに、外交的には支那事変解決に努力傾注する。とくにサイパンの防備には万全を期し、この拠点は断じて確保する。日本が真にサイパンの防備に万全を期していたなら、米軍の侵入は防ぐことはできた。〔中略〕米軍はサイパンを奪取できなければ、日本本土爆撃は困難であった。それ故サイパンさえ守り得たらぼろなガタガタな飛行機でも、なんとか利用できて、レイテを守り当然五分五分の持久戦で、断じて敗けてはいない」（高木《たかぎ》清寿《きよひさ》『東亜の父　石原莞爾』一九八五）

確かに、日本はマリアナ諸島の重要性を認識していながら、マリアナ諸島を死守する有効な行動を取らなかった。石原の戦争理論は「集中と突破」である。石原なら広い太平洋で戦線を伸ばしきるような愚かな作戦を立てることはないだろう。米軍による反攻が始まった昭和十七年（一九四二）の時点で、日本が戦線を一気に縮小し、マリアナ諸島に強靭な要塞を築いていたら、米国の補給路は伸びて、太平洋の広さに今度は米国が苦しむことになったと思われる。もしマリアナを守ることができたなら、日本本土がＢ29の航続距離に入ることはなく、東京をはじめとする全国の都市への空爆、そして広島と長崎への原爆投下は実行不可能だった。石原の話はまだ続いた。

「戦時中日本軍人が多くの悪いことをしたことは否定しない。〈中略〉しかし一国の末端兵士が、戦場の興奮によって、非戦闘員を侵害するということは往々にしてあり得ることだ。無論、いむべき行為である。トルーマンの行為こそ、戦犯第一級中の第一級の行為である。今日いかに戦勝国がこれを抗弁しようとも、第三者と、後世の人類によって、歴史的審判を受けることは、まぬがれるものではない。一国の大統領ともあろう者が、かかる野蛮行為を敢えてして、しかも少しも恥ずるところがない。われわれはかかる者を相手にして戦ったことは、なんとしてもはずかしい」（前掲書）

石原は敗戦国の元軍人ながらも、一つも臆することなくこの調子で二時間半も語り続けた。記者たちにも納得できる話が多かったようで、記者の一人は別れ際に「炎天に水を浴びたような気持ちです」と言い、丁寧に礼を述べたという。しかし、石原の発言は、言論が統制されている占領下の日本で報道されることはなかった。東京裁判への批判だけでなく、米国への一切の批判は発禁の対象であり、まして原爆投下への批判は禁忌だった。

❖大日本帝国憲法の改正

日本側はポツダム宣言を受諾しても帝国憲法を改正する必要はないものと考えてい

たが、ＧＨＱは憲法の改正を要求した。日本政府は部分的な修正で良いと考え、改正案を用意したが、ＧＨＱはこれを却下し、ＧＨＱが作成した憲法草案を日本政府に交付して憲法改正を要求した。

マッカーサー元帥が憲法起草を担当するＧＨＱ民生局に示した「日本の憲法改正に際して守るべき三原則」（マッカーサー・ノート）には、第一に、天皇は国家元首であり、皇位は世襲され、天皇の権能は憲法に基づき行使されること、第二に、戦争を放棄し、軍を保持せず、交戦権も持たないこと、第三に、日本の封建制度は廃止されること、と書かれていた。民生局はこの指針に従って憲法を起草した。

日本政府はＧＨＱ草案を元に、日本政府案の草案を作成した。それをＧＨＱとの交渉を経て若干の修正が施され、内閣草案が整った。枢密院で可決された内閣草案は、帝国議会の衆議院に「帝国憲法改正案」として勅書を以って提出された。衆議院で若干の修正を加えて可決し、貴族院に送付した。貴族院でも若干の修正を加えて可決し、参議院が貴族院での修正に同意し、帝国議会での審議が終わった。改正案は再び枢密院で審議され、帝国議会での修正を枢密院が同意したため、憲法改正の審議は全て終わり、全ての条文が確定した。そして、昭和天皇の裁可を経て昭和二十一年（一九四六）十一月三日に日本国憲法として公布され、昭和二十二年（一九四七）五月三日に施行された。

確かに、日本国憲法は連合国に押し付けられた側面もある。しかし、内閣や枢密院での審議、そして議会での審議は、文章だけでなく、単語や句読点の位置を巡って、膨大な時間を使って審議を重ね修正したものである。議会での審議の内容は『逐条日本国憲法審議録』（全四巻）にまとめられているが、三二〇〇頁を超え、四〇〇万字以上になる。しかも、衆議院での審議の途中に総選挙も経ている。多様な問題が選挙の争点になったが、憲法改正も争点の一つになった。

マッカーサー元帥の示した原則により、天皇は残されたと同時に、第九条には戦力の不保持、交戦権の否認などが明記されることになった。現在、第九条については改正が議論されているが、天皇に関する条文などは、GHQ草案と比較すると大きく変化している。意に反して明け渡した条文がある一方で、日本民族の誇りにかけて死守した条文もある。

連合国総司令部は、日本を高度な民主国家にするため、大規模な皇室改革に着手した。先ず皇室財産を凍結し、皇族の財産上の特権を剝奪した。これで宮家への歳費は打ち切りとなった。また皇室の資産のほとんどは国庫に納められ、一四宮家の内の一一宮家五一名の皇籍離脱が決定した。どの宮家を存続させるかは議論があったが、天皇の直宮《じきみや》（弟宮）である秩父宮《ちちぶのみや》、高松宮、三笠宮《みかさのみや》の三家を残し、それ以外は全て廃止と決まった。重臣会議で鈴木貫太郎《すずきかんたろう》元首相が「皇統が絶えることになったらどうであろうか」と質問すると、加藤進《かとうすすむ》宮内次官は「かつての皇族の中に社会的に尊敬される人がおり、それを国民が認めるならその人が皇位に就いてはどうでしょうか」と述べ、また皇籍離脱する皇族について「万が一にも皇位を継ぐべきときがくるかもしれないとの御自覚のもとで身をお慎みになっていただきたい」と述べた（加藤進「戦後日本の出発」一九八四）。

昭和二十二年五月三日、新憲法、新皇室典範、皇室経済法が施行された。これにより華族制度が廃止され、およそ四九〇家の華族が爵位と財産上の特権を失った。一一宮家が廃止されたのは十月十四日のことである。十八日には赤坂離宮で昭和天皇御主催のお別れの晩餐会があり、昭和天皇から「みなの身分は変わることになったが、自分の気持ちはこれまでと全く同じである。どうか、これからも、いつでも会いに来るように」（竹田恒徳『雲の上、下思い出話』一九八七）との御言葉があった。皇室と旧一一宮家の交流は、菊栄《きくえい》親睦会という会を通じて今も続いている。

❖新憲法成立の法理と象徴天皇

新憲法の施行は、戦後の皇室の在り方を大きく変えた。新憲法が成立したその法理をどのように理解するかは、憲法学界でも意見の分かれるところである。主権者の変更は憲法改正の限界を超えるものであり、昭和二十年（一九四五）八月に革命が起きて、旧憲法が廃止され、国民が新たに憲法を制定したと理解するほかないという宮沢《みやざわ》俊義《としよし》教授の「八月革命説」が現在は憲法学上の通説となっている。

だがこの考え方は、新旧憲法の法的連続性を否定し、天皇は昭和二十年に一度廃止されて、新憲法の施行と共に新たに成立したものであると理解するため、旧憲法までの天皇と、新憲法からの天皇は全く別のものと捉える。その結果、皇室制度の運用に当たっては、一切の歴史的慣習に拘束されないとの結論を導く。

他方、新憲法は総司令部の草案がそのまま通ったようなもので、押し付け憲法であるから無効だとの主張もある。憲法学界では全く支持する学者のいない説だが、専門を別にする保守系の識者には一定の人気がある。保守の思想からの帰結であることは理解できるが、この考え方は結果として八月革命説を補強する。

新憲法は旧憲法の改正案として議会に提出、可決され、昭和天皇が御裁可になったものであり、新旧憲法の間には法的連続性が認められる。また、新憲法に移行したことは、政体の変更を伴うことは明確だが、国体の変更は伴わないため、憲法改正の限界を超えるものではない。革命などという理論を持ち出さなくとも、憲法改正は矛盾なく説明できる。しかも、新憲法には憲法改正手続きが明記されているにもかかわらず、戦後七十年以上改正されていないため、国民の承認があったと理解するほかなく、既に一定の法的安定性を持つ。

よって、憲法成立の法理は憲法改正によるものと理解するのが妥当であり、八月革命説と憲法無効論は否定されるべきである。憲法改正により成立したのが日本国憲法であるとの考えは、八月革命説に対して改正憲法説と呼ばれている（拙著『天皇は本当にただの象徴に堕ちたのか』二〇一七）。

ところで、ポツダム宣言受諾により日本は「無条件降伏」したと理解している人が多いが、それは誤りである。ポツダム宣言には「吾等《われら》ノ条件ハ左ノ如シ」とあるように、「条件」が明記されている。同宣言中には日本軍は「無条件」で武装解除すべきことが書かれているが、それはあくまで日本軍であり大日本帝国ではない。我が国は国家を存続させるために同宣言を受諾したのであって、同宣言受諾によって国家を明け渡した事実はないのである。よって、帝国憲法から日本国憲法への変更は新憲法の制定ではなく、また大日本帝国から日本国への変更も新国家の樹立ではあり得ない。そこには確実な連続性がある。

象徴天皇と国民主権

新憲法の施行により、天皇主権から国民主権に移行し、天皇は統治権、統帥権を持つ存在から「象徴」になったと理解され「天皇はもはや象徴に過ぎない」ともいわれる。だが、天皇は古《いにしえ》より日本国の象徴、日本国民統合の象徴であり続けたのであり、新憲法施行によって象徴になったわけではない。

　むしろ、天皇が政治と軍事に関わるのは例外中の例外である。これまで記してきたように、古代には早くも天皇不親政の原則が成立し、その後、大臣、関白、武家など臣下が政治を動かしてきた。また天皇が軍を直接指揮したことはほぼない。その上、新旧憲法を通じて、天皇が政府と統帥部の決定を覆した例はなく、超法規的に政治に介入したのは次の二回のみである。すなわち天皇が政府と統帥部の決定を白紙に戻した「白紙還元の御諚《ごじょう》」と、政府と統帥部が決定不能な事項を天皇が決定した「ポツダム宣言受諾の御聖断」である。中でも、天皇が国策そのものを決定なさったのは「ポツダム宣言受諾の御聖断」だけである。このように、天皇は他国の国王に比べれば非政治的である。だがそれにもかかわらず、社会に対して最も強い影響力を持ち、最も強い国民意識に支えられている。また、天皇が日本国の象徴であることは、実に尊いことではなかろうか。国家元首が国家を象徴している国はそう多くはない。筆者には、米国大統領は国家と国民統合を象徴しているとは到底思えない。中国も然りである。「象徴」という言葉自体が総司令部の押し付けという主張もあるが、元は新渡戸稲造《にとべいなぞう》が天皇の存在を「symbol」と書き記したものを引用したのであり、連合国が作った新概念ではない。例えこれが押し付けだとしても、それは怪我の功名のようなもので、これほど日本の天皇の在り方を的確に表現する言葉は他にない。象徴天皇は日本の誇りである。

「天皇は日本国の象徴」とは「目に見えない一つの国民の姿」（主権者）を、目に見える形で表すのが天皇であることを意味する。「多数意見」と「主権者の意思」は異なる。つまり、多数意見が国会の決議を経て主権者の意思となるのであり、主権者の意思は一つしかない。そして、主権者の意思を確定する過程で役割を果たすのが一人ひとりの国民である。したがって、目に見える国民は主権者ではなく「主権によって統治される国民」ということになる。

「国民主権」という場合の国民とは、国家意思の主体であり「目に見えない一つの国民の姿」であって、目に見える国民のことを指すのではない。国会議員は、統治される国民の代表であり、主権者たる国民を目に見える形で表すのが天皇なのである。これが象徴天皇の本質である。

❖ウズベキスタンにおける日本人の活躍

旧ソ連で今は独立国になっているウズベキスタンの首都タシュケントには、シベリアに抑留された日本人の強制労働により建てられたオペラ劇場の「ナヴォイ劇場」がある。一四〇〇人収容可能な煉瓦《れんが》造りの美しい劇場である。旧ソ連ではモスクワ、レニングラード（現サンクトペテルブルク）、キエフ（キーウ）のオペラ劇場と共に四大劇場の一つとされている。

ウズベキスタンに連行された日本人抑留者は約二万三〇〇〇人で、その内、栄養失調、病気、事故などで八八四人が落命している（村山常雄「シベリア抑留死亡者名簿」）。ナヴォイ劇場の建設には永田行夫《ながたゆきお》隊長が統率する第十野戦航空修理廠《しゅうりしょう》の工兵を中心とした四五七人の第四収容所の日本人捕虜が充てられた。

著者はウズベキスタンに行きナヴォイ劇場を訪問したことがあり、現地のウズベキスタン人から当時の日本人の働く姿が今にまで語り継がれていると聞いた。曰く、日本人の抑留者たちは、強制労働であるにもかかわらず、手抜きもせずに黙々と仕事をしていたという。第四収容所の日本人捕虜は工兵だけでなく、農民や工場の労働者など様々で、建設に関する専門的な知識や経験を持っている人も多く含まれていた。

満洲で陸軍の通信員をしていた大塚武は、途中で第八収容所から第四収容所に移され、劇場の建設に携わるようになった。大塚は後年、仲間とは「仕事をしっかりやろう」と声を掛け合ったことや、日本人の働き振りは評判で、地元民から魚の干物やウォッカなどの差し入れがあった他、結婚の申し出まであったと述べ「若い頃に見聞を広げることができた。強制労働とはいえ、今も地元民に大切にされる劇場建設にも携われた。抑留者の中では幸せな部類だったのではないか」と語った（『朝日新聞』平成二十六年五月三十日付）。例え強制労働であっても手抜きをしないというのが、日本人の流儀なのである。

ソ連の社会主義原理によれば、報酬は労働の成果に応じて配分されるという。そのため、ノルマを達成できない捕虜は食事が減らされた。しかし、各人持ち場が異なり、ノルマ達成の難易度もまちまちだった。そのため、これを放置すると不満が鬱積するだけでなく、重労働な上に食事を削られると体力が落ちてより効率が落ちてしまう。それを危惧した永田隊長は、皆と話し合って食事の量を平等にしようとしたが、永田は収容所所長から呼び出しを受けることになった。

そこで永田隊長は、頓智《とんち》を利かせて、ソ連では個人が自己の所有物を処分するのは自由であること、多く食事をもらった者が個人の食事を分け与えただけであると述べ、所長を納得させた。しかも、ノルマ達成の程度を調べて食事の量を調整しても、今後は同じ量になるように皆で調整するので、いっそのこと最初から同じ食糧を配って欲しいと述べ、認められた。

彼らは戦争に敗れても日本人としての誇りを捨てることなく、丁寧な仕事をして、ロシア人、ウズベキスタン人たちと共に、昭和二十二年（一九四七）に見事なナヴォイ劇場を完成させた。

しかし、昭和四十一年（一九六六）にタシュケント近くを震源とする大地震が発生し、タシュケントの建物のおよそ三分の二が倒壊した。ところが、ナヴォイ劇場は全くの無傷で、見渡す限りの瓦礫の山の中で、凜と輝いていたという。これを見た現地の人々は、日本人の捕虜がこの劇場の建設に携わったことを思い出し、畏敬の念を新たにしたという。地震国から来た日本人の丁寧な仕事は、劇場が無傷で残ったことと関係があると思われる。

筆者は現地で、ウズベキスタンの人たちは、当時から子供たちを教育するのに「将来日本人のような立派な大人になれ」と教えていると聞いた。そしてそれは今でも続いているという。ウズベキスタンでは日本人はそれほど尊敬されているのである。

劇場の記念プレートにはウズベク語、ロシア語、英語で「日本人捕虜が建てた」旨が書かれていたが、独立後、これを見た初代カリモフ大統領は、ウズベキスタンは日本と戦争をしていないし、日本人を捕虜にした事実もないと述べ、「捕虜」という言葉を改めるように指示したと伝えられる。平成八年（一九九六）に作り替えられた新しいプレートには次のような文字が、ウズベク語、日本語、英語、ロシア語の順で刻まれている。

「一九四五年から一九四六年にかけて極東から強制移送された数百名の日本国民が、このアリシェル・ナヴォイー名称劇場の建設に参加し、その完成に貢献した」

冷戦と朝鮮戦争

連合国は、昭和二十年（一九四五）十月、国際平和を維持するために国際連合（国連）を設立した。国連には安全保障理事会が設置され、連合国の米、ソ（現在はロシア）、英、仏、中の主要五カ国が、その常任理事国となり、拒否権という強い権限を握った。また、国連憲章では、戦争を違法とした。

悲惨な世界大戦が終結して、国際連合が設立されたことで、世界に平和が訪れたと誰もが思った。ところが、ソ連は世界を共産主義化する目標を掲げて、東欧を支配し、米国は西欧との関係を深めた。昭和二十四年（一九四九）、米国を中心とした軍事同盟の北大西洋条約機構（NATO）が発足すると、これに対してソ連も核兵器を開発して、昭和三十年（一九五五）にワルシャワ条約機構（WPO）を発足させてNATOに対抗した。

支那大陸では、抗日で一時共闘していた二つの勢力が内戦を始めた。蔣介石《しょうかいせき》率いる国民党と、毛沢東《もうたくとう》率いる共産党の抗争である。昭和二十四年に、毛沢東が中華人民共和国の成立を宣言し、国民党は敗退して海を渡って台湾に落ち延びた。以降、大陸と台湾は、今も二つの国に分離したままである。

このように、米国、英国、フランスを軸とする自由主義陣営（西側）と、ソ連と中国を軸とする共産主義陣営（東側）が対立する冷たい戦争が始まった。これを冷戦という。東西冷戦は時間と共に激化していった。米国とソ連は核兵器の開発競争に明け暮れ、分割統治されていたドイツでは、東西のベルリンを隔てるベルリンの壁が作られた。これは、東ドイツから西ドイツへの亡命を阻止するためのもので、亡命者は容赦なく射殺された。

終戦時に日本の一部だった朝鮮半島は、日本がポツダム宣言を受託したことでその領有権が放棄されたため、米国とソ連の合意によって、北緯三八度線より北をソ連、南を米国が占領することになった。そのため、北にいた日本軍はソ連軍に、南にいた日本軍は米軍に降伏することになった。これが朝鮮半島分断の始まりとなる。南には米国が主導して韓国が成立し、北にはソ連が援助して北朝鮮が成立したが、昭和二十五年（一九五〇）六月に北朝鮮軍が三八度線を突破して南に侵攻し、朝鮮戦争が勃発した。ここに米国を中心とする国連軍が南に加勢し、また中国が義勇軍を送り込んで北朝鮮に加勢して、大規模かつ広範囲にわたる戦争に発展した。結局、三八度線付近で膠着状態となり、昭和二十八年（一九五三）に休戦協定が結ばれ、戦闘は終結した。しかし、朝鮮半島は分断され、現在に至る。

朝鮮戦争の時に、マッカーサー元帥の指示により日本に警察予備隊が発足した。これが後に自衛隊になる。また、日本は朝鮮半島の後方支援基地となり米軍が日本で物資を調達したため、日本経済の復興を後押しした。

❖講和条約と日米安保条約

そして、昭和二十六年（一九五一）九月八日、吉田茂《よしだしげる》首相がサンフランシスコ講和会議に出席し、サンフランシスコ講和条約に署名した。翌年四月二十八日に発効して、我が国は独立を回復した。また、日米安全保障条約も同時に締結されたため、その後も日本国内に米軍基地が残ることになった。また沖縄、奄美《あまみ》、小笠原《おがさわら》諸島は引き続き米国の統治下に置かれた。

講和条約では、日本は朝鮮の独立を認めた他、台湾、千島列島、南樺太、澎湖《ほうこ》諸島、南洋諸島などの権利を放棄したが、ソ連は同じ共産主義国である中華人民共和国が不参加であることを理由に、会議の無効を訴えてこれに署名しなかったため、千島列島と南樺太の帰属は未確定のまま今に至る。現在に至っても、日本とロシアの間には平和条約が締結されていない。ソ連は日ソ中立条約を破って日本に侵攻し、日本がポツダム宣言を受諾した後も日本への攻撃を止めず、南樺太と千島列島と北方領土を軍事力で奪っただけでなく、多くの民間人を殺し、あるいは捕虜として強制労働させた。

南樺太と千島列島は条約や日露戦争で主権の変動があったが、少なくとも北方領土に関しては有史以来、我が国が一貫して領有していた我が国固有の領土である。北方領土は終戦のどさくさに紛れて、ソ連に不法に占領されてしまった。日本は昭和三十一年（一九五六）に日ソ共同宣言を結びソ連との国交を回復したが、その後も北方領土問題の進展はない。これにより、ソ連の賛成を得て日本は国際連合に加盟した。しかし、国連憲章には日本、ドイツ、イタリアなどを敵国として差別的に扱う敵国条項があり、その規定は今も残っている。

日本の占領が解除されると、韓国は李承晩《りしょうばん》ラインを一方的に宣言し、韓国は竹島《たけしま》を占拠した。歴史上、朝鮮王朝が竹島を領有した事実はない。竹島は江戸時代には既に日本の漁船などの停泊地として利用していて、アワビなどの採取にも利用されていた。明治時代に無主地だった竹島を、明治三十八年（一九〇五）の閣議決定で島根県に編入した。竹島は我が国固有の領土である。

終戦後の占領下では、竹島は米軍が演習で使用していたが、米軍が不在となり、自衛隊が発足するまでの期間は、日本には韓国の不法な武力占拠に対抗する手段がなかった。韓国はその隙を突いて竹島を奪い、現在も不法占拠を継続し、竹島問題は解決の糸口が掴めない状況にある。『海上保安白書』（昭和四十一年版）によると、日韓が国交を回復する昭和四十年（一九六五）までに、韓国当局は三二七隻もの日本漁船を拿捕《だほ》して三九一一人の漁師を拘束し、内八人が死亡した。

岸信介《きしのぶすけ》首相は昭和三十五年（一九六〇）、日米安全保障条約を改定し、日米がより対等な関係となり、日本の安全保障は盤石《ばんじゃく》なものとなった。これに反対したのは、日本共産党と日本社会党だった。米国の戦争に巻き込まれるというのが主な反対理由で、安保条約自体に反対だった。やがて労働組合や学生団体を巻き込んだ大規模な反対運動に発展し、国会で条約を承認する採決が行われると、国会は連日デモ隊に取り囲まれる事態となった。これが安保闘争である。岸首相は安保改定を実現させると総辞職した。

その後、昭和四十年にベトナム戦争が起きて、ソ連と中国の支援を受けた北ベトナムと、米国が支援する南ベトナムの戦いは、昭和四十八年（一九七三）に米軍が撤退し、共産主義勢力がベトナムを統一した。

世界大戦を契機に、欧米列強の植民地だった国々が次々と独立した。アジアでは、昭和二十四年（一九四九）までに、かつてオランダの植民地だったインドネシア、米国の植民地だったフィリピン、英国の植民地だったインド、フランスの植民地だったベトナムが独立し、昭和三十二年（一九五七）には英国の植民地だったマラヤ（後のマレーシア）が独立した。アフリカも同様である。

終戦後、外地に残った残留日本兵の中には、ベトナム、インドネシアの独立のために戦った者もいた。ベトナムでは約七〇〇人、インドネシアには九〇三人の元日本兵が軍事教育と戦闘に従事し、戦死した者もあり、また生き残った者の中には、後年ベトナムやインドネシアから勲章を受けた者もいた。

❖高度経済成長と石油危機

日本経済は戦争が終結してから猛烈な勢いで発展した。そして、短期間の内に再び欧米列強に並ぶ経済大国になった。特に、昭和三十年代から四十年代にかけて、高い経済成長率を維持していたのを、高度経済成長と呼ぶ。

そして、昭和三十九年（一九六四）に、アジア初となる東京五輪が開催された。昭和十五年（一九四〇）の東京五輪は準備段階で戦争を理由に辞退したので、まさに念願が実現したといえる。東京大空襲により、東京の大部分は焼け落ちたが、東京五輪の頃までには高層ビルが建ち並ぶ新しい東京に生まれ変わっていた。大会に合わせて東海道新幹線と首都高速道路が開通した。これらによって戦後の我が国の復興を世界中に示すことができた。しかし、東京五輪の期間中に、中華人民共和国は初の核実験を実施し、米ソ英仏に続いて世界で五番目、アジア初の核保有国になった。また、昭和四十五年（一九七〇）にはアジアでは初となる万国博覧会が大阪で開催された。

昭和四十三年（一九六八）、日本は国民総生産（ＧＮＰ）で西ドイツを抜いて世界第二位の経済大国になった。終戦直後は、その月の国民の食料確保の目途が立たない貧しい国だった。経済再生を目指すも、社会インフラは破壊されていたため、ほとんどの地域では瓦礫の処理から始めないといけない状況だった。復興を成し遂げようと一体となった日本人の団結力や、高い勤労意欲、そして品質管理に対する強い拘《こだわ》りなどが、日本製品に対する信用を高めていったのである。我が国は揺るぎのない経済大国として国際社会に重きを置くことになった。

ところが、昭和四十八年（一九七三）に中東戦争の影響によって、原油価格が高騰する石油危機（オイルショック）が起きたことで、日本国内は大混乱になった。日本は石油資源に乏しく、ほとんどを中東からの輸入に頼っていたため、中東の石油に依存していることの弱さも露呈した。以降、経済成長率も低調になり、高度経済成長の時代は終わった。日本が徹底した省エネに乗り出したのも、石油危機が切掛だった。

❖昭和の戦後の日本文化

自然科学では、昭和二十四年（一九四九）に湯川秀樹《ゆかわひでき》が、日本人として初めてノーベル賞を受賞した。その後、多くの日本人がノーベル賞を受賞することになる。

戦後の昭和時代ではメディアが大きく発達した。終戦時のメディアは新聞とラジオが主役だった。ラジオも日本放送協会（ＮＨＫ）のみだったが、昭和二十六年（一九五一）に中部日本放送（現ＣＢＣラジオ）、新日本放送（現毎日放送）、ラジオ東京（現

ＴＢＳラジオ）の民放放送局が相次いで放送を開始した。また、昭和二十八年（一九五三）には初の地上波のテレビ放送が始まった。ＮＨＫと日本テレビがテレビ放送を開始した。当時はテレビが高価だったため、街頭に設置された街頭テレビを大勢の人が取り囲んで観るようになった。その後、徐々に家庭への普及が進んでいく。

昭和三十四年（一九五九）、皇太子明仁《あきひと》親王殿下（現在の上皇陛下）の御成婚でミッチー・ブームが起こった。「ミッチー」とは正田《しょうだ》美智子《みちこ》様（現在の上皇后陛下）の愛称である。御成婚パレードの中継を観ようと、テレビの販売が急増して二〇〇万台を突破し、一気に家庭に普及した。昭和三十五年（一九六〇）には、米国、キューバに次いで世界で三番目に早くカラーテレビの放送が始まった。

映画では黒澤明《くろさわあきら》監督の『羅生門《らしょうもん》』が、ベネチア映画祭グランプリとアカデミー外国語映画賞を受賞し、「世界のクロサワ」と呼ばれた。また『七人の侍』は世界の映画史上の名作として今でも内外から高い評価を受けている。映画は多くのヒット曲を世に送り出した。美空《みそら》ひばりの「東京キッド」は戦後混乱期の日本人に夢と希望を与え、藤山一郎《ふじやまいちろう》の「青い山脈」は長く世代を超えて愛され、発売から四十年経った平成元年（一九八九）に発表されたＮＨＫの「昭和の歌・心に残るベスト２００」でも第一位となった。

絵画では、「青の画家」ともいわれた昭和を代表する日本画家の東山魁夷《ひがしやまかいい》は、描くことは「祈り」であるという言葉を遺した。東洋と西洋の芸術を融合させた藤田嗣治《ふじたつぐはる》は、日本人が見れば西洋の情緒があっても、西洋人の目には異国情緒に溢れる絵を描いた。版画の世界的巨匠といわれた棟方志功《むなかたしこう》は、木版の特徴を生かした作品に拘《こだわ》った。その他にも、日本のピカソといわれた岡本太郎《おかもとたろう》、また美人画では伊藤深水《いとうしんすい》や志村《しむら》立美《たつみ》が活躍した。

文学では、川端康成《かわばたやすなり》が昭和四十三年（一九六八）に『伊豆《いず》の踊子』『雪国』などの小説でノーベル文学賞を受賞した。敗戦と向き合った太宰治《だざいおさむ》や、日本人の美意識を追求した三島由紀夫《みしまゆきお》が活躍した他、純文学と大衆文学の両方の要素を持つ小説が書かれるようになり、松本清張《まつもとせいちょう》の推理小説や、司馬遼太郎《しばりょうたろう》の歴史小説も人気を博した。また、手塚治虫《てづかおさむ》の漫画や、宮崎駿《みやざきはやお》のアニメなどは日本発の文化として世界に高く評価され、その後の漫画文化、アニメ文化の礎となった。

❖中韓との国交樹立

日本はサンフランシスコ講和条約により国際社会に復帰し、多くの国と国交を再開した。ところが、朝鮮半島では朝鮮戦争があり、韓国と北朝鮮に分裂したが、日本政府は昭和四十年（一九六五）、韓国と日韓基本条約を締結して、韓国政府を朝鮮半島の唯一の政府として承認した。韓国は、日本固有の領土である竹島を不法占拠しているが、それでも国交を樹立させた。

この時、日本は日韓請求権協定という付随協約を結び、日本はかつて朝鮮半島に投資した資本と日本人の財産を放棄し、尚且つ五億ドル（当時の為替レートで一八〇〇億円）を供与し、三億ドルの民間融資を実施した。当時の韓国の国家予算は三・五億ドル程度だった。当時の日本の国家予算が三・七兆円であるから、その一割以上を韓国に渡した計算になる。どれほど巨額の支援を行ったか分かるであろう。韓国はこの支援を受けるに当たり、請求権協定において、国と民間の個人と法人の対日請求権を放棄することに合意した。それにもかかわらず、韓国は後年、いわゆる従軍慰安婦問題や、徴用工問題を蒸し返して金銭を要求するようになる。

昭和四十六年（一九七一）、国連総会で中華人民共和国を支那唯一の正統な政府とすることが決議され、中華民国が国連を脱退し、代わりに中華人民共和国が加盟して、安保理の常任理事国になった。日本は、昭和四十七年（一九七二）の日中共同声明により、中華人民共和国との国交を正常化させた。昭和五十三年（一九七八）には日中平和友好条約を締結している。

日本はアジアの他の国に先駆けて経済大国となり、多くの国に政府開発援助（ODA）を実施することで、アジアの発展に寄与してきた。経済的に復興を果たして国際社会でも一定の地位を築いた日本だったが、日本の精神文化が荒廃していることに危機感を持った作家の三島由紀夫《みしまゆきお》が、昭和四十五年（一九七〇）十一月、東京市ヶ谷の自衛隊東部総監部に立て籠もり、自衛官らに日本人の精神を取り戻すために決起を促す演説をした後、割腹自決を遂げた。三島は『サンケイ新聞』（夕刊、昭和四十五年七月七日付）の戦後二十五年の特集に「日本はなくなり、無機質な、からっぽな、ニュートラルな、中間色の、裕福な、抜け目がない或る経済的大国が極東の一角に残る」と寄稿している。当時、この文章に共感した人はそれほど多くなかったといわれるが、日本人の精神文化が見直されるようになった今、三島の言葉は私たちの胸に響くようになったのではないかと思う。

そして、沖縄の返還を内閣の最重要課題としたのは佐藤栄作《さとうえいさく》首相だった。琉球諸島は、サンフランシスコ講和条約以来、米国の施政下に置かれていた。佐藤は昭和四十年（一九六五）、「沖縄の祖国復帰なしには戦後は終わらない」と宣言した。沖縄では、本土復帰への県民の思いが募り、祖国復帰運動が拡大していった。そして昭和四十三年（一九六八）に小笠原諸島が、また昭和四十七年に沖縄が本土復帰を果たした。

東西冷戦は、共産主義の最大の弱点が露呈し東側の自滅により終焉を迎える。ソ連が実践した共産主義は、人々の自由を制限して国家の統制下に置き、人々の勤労意欲は低下していった。その結果、ソ連経済は行き詰まってしまった。ゴルバチョフ政権はこれを立て直そうと改革を実施したが、自由化を求める声は強く、国内は混乱した。それは東側諸国も同じで、自由化やソ連の影響下から独立しようとする動きが現れた。

❖靖國神社御親拝

戦後、昭和天皇は数年置きに計八回、靖國神社を御親拝《ごしんぱい》になった。しかし、昭和五十年（一九七五）十一月二十一日を最後に御親拝が途絶えた。その後は、平成と令和を通じても一度も御親拝は行われていない。

その理由については、昭和五十年（一九七五）八月に三木武夫《みきたけお》首相が靖國神社を参拝した際、批判をかわすために「総理としてではなく、個人として参拝した」と発言したことが指摘されていた。首相は個人として参拝可能でも、天皇に「私」はないため、個人として参拝は不可能であり、それが原因といわれた。昭和六十年（一九八五）に中曽根康弘《なかそねやすひろ》首相が公式参拝して以降、『朝日新聞』が焚き付けたことで、中国と韓国から抗議を受けるようになり、その後の首相の参拝は更に困難を増した。他方、昭和五十三年（一九七八）にいわゆる「A級戦犯」が合祀されたことがその原因であるとの説もあった。

宮内庁長官を務めた富田朝彦《とみたあさひこ》が昭和六十三年（一九八八）に記した『富田メモ』

と、侍従の卜部亮吾《うらべりょうご》による『卜部亮吾侍従日記』に、「A級戦犯合祀」が御親拝停止の原因であると読める記述があり、現在では御親拝の停止はこの合祀が原因であると考えられている。

しかし、昭和天皇は昭和二十年（一九四五）八月九日の御前会議で一回目の御聖断をお下しになった際「戦争責任者の処罰ということも、その人たちがみな忠誠を尽した人であることを思うと耐えがたいことである」と仰せになった（迫水久常《さこみずひさつね》『機関銃下の首相官邸』一九六四）。また、木戸幸一元内大臣が戦犯に指定されると、昭和天皇は木戸をお召しになり、晩餐の御相伴《ごしょうばん》を仰せ付けになった。藤田尚徳《ふじたひさのり》侍従長が、戦犯容疑者に指定されたため木戸はご遠慮申し上げるにあらずやと言上《ごんじょう》したところ、昭和天皇は「米国より見れば犯罪人ならんも我国にとりては功労者なり、若《も》し遠慮する様《よう》なれば料理を届け遣《つかわ》せ」と仰せになったという（『木戸幸一日記』下）。結局、木戸は判事一一名の内五人が「死刑」、六人が「無期懲役」と判断し、僅か一票差で死刑を免れた。また、昭和天皇は東條に対して悪く仰った記録は見えない。

『富田メモ』『卜部亮吾侍従日記』の記述と、戦犯として訴追された重臣たちへの昭和天皇の優渥《ゆうあく》な思し召しは、一見矛盾するように見えるかもしれない。しかし、昭和天皇は戦犯容疑者には気の毒との思いを抱きつつ、いわゆる「A級戦犯」が合祀されることで、ただでさえ風当たりが強かった靖國神社の参拝が、いよいよ不可能になったことを嘆いていらっしゃるのであり、そこには何の矛盾もない。

最後の御親拝となった際には、日本基督教協議会など六団体から宮内庁長官に参拝中止の要望書が提出された他、野党各党からも反対声明が出された。また、日本社会党の衆議院議員から、昭和天皇の靖國神社参拝に関する質問主意書が国会に提出された。三木首相の「個人」として参拝したとの発言と、いわゆる「A級戦犯」合祀と相まって、御親拝の継続が困難になったことは想像に難くない。将来、天皇陛下の御親拝が再開することができるとしたら、少なくとも総理大臣が公式に参拝して波風が立たなくなる必要があろう。

しかし、昭和天皇は御親拝を停止なさっても、毎年二回行われる春と秋の例大祭には必ず勅使を御差遣《ごさけん》になった。それは令和の御代《みよ》に至っても続けられている。勅使は首相よりも上座に着座することからも分かるように、勅使参向は重大な意味がある。昭和天皇は、例え形は変わろうとも英霊を祀る本質を変えないことを重視なさったのであろう。皇居からの遥拝によっても御拝は可能である。以来、四十年以上、勅使参向が野党や諸外国から批判されたことはない。

それでも、昭和天皇は靖國神社においでになれないことを晩年まで憂えていらっしゃった。昭和六十一年（一九八六）八月十五日に詠まれた御製がそのことを表している。

この年のこの日にもまた靖国のみやしろのことにうれひはふかし（『おほうなばら』）

そもそも靖國神社とは、国家のために殉難した人の御霊《みたま》を天皇がお祀りになる神社である。これは公務員と天皇との「約束」であり、明治天皇以来の歴代天皇は、この「約束」を守り続けていらっしゃる。それでも、私たちは将来天皇陛下が靖國神社を御親拝になれる環境を整えなければならない。いわゆる「A級戦犯」の御霊を分祀すべきとの論があるが、靖國神社は、コップの水から特定の水滴だけを取り除くのが不可能なように、分霊しても元の神霊は存在し続けるため、神道理論上分祀は不可能であると繰り返し表明している。恐らく、首相が参拝を継続し、常態化することで、中国と韓国に、批判することが無意味と思わせることが必要ではなかろうか。

❖昭和天皇の果たせぬ「つとめ」

昭和天皇の全国巡幸は、昭和二十一年（一九四六）の神奈川県を皮切りに、昭和二十九年（一九五四）までの約八年半かけて行われ、全行程は三万三〇〇〇キロメートル、総日数は一六五日に及んだ。戦争の惨禍に打ちひしがれた人々が、昭和天皇の激励によって気力を取り戻し、復興の足掛かりを築いた。昭和天皇を取り囲む群衆から、どこからともなく「天皇陛下万歳」の掛け声が起き、これに合わせて昭和天皇がシルクハットを高く掲げてお応えになる映像は、まさに君民一体となった美しいものだった。

昭和天皇のお姿を拝して生きる勇気を得た人がいた半面、疲弊しきった地域を巡り、傷付いた人たちと接する天皇のお気持ちは、いかばかりのものがあったろう。昭和二十二年（一九四七）十二月に昭和天皇が広島でお詠みになった御製《ぎょせい》がある。

ああ広島平和の鐘も鳴りはじめたちなほる見えてうれしかりけり（『おほうなばら』）

冒頭の「ああ」のところに、昭和天皇の言葉にならない広島への思いを感じることができると同時に、勇気付けに行って、逆に勇気付けられる複雑な思いが混在しているように思える。昭和天皇は全国巡幸を終えて還御《かんぎょ》なさるに当たり「顧《かえり》みれば、昭和二十一年以来全国各地を回り、直接地方の人たちに会い生活の実情に触れ、相ともに励ましあって国家再建のため尽くしたいと念願してきたが、今回の北海道旅行によって一応その目的を達成出来て満足に思っている」と、ご感想をお話しになった。

だが、ただ一カ所沖縄だけが、ご訪問になれないまま取り残されていた。沖縄は当時まだ米国の統治下にあり、本土に復帰するには、昭和四十七年（一九七二）五月十五日を待たなくてはならない。だが、本土復帰三年後の昭和五十年（一九七五）に皇太子同妃両殿下（現在の上皇上皇后両陛下）が、沖縄をご訪問になった時、ひめゆりの塔で両殿下に火炎瓶が投げ付けられる事件が起きた。この事件により、昭和天皇は毎年沖縄行幸をご希望になったにもかかわらず、警備上の都合で暫く見送られることになった。しかし、昭和天皇が強く思し召されたことと、県知事と県民から多くの陳情があったことで、遂に昭和六十二年（一九八七）に沖縄行幸が決定された。

しかし、昭和天皇はその念願が叶う直前に、病に倒れてしまい、長い闘病生活の末、御恢復《ごかいふく》になることなく、昭和六十四年（一九八九）一月七日に崩御あそばされた。激動の昭和時代は幕を閉じた。昭和天皇が病床でお詠みになった御製からは、その無念さが滲み出る。

思はざる病となりぬ沖縄をたづねて果さむつとめありしを（『おほうなばら』）

御製とは、祈りである。文学作品とも異なり、公表されることを前提としていない。御製は、天皇の誠の心から現れた言葉なのである。大和言葉で綴られた五七五七七の和歌は、『古事記』で神が詠んだ和歌の作法であり、神に通じる言葉といえる。

昭和天皇は数々の鎮魂の御製をお詠みになった。

この御製に見える、昭和天皇が果たすことができなかった「つとめ」を進んでお引き受けになったのが、平成の天皇陛下（現在の上皇陛下）だった。陛下は平成五年（一九九三）四月に、歴代天皇として初めて沖縄をご訪問になった。陛下の沖縄への思いは、琉歌《りゅうか》をお詠みになるところから察することができる。琉歌は沖縄地方に古《いにしえ》より伝承される叙情短詩型の歌謡で、八八八六を基本型として詠まれる。陛下は長年独学で琉球の言葉をお習いになり、これまでに多くの琉歌をお詠みになった。その一首に、六月二十三日の沖縄戦終結の日に行われる沖縄全戦没者追悼式の前夜祭で毎年詠まれる陛下の琉歌がある。

フサケユルキクサミグルイクサアトゥクリカイシガイシウムイカキテイ
（ふさかいゆる木草めぐる戦跡くり返し返し思ひかけて）

昭和天皇が果たせなかった「つとめ」は、このように、平成の天皇陛下がしっかりとお果たしになった。

16 平成時代

❖天安門事件とソ連邦崩壊

昭和天皇が崩御《ほうぎょ》なさった昭和六十四年（一九八九）一月七日、皇太子明仁《あきひと》親王殿下が直ちに御即位になった。平成《へいせい》の天皇陛下である（現在の上皇陛下）。新しい元号は「平成」と発表され、翌日から元号が改められた。

即位礼は、平成二年（一九九〇）十一月十二日に歴史上はじめて東京で行われた。旧皇室典範には即位礼は京都で行う旨が明記されていたが、戦後に改められた皇室典範には開催場所について規定していない。世界各国から要人を招くため、警備上の必要性もあって東京で開催されることになった。そのため、御神鏡《ごしんきょう》を専用列車で京都に移御《いぎょ》する必要がなくなった半面、京都御所にある高御座《たかみくら》と御帳台《みちょうだい》を東京に運ぶ必要が生じた。即位礼を阻止しようとする過激派のテロ事件が起きていたため、高御座が狙われる危険性があった。そのため、厳戒態勢が敷かれ、陸上自衛隊がヘリコプターで空輸した。

平成元年（一九八九）は、世界の歴史において重要なことが相次いで起きた。一つは中華人民共和国で起きた流血事件である。四月に元中国共産党総書記の胡耀邦《こようほう》が死去したことが切掛となった。北京の天安門広場に民主化を求めて集まった学生を中心とした一般市民のデモに対して、六月四日、人民解放軍がこれを武力で鎮圧し多数の死者を出した六四《ろくよん》天安門事件が起き、世界を震撼させた。中国共産党の公式発表では、事件による死者は三一九名となっているが、当時厳しい報道規制が敷かれたので、客観的に評価することはできない。公開された英国の外交機密電報によると、駐中英国大使は本国への電報で「民間人死者の推計は最低一万人」と報告していて、また公開された米国の機密文書も類似した死者数を割り出している。この事件に対して、世界の多くの国が厳しく非難した。

しかし、中国政府はこの事件に関して現在まで厳格な報道管制を敷いていて、当事件の名称や関連する言葉をインターネットの検閲対象とし、関連ウェブサイトを閲覧できなくした。今でも、中国国内の検索エンジンで特定のキーワードで検索すると接続不能となる。また、中国国内向けの放送で海外メディアが天安門事件を報じると放送停止措置が取られる。今の中国の若者の多くがこの事件のことを知らない。

平成元年に起きたもう一つの歴史的出来事は、ベルリンの壁が崩壊し、ソ連邦の崩壊が進み始めたことである。チェルノブイリ原子力発電所事故（一九八六年）からソ連の国力が低下し、東欧への影響力が弱まったこと、また、東西の情報格差に対して不満が高まったことで、東欧諸国で民主化運動に火が着き、革命による民主化が伝播していった。平成元年十一月九日にはベルリンの壁が崩壊し、遂に、十二月に米国のブッシュ大統領とソ連のゴルバチョフ書記長が会談し、冷戦終結を宣言したのである。平成二年には東ドイツが西ドイツに編入されて東西ドイツが統合した。

ソ連は共産党一党独裁制を廃して大統領制に移行し、市場経済を導入して立て直しを図ったが、各地で民族独立運動が高まり、バルト三国が独立を宣言し、ウクライナの国民投票で独立の意思が示されると、ソ連を構成するロシア共和国のエリツィン大統領が主導してロシア、ウクライナ、ベラルーシが連邦からの離脱を表明した。そこでソ連のゴルバチョフ大統領が辞任したことで、平成三年（一九九一）、ソビエト連邦はその歴史に幕を下ろした。ソ連邦崩壊である。これにより、米国が唯一の超大国となった。

テロとの戦いと地域紛争

東西冷戦が終結したことで、これまで冷戦で機能不全に陥っていた国連が世界の平和を維持するのに役割を果たすものと期待されたが、世界は必ずしも平和にならなかった。平成三年（一九九一）には、湾岸戦争が起きた。イラクがクウェートに侵攻したことに対して、多国籍軍がイラク軍を撤退させた。そして平成十三年（二〇〇一）には米国のニューヨークで同時多発テロが起き、テロとの戦いが始まった。米国はテロリストを保護したとしてアフガニスタンを攻撃し、そして、大量破壊兵器を持っているという嫌疑でイラクを攻撃した。アフガニスタン紛争とイラク戦争である。

平成二十一年（二〇〇九）には米国で黒人初となるバラク・オバマ大統領が当選し、イラクから米軍を撤退させた。すると、イラクに軍事的空白が生じ、サダム・フセイン政権の残党を含む過激派がイスラム教過激派組織ISIL（イラクとレバントのイスラム国）を立ち上げた。また平成二十三年（二〇一一）から、イラクと国境を接するシリアで、政府軍と反体制派などによるシリア内戦が激化すると、シリアにも軍事的空白が生じた。ISILはイラクとシリアを拠点とし、世界中で残虐なテロを繰り返すようになった。平成二十七年（二〇一五）にはパリ同時多発テロが起きて、罪のない一般人一三〇人が死亡した。その後も世界でISILが関係すると見られるテロが頻発した。平成二十九年（二〇一七）、米国主導の有志連合の支援を受けるシリア民主軍が、ISILが首都と定めるイラク北部の都市ラッカを完全に制圧した。その後、イラクとシリアにあったISILが支配していた町はほぼ奪還し、ISILは事実上崩壊した。しかし、拠点を失ったあとも世界にちらばって活動をしていると見られる。その他にも、民族、宗教、文化などの違いによる対立から、各地で地域紛争は絶えることがない。

日本は、米国の同時多発テロを受けて、平成十三年から平成二十二年（二〇一〇）までの期間、海上自衛隊の補給艦と護衛艦をインド洋に派遣した。国際テロを防止する活動に従事する各国軍艦艇が頻繁に寄港しなくても長期間の活動ができるよう、燃料や水を洋上補給して海上阻止活動を支援した。また平成十五年（二〇〇三）から平成二十一年にかけて、イラクに自衛隊を派遣し復興を支援した。

ソ連から独立したウクライナでは、平成二十六年（二〇一四）、クリミア半島の帰属を巡ってロシアが軍事介入し、ロシアが領有を宣言した。クリミア危機である。クリミア半島は、ウクライナでありながら、ウクライナ系住民が約二割であるのに対して、ロシア系住民が約六割を占めていた。ロシアが軍事介入するのを多数派の住民が歓迎し、ロシアはそれに乗じてクリミアを軍事占領し、実効支配を固めた。ロシアがクリミアに軍事介入したことは、国際社会から厳しく批判され、欧州の多くの国と米国がロシアに対して経済制裁を課すことになった。

❖緊張する東アジア情勢

そして、平成二十二年（二〇一〇）、中国の国内総生産（ＧＤＰ）が日本を抜いて世界第二位に躍進し、その後も経済成長を続けている。我が国は四十二年間に亘《わた》って世界第二位の経済大国の地位を保ってきたが、明け渡すことになった。中国はＧＤＰの成長率を上回る比率で軍事費を膨張させ、軍の近代化を果たした。

その中国が我が国固有の領土である尖閣《せんかく》諸島の領有権を主張し、中国公船が頻繁に日本の領海を侵犯し、日本の主権が脅かされている。平成二十二年に尖閣諸島付近で違法に操業していた中国漁船を、日本の海上保安庁が取り締まる際に、中国漁船が海上保安庁の船に意図的に体当たりする事件が発生した。これが発端となり、日本政府は平成二十四年（二〇一二）、尖閣諸島を国有化した。以降、中国海軍艦艇を含む中国公船が頻繁に、尖閣諸島の接続水域や領海に侵入するようになった。日本の実効支配を崩す目的と思われる。これに対して日本は、海上保安庁と海上自衛隊が現地で粘り強く対応している。

尖閣諸島は、明治十八年（一八八五）に日本政府が沖縄県を通じて現地調査を実施し、無人島であることと、清《しん》の支配が及んでいる痕跡がないことを確認して、明治二十八年（一八九五）に閣議決定により日本の領土に編入された。その後、日本人が尖閣諸島で鰹節工場を営み、明治四十二年（一九〇九）には二四八人の日本人が暮らしていたことが記録されている。その後、経営難により昭和十五年（一九四〇）に無人島になった。そして昭和二十年（一九四五）に第二次世界大戦が終結すると、尖閣諸島を含む南西諸島は米軍の管轄下に置かれ、昭和四十七年（一九七二）に沖縄の一部として米国から返還され、現在に至る。

ところが、昭和四十三年（一九六八）の海底調査の結果、東シナ海の大陸棚に石油資源が埋蔵されている可能性があることが判明すると、昭和四十五年（一九七〇）に台湾が尖閣諸島の領有権を主張し始め、台湾は中国の一部であることを根拠に、中国も同様の主張をするようになった。これに対して日本政府は、一貫して尖閣諸島に領土問題はないという立場を取っている。

北方領土問題は、平和条約締結を含めて交渉が進められているが、未だ返還の具体的な話し合いに入れない。近年ロシアは北方領土で軍事施設の建設を進めていて、周辺で大規模な演習を行うなどして、不法占拠をより強固なものにしつつある。竹島問題も返還に向けた進展はない。

また、北朝鮮《きたちょうせん》は核実験とミサイル実験を繰り返し、米国に届く核ミサイルをあと一歩で手にすると見られている。北朝鮮は平成二十九年（二〇一七）に水爆実験に成功したと発表した。平成三十年（二〇一八）に初となる米朝首脳会談が行われ、北朝鮮の核ミサイル開発は一旦停止したように見られていたが、平成三十一年（二〇一九）に行われた二度目の米朝首脳会談は決裂した。

我が国は北朝鮮との間に拉致問題を抱えている。昭和四十年代から五十年代にかけて、多くの日本人が北朝鮮に拉致され、行方不明になった。日本政府は現在一七名を拉致被害者と認定しているが、その可能性がある人は多数に上る。北朝鮮は平成十四年（二〇〇二）、日本人拉致を認め、五人の被害者が帰国したが、他の被害者については納得のいく説明がないまま現在に至る。拉致問題は、我が国の国家主権と国民の生命と安全に関わる重大な問題である。現在日本と北朝鮮の間には国交はないが、拉致問題の解決なく日朝国交正常化はあり得ないというのが日本政府の見解である。政府は拉致被害者返還に向けて取り組んでいるが、六人目以降はまだ実現していない。このように、世界の情勢が混沌とする中、日本周辺の安全保障環境も大きく変動しつつある。

大戦後も数多くの戦争や紛争があったが、国際協調による世界平和への取り組みも進んでいる。その一つが国連平和維持活動（ＰＫＯ）である。日本は平成四年（一九九二）に国際平和協力法（ＰＫＯ法）を成立させ、カンボジア、ゴラン高原、東ティモール、南スーダンなどのＰＫＯ活動に人的、物的な協力をしてきた。

❖両陛下の慰霊の旅

天皇陛下の祈りの旅は、沖縄県ご訪問で完成したのではなかった。先の大戦の激戦地だった硫黄島《いおうとう》への慰霊の旅が実現したのは、平成六年（一九九四）二月十二日のことだった。硫黄島は航空自衛隊の基地がある他、民間の住民はなく、交通手段もないため通常民間人は訪れることができない。米軍が突貫で作った滑走路は現在も自衛隊が使用していて、その下には多くの遺骨が残っていて、まだ一万柱以上の遺骨が回収されていない。両陛下は硫黄島航空基地に降り立ち、天山《てんざん》慰霊碑と鎮魂の丘で御拝礼になった。両陛下は硫黄島御訪問に際して鎮魂の和歌をお詠みになった。

天皇陛下御製《ぎょせい》　精根を込め戦ひし人未《いま》だ地下に眠りて島は悲しき
戦火《いくさび》に焼かれし島に五十年《いそとせ》も主なき蓖麻《ひま》は生ひ茂りゐぬ

皇后陛下御歌《みうた》　銀ネムの木木茂りゐるこの島に五十年《いそとせ》眠るみ魂《たま》かなしき
慰霊地は今安らかに水をたたふ如何《いか》ばかり君ら水を欲《ほ》りけむ

（宮内庁編『道—御即位十年記念記録集』、毎日新聞「硫黄島のギンネム」二〇一八年七月十四日付）

天皇陛下の御製にある「悲しき」は、硫黄島守備隊を率いた栗林忠道《くりばやしただみち》中将の大本営に対する訣別電《けつべつでん》にあった辞世の句「国のため重き務めを果たし得で矢弾《やだま》尽き果て散るぞ悲しき」を受けていると思われる。

硫黄島に配属された経験のある自衛官の多くが、冷蔵庫の中のビン類がカタカタ音を立てるなどの心霊現象を体験するというのは有名な話だった。しかし、両陛下の硫黄島御訪問以来、そういった現象が起きなくなったと言われている。科学的根拠はともかく、多くの兵隊が地下壕に身を潜め、火山島であるがゆえに、暑くて水がない苦しみを耐え抜いたのは事実である。水を渇望する「念」のようなものが残っていると考えるのは自然なことで、両陛下の御拝礼により、御霊《みたま》が鎮められたというのは納得のいく話である。天皇の祈りは、人を神にする力がある。

そして、平成十七年（二〇〇五）、天皇陛下の強い御希望で、初めてとなる国外への慰霊を目的とした旅が実現した。両陛下はサイパンを御訪問になり、中部太平洋戦没者の碑、ラデラン・バナデロ（通称スーサイド・クリフ）、プンタン・サバネタ（通称バンザイ・クリフ）、マリアナ記念碑（現地人戦没者の碑）、第二次世界大戦慰霊碑（米国人戦没者の碑）、沖縄出身者慰霊塔、太平洋韓国人追念平和塔で御拝礼なさった。プンタン・サバネタで海に向かって拝礼なさる両陛下の後ろ姿に心を打たれた人は多い。

平成二十七年（二〇一五）には、両陛下の長年の念願が叶い、パラオのペリリュー島への慰霊の旅が実現した。ペリリュー島の戦いは、二カ月以上に及ぶ死闘となり、日本兵の一万人以上が亡くなり、生存したのは僅か三四名だった。ペリリュー島には両陛下と随伴員を乗せた飛行機が着陸できる場所がないため、海上保安庁の巡視船にお泊まりになり、そこからヘリコプターで島を御訪問になった。翌年の歌会始で、両陛下は、ペリリュー島御訪問に際しての慰霊の和歌を御披露になった。

天皇陛下御製　戦ひにあまたの人の失せしとふ島緑にて海に横たふ

皇后陛下御歌　逝《ゆ》きし人の御霊《みたま》かと見つむパラオなる海上を飛ぶ白きアジサシ

（宮内庁編『道―御即位三十年記念記録集』）

天皇陛下はご出発に当たり「太平洋に浮かぶ美しい島々で、このような悲しい歴史があったことを、私どもは決して忘れてはならないと思います」と仰せになった。この御訪問により、多くの人が、ペリリュー島が激戦地であったことを知ることになった。

❖小泉内閣での皇位継承議論

皇室の若い世代に男子がいらっしゃらなかったことから、皇位継承問題が議論された。平成十六年（二〇〇四）、小泉純一郎《こいずみじゅんいちろう》首相は「皇室典範に関する有識者会議」を設置し、同有識者会議は翌平成十七年（二〇〇五）十一月二十四日に、女性天皇、女系天皇、女性宮家を容認し、皇位継承は性別に限らず長子優先とすべきとの報告書を提出した。そして小泉首相は、皇室典範改正に着手した。

かつて八方十代（二方は重祚《ちようそ》）の女性天皇の先例はあるが、女性天皇は一代限りとされ、その子孫が皇位に就いた先例はない。歴代天皇は、全方男系の血筋を引いていて、男系の血筋を引かない者が天皇に即位した事例は一例もない。「男系」とは、父と子の線で繋がる血筋を意味する。「父が天皇」「父の父が天皇」「父の父の父が天皇」という具合に、父方を辿って歴代天皇に行き着く人が、天皇の男系の血筋を引く者ということになる。現行の皇室典範では女性天皇、女系天皇、女性宮家のいずれも不可であり、女性天皇は先例があるも、女系天皇の先例はないため、波紋を呼んだ。

平成十七年秋頃から皇室典範改定を巡る本格的な論争が始まると、テレビ、新聞、雑誌などで特集が組まれるようになり、女性天皇と女系天皇の違いなどが解説されるようになった。それに従って国民世論は微妙な変化を見せ始め、女性天皇と女系天皇を容認する皇室典範の改定に対して、慎重な意見が増え始めた。

危機感を覚えた三笠宮家の寬仁《ともひと》親王殿下は、現職の皇族でいらっしゃるにもかかわらず、福祉団体「柏朋会《はくほうかい》」の会報『ざ・とど』（第八十八号、平成十七年九月）に掲載されたエッセー「とどのおしゃべり－近況雑感」で、「世界に類を見ない我が国固有の歴史と伝統を平成の御世《みよ》でいとも簡単に変更して良いのか」「万世一系、一二五代の天子様の皇統が貴重な理由は、神話の時代の初代・神武天皇から連綿として一度の例外も無く、『男系』で今上陛下迄続いて来ているという厳然たる事実です」と小泉内閣が皇室典範を改正しようとしていることに反対なさり、旧皇族の復帰、旧皇族から養子を取ることなどにより皇位を安定すべきである旨を仰せになった。また、別の記事では「この女系天皇容認という方向は、日本という国の終わりの始まりではないかと、私は深く心配するのです」（『文藝春秋』平成十八年二月号）とも仰った。

当初は各社の世論調査で九割以上が賛成していた皇室典範改定だったが、平成十八年（二〇〇六）春頃には、各社の世論調査では賛成が五割から五割五分にまで落ち込み、改定の可否は国論を二分するに至った。一時は絶対多数の支持を得ていた女性天皇と女系天皇論も、僅か半年ほどで約半数の支持を失ったことになる。これは、約四〇〇〇万人以上の国民が、途中で意見を変えたことを意味する。

そのような中、平成十八年二月七日、秋篠宮《あきしののみや》妃紀子《ひきこ》殿下の御懐妊が報道されたのである。これにより、平成十六年から本格化した皇室典範改定への動きは完全に止まった。そして、平成十八年九月六日、悠仁《ひさひと》親王殿下が御誕生になった。

❖住民の命救った防災無線

平成七年（一九九五）には阪神淡路《はんしんあわじ》大震災《だいしんさい》、そして平成二十三年（二〇一一）には東日本大震災が起きた。東日本大震災では、関東から東北にかけて巨大津波が襲ったため、死者行方不明者は二万人近くになった。また福島第一原子力発電所が事故を起こして広い範囲に高濃度の放射性物質が拡散されたため、長期にわたる避難生活を余儀なくされている人が大勢いる。

東日本大震災が発生したのは三月十一日午後二時四十六分だった。最期まで職務を全うして住民の命を助けた一人の女性がいた。宮城県南三陸町《みなみさんりくちょう》の防災対策庁舎二階にある危機管理課の職員だった遠藤《えんどう》未希《みき》さん（当時二十四歳）は放送室に駆け込み、防災無線で避難を呼びかけた。

「只今、津波が襲来しています。高台へ避難して下さい！」

緊迫した遠藤さんの声を聴いて、多くの町民が危機を感じて避難を始めたという。遠藤さんの声は、約三十分間、大津波が防災対策庁舎にぶつかるその直前まで続いた。

後にこの防災無線の全音声が発見されている（ＮＨＫニュース二〇一二年三月九日）。津波警報が発令される前から高台への避難を呼びかけ、途中では周囲の「潮が引いている」という言葉に反応して「ただ今、海面に変化が見られます」と臨機応変に対応していた。そして「予想されます」から「襲来しています」に、また津波の大きさも「六メートル」から「一〇メートル」に変更されている。周囲から伝えられる情報を的確に反映し、迫る危機を先回りするように工夫しながら住民に呼びかけていた様子が分かる。そしてこの音声記録は、放送を続けようとする声を遮るように「上へ上がって、未希ちゃん、上がって」という周囲からの掛け声があり、遠藤さんの「一〇メートル以上の津波が……」という言葉で終わっていた。遠藤さんの声は最後まで凛とした響きで、取り乱すところがなかった。

庁舎の屋上へ逃げたはずだったが、津波が去ったあと、屋上に遠藤さんの姿はなかった。防災庁舎は一二メートルの高さがあったが、南三陸町を襲った津波は約一四メートルで、屋上床上約二メートルにまで達していた。そのため、町職員ら五三名が屋上に避難したものの、屋上に立っていたアンテナのポールにしがみついたりした僅か一〇名だけが生還した。屋上まで津波に呑み込まれた庁舎は、鉄骨しか残らなかった。遠藤さんの遺体が発見されたのは発災から四十三日目となる四月二十三日だった。

南三陸町は町全体が津波で押し流されたが、遠藤さんの呼びかけにより、町民約一万七七〇〇人の内、半数近くが避難して生き残った。遠藤さんの緊迫した声を聴いて、迫り来る危機の大きさを感じ避難を開始した人も多かったという。遠藤さんは、前年の平成二十二年（二〇一〇）に結婚したばかりで、約半年後には結婚式を挙げる予定だった。

また、東北で厳しい状況にいながらも、助け合いながら秩序立って行動する人々の姿は、世界の人々に感動を与えた。世界の常識では、大災害になると無秩序になり、略奪や暴動が相次ぐこともあるため、日本の被災者の様子は世界の注目を集めた。外国から日本人の「和」の精神が賞賛されることが度々あった。

❖両陛下の被災地ご訪問

東日本大震災で福島第一原子力発電所が事故を起こし、また東日本の多くの発電所が運転停止となったことで、全国的な電力不足に見舞われた。東京電力管内の一部の地域では計画停電（輪番《りんばん》停電）が実施された。平成の天皇皇后両陛下は、電力不足をご心配になり、自主的な計画停電を実施なさった。

大震災の発災から五日後の平成二十三年（二〇一一）三月十六日、平成の天皇陛下は、テレビを通じてお言葉を発せられた。この放送を見て、勇気付けられ、あるいは被災地への思いを募らせた人も多い。約六分間のメッセージは次の言葉で締められている。

「被災者のこれからの苦難の日々を、私たち皆が、さまざまな形で少しでも多く分かち合っていくことが大切であろうと思います。被災した人々が決して希望を捨てることなく、身体《からだ》を大切に明日からの日々を生き抜いてくれるよう、また、国民一人びとりが、被災した各地域の上にこれからも長く心を寄せ、被災者と共にそれぞれの地域の復興の道のりを見守り続けていくことを心より願っています」（宮内庁編『道―天皇陛下御即位三十年記念記録集』）

天皇皇后両陛下は七週連続で被災地を巡幸なさり、各地で黙礼なさって、数多くの避難所をご訪問になった。その両陛下のお姿は、全国巡幸の昭和天皇のお姿を彷彿《ほうふつ》とさせるものだった。避難所で、両陛下が一人ひとりに御言葉をお掛けになる様子は、さもお身内をお見舞いになるかのようだった。両陛下に接して「初めて生きる望みが湧いてきた」と語った被災者もいた。それは両陛下の国民を思う「真実の愛」が伝わったからではなかろうか。

天皇と国民の関係を何かに喩えるなら、「親と子」の関係に似ている。親が子に注ぐ愛は無限で、見返りを求めない真実の愛である。歴代の天皇は国民一人ひとりの幸せを祈り続けてきた。だからこそ、平成の天皇陛下は国民を我が子同然に思し召し、ゆえに、両陛下に接した人々は「日本国民の父母」の姿を見たのではないかと思う。

このように、平成の天皇陛下の被災地巡幸と、昭和天皇の全国巡幸の映像からは、いずれも天皇の国民への愛情が滲み出ていて、天皇と国民との絆をはっきりと見ることができる。終戦後の巡幸が「昭和の巡幸」なら、東日本大震災に当たっての被災地巡幸は「平成の巡幸」と呼ぶに相応しい。

しかし、ご心労がたたったのか、天皇陛下は御不例《ごふれい》となり、大震災翌年の平成二十四年（二〇一二）二月十八日、冠動脈バイパス手術をお受けになった。天皇陛下は、三月十一日に東京の国立劇場で行われる東日本大震災一周年追悼式にお出ましになるという強い御意志をお持ちになっていらっしゃったようで、逆算する形で手術の日程が決められたという。

しかし、術後回復は良好とはいえず、御出席は危ぶまれた。どうしても御出席になるとの天皇陛下の思し召しを受けて、皇后陛下（現在の上皇后陛下）は和服姿で付き添うことをお決めになった。追悼式で万一天皇陛下がお倒れになるようなことがあっても、皇后陛下がお支えになるためには、ヒールのある靴より草履の方がよいというのがその理由だった。皇后陛下の喪服は洋服が通例であり、これまで皇后陛下が和服の喪服をお召しになったことはなく、和装の喪服姿は記録でみる限り、皇太子妃時代の昭和三十九年（一九六四）に、ギリシャの当時の国王を追悼する式典が東京であった時以来だった。自らが下敷きとなってでも天皇陛下をお守りするとの強い思し召しだったと拝察する。

東日本大震災の翌々年、二〇二〇年の東京オリンピックの招致が決定した。震災後の暗闇に一筋の光が差したような出来事だった。天皇陛下はこの日、式典にご臨席になり、追悼のお言葉を賜った。

献身的に天皇陛下を支えた皇后陛下

皇后陛下が身を挺して天皇陛下をお守りになったのは、その時ばかりではなかった。平成四年（一九九二）に山形県で行われた第四十七回べにばな国体の開会式で、天皇陛下がお言葉を述べていらっしゃる最中、過激派組織の男が走り寄り、両陛下に向けて発煙筒を投げ付ける事件が起きた。その時、直ぐ隣にいらっしゃった皇后陛下が咄嗟《とっさ》に天皇陛下を守る仕草をなさった。天皇陛下は何事もなかったかのように、お言葉をお続けになった。男はその場で捕らえられ、両陛下にお怪我はなかった。皇后陛下は、万一の時には自らが盾となってでも陛下をお守りするという、強いご覚悟をお持ちになっていらっしゃることが分かる。

かつて、天皇陛下（当時は皇太子）が美智子様に電話でプロポーズなさった時のお言葉は衝撃的である。「公的なことが最優先であり、私事はそれに次ぐもの」と明確にお伝えになったという（織田和雄《おだかずお》『天皇陛下のプロポーズ』二〇一九）。将来皇后になるということは、我慢や不自由を強いることになるかもしれないということであり、それを偽りなく正直にお話しになったところに、天皇陛下の誠実さを垣間見ることができよう。その言葉を聞いて美智子様はご結婚を決意なさった。「天皇が国民を守る存在なら、私は天皇をお守りしなければならない」とのご覚悟だったのではないかと拝察される。

皇后陛下は平成十年（一九九八）に第二十六回ＩＢＢＹ（国際児童図書評議会）ニューデリー大会の基調講演で「子供の本を通しての平和――子供時代の読書の思い出」という演題で「愛情と犠牲への不可分性」について言及なさった箇所がある。抄録を掲載しておきたい。

「父のくれた古代の物語の中で、一つ忘れられない話がありました。

年代の確定出来ない、六世紀以前の一人の皇子の物語です。倭建御子《やまとたけるのみこ》と呼ばれるこの皇子は、父天皇の命を受け、遠隔の反乱の地に赴いては、これを平定して凱旋するのですが、あたかもその皇子の力を恐れているかのように、天皇は新たな任務を命じ、皇子に平穏な休息を与えません。悲しい心を抱き、皇子は結局はこれが最後となる遠征に出かけます。途中、海が荒れ、皇子の船は航路を閉ざされます。この時、付き添っていた后、弟橘比売命《おとたちばなひめのみこと》は、自分が海に入り海神のいかりを鎮めるので、皇子はその使命を遂行し覆奏してほしい、と云い入水し、皇子の船を目的地に向かわせます。この時、弟橘は、美しい別れの歌を歌います。

『さねさし相武《さがむ》の小野《をの》に燃ゆる火の火中《ほなか》に立ちて問ひし君はも』

このしばらく前、建《たける》と弟橘《おとたちばな》とは、広い枯れ野を通っていた時に、敵の謀《はかりごと》に会って草に火を放たれ、燃える火に追われて逃げまどい、九死に一生を得たのでした。弟橘の歌は、『あの時、燃えさかる火の中で、私の安否を気遣って下さった君よ』という、危急の折に皇子の示した、優しい庇護の気遣いに対する感謝の気持を歌ったものです。

悲しい『いけにえ』の物語は、それまでも幾つかは知っていました。しかし、この物語の犠牲は、少し違っていました。弟橘の言動には、何と表現したらよいか、建と任務を分かち合うような、どこか意志的なものが感じられ、弟橘の歌は――私は今、それが子供向けに現代語に直されていたのか、原文のまま解説が付されていたのか思い出すことが出来ないのですが――あまりにも美しいものに思われました。『いけにえ』という酷《むご》い運命を、進んで自らに受け入れながら、恐らくはこれまでの人生で、最も愛と感謝に満たされた瞬間の思い出を歌っていることに、感銘という以上に、強い衝撃を受けました。はっきりとした言葉にならないまでも、愛と犠牲という二つのものが、私の中で最も近いものとして、むしろ一つのものとして感じられた、不思議な経験であったと思います。

この物語は、その美しさの故に私を深くひきつけましたが、同時に、説明のつかない不安感で威圧するものでもありました。

古代ではない現代に、海を静めるためや、洪水を防ぐために、一人の人間の生命が求められるとは、まず考えられないことです。ですから、人身御供《ひとみごくう》というそのことを、私が恐れるはずはありません。しかし、弟橘の物語には、何かもっと現代にも通じる象徴性があるように感じられ、そのことが私を息苦しくさせていました。今思うと、それは愛というものが、時として過酷な形をとるものなのかも知れないという、やはり先に述べた愛と犠牲の不可分性への、恐れであり、畏怖《いふ》であったように思います。

まだ、子供であったため、その頃は、全てをぼんやりと感じただけなのですが、こうしたよく分からない息苦しさが、物語の中の水に沈むというイメージと共に押し寄せて来て、しばらくの間、私はこの物語にずい分悩まされたのを覚えています」（宮内庁編『道―天皇陛下御即位十年記念記録集』）

皇后陛下が天皇陛下をお支えになるお姿は、このような「愛と犠牲の不可分性」という少女時代に漠然と感じたことを体現なさっていらっしゃるように思える。

❖蒸し返された慰安婦問題と徴用工問題

日本と韓国が国交を樹立するに当たり、日本が巨額の経済支援を実施したことは既に述べた。この時に両国間で、国と民間の対日請求権を放棄することが定められたが、にもかかわらず、韓国は請求権の議論を蒸し返し、従軍慰安婦と徴用工へ補償するよう日本政府に要求している。

慰安婦問題が起きたのは、一人の日本人がついた嘘が関係している。朝鮮で日本軍の命令により朝鮮女性を強制連行して従軍慰安婦にしたということを、吉田清治《よしだせいじ》が経験談として自著に記述した。『朝日新聞』が吉田の著作を記事で紹介したことは、韓国で慰安婦問題が大きく取り上げられる原因の一つになった。吉田証言は決定的な矛盾がいくつも指摘され、平成七年（一九九五）に吉田氏自ら証言が創作であることを認めた。吉田氏は『週刊新潮』（平成八年五月二・九日号）のインタビューで「本に真実を書いても何の利益もない」「事実を隠し、自分の主張を混ぜて書くなんていうのは、新聞だってやることじゃありませんか」と言って開き直った。『朝日新聞』の記事は、吉田氏の虚偽の証言を事実だと誤認して掲載したもので、誤報だった。『朝日新聞』が吉田証言の記事を取り消すと発表したのは、平成二十六年（二〇一四）のことである。

ソウルの日本大使館前に慰安婦像が建てられ、世界の多くの都市にも次々に建てられつつある。これらの慰安婦像には、日本軍が朝鮮女性三〇万人を強制的に連れ出して性奴隷にして各戦地を連れ回したという趣旨の虚偽の説明文が掲示されている。日本の占領地で、対価を得ながら売春婦として働いた朝鮮女性がいたのは事実だが、日本軍や日本人が強制連行した事実はない。彼らは「売春婦」なのであって、決して「従軍慰安婦」「性奴隷」ではないのである。当時の日本軍の二等兵の月給が七円だったところ、朝鮮では月給三〇〇円で慰安婦が募集されていた。

また、解決済みの請求権が蒸し返されたのが徴用工問題である。この問題は、両国政府が解決済みと理解していた。しかし、先の大戦時の末期に動員され日本の企業で「強制労働」させられたとして、韓国人四人が損害賠償を求めた訴訟で、韓国最高裁が平成三十年（二〇一八）、新日鉄住金に一人当たり一億ウォン（約一〇〇〇万円）の賠償を命じる判決を出したことで再燃した。

判決には重大な法的問題があるが、それはさておき、条約で解決済みで、両国政府も解決済みとしていた問題を、司法が「未解決」として賠償金の支払いを求めたところに最大の問題がある。しかも、韓国では五〇万人以上が強制労働に従事させられたと主張しているため、この訴訟の四人への判決が五〇万人に適用されたら、日本企業は天文学的な金額を賠償することになる。

徴用工とは、先の大戦で、従前の職を離れて、国の指定する軍需工場などの業務に従事した工員のことで、国民徴用令に従って昭和十四年（一九三九）に日本国民を対象に実施された。こうした労働者の徴用は戦時中であればどの国でも行うことである。しかし、朝鮮への適用はできるだけ差し控えることとなり、昭和十九年（一九四四）九月になってようやく朝鮮に適用し、昭和二十年（一九四五）三月までの六カ月間だけ実施された。そして、徴用された労働者には賃金が支払われた。

また、昭和十四年（一九三九）から終戦直前までに日本本土に居住する朝鮮人は約一〇〇万人増加したが、その内約七〇万人は、内地に職を求めてきた個別渡航と出生による自然増加であり、また残りの三〇万人の大部分は、募集に応じて自由契約で内地に渡来した者であった。徴用工として渡来した朝鮮人はほんの僅かに過ぎなかった。韓国が主張する五〇万人以上とは大きな開きがある。

涙ぐむ被曝者の肩をそっと抱き寄せた大統領

バラク・オバマ米国大統領は平成二十八年（二〇一六）五月二十七日夕方、米国の現職大統領として初めて広島を訪問し、平和記念公園で原爆死没者慰霊碑に献花して黙祷を捧げた。これは被曝者とその家族だけでなく、日本人の殆どが長年切望してきたことだった。大統領の滞在時間は約五十分という短い時間だったが、美しい歴史の一頁として、日本人と米国人の胸に記憶されるに十分なものだった。両国は遠くない過去に殺し合いをした時期があったが、その後高度な同盟関係を築いてきた。それでも戦勝国と敗戦国の国民の間には、どことなく隙間風が吹いていた。オバマ大統領は広島で、その心の溝を埋めていった。

この日、広島の沿道では大勢の群衆が大統領の車列を見守った。五月の晴れた美しい夕方だった。原爆を落とした国の大統領と、落とされた国の首相が、肩を並べてゆっくりと慰霊碑に向けて歩いて行った。大統領は口を固く閉じ、厳しい表情をしたまま大輪の花を慰霊碑に献花し、しばし黙祷を捧げた。

オバマ大統領は招待者らの前に進み、十七分間に及ぶスピーチをすると、被曝者の坪井直《つぼいすなお》さんに歩み寄り、一分間以上固い握手を交わしてその言葉に耳を傾けた。爆心地から約一・二キロメートル離れた路上で被曝し、四十日間意識不明で生死を彷徨《さまよ》った九十一歳の坪井さんが「大統領が人類の幸せを語るのを聞き、心がずいぶん若返った」と語ると、大統領の手に徐々に力が籠もっていった。「時々、広島にやって来て、見たり、聞いたりしてやって下さい」という言葉を受けたその時、車を降りてから終始厳しい顔をしていた大統領が、初めて笑った。

大統領が次に握手したのは同じく被曝者である七十九歳の森重昭《もりしげあき》さん。八歳の時、爆心地から約二・五キロメートルの橋の上を歩いていて爆風に吹き飛ばされたが、四十歳を過ぎてから、広島で原爆の犠牲となった米兵捕虜一二人の調査研究を始め、長年遺族との交流を重ねてきた。大統領の手を握り感極まった森さんが涙ぐむと、大統領はゆっくりとその肩を抱き寄せ、優しく背中をさすった。

時間は短かったが、どこを切り取っても映画の一シーンを見ているようで、実に美しい映像の連続だった。特に、傷付いた人たちに寄り添う大統領の姿は印象的だった。「心に焼き付く」とはまさにこういうことをいうのであろう。

❖米国にあった強い「原爆アレルギー」

ところが、広島は無辜《むこ》の市民が大殺戮された場所であるが故に、米国の大統領が広島を訪れることは、米国としては大きな困難を伴うものだった。その困難は終戦直後から始まっていた。日本を占領した米国は厳しい情報統制を敷き、原爆投下の批判を禁止したことは述べた通りである。米国は日本で原爆の非人道性が宣伝され、国際的な非難が起きることを警戒していた。

今では大半の日本人が、原爆投下は正当化できるものではないと考えているが、米国では原爆の負の面を語ることは長年禁忌とされてきた。日米では原爆を巡って、歴史認識は異なる。

終戦五十周年の平成七年（一九九五）、国立スミソニアン博物館は原爆展を企画した。この原爆展は、広島に原爆を投下した爆撃機「エノラ・ゲイ」の他、広島の惨状を伝える写真や遺品などを展示する予定だった。ところが、企画が発表されると、全米から猛烈な批判を受け、新聞や連邦議会からも中止を求める声が鳴り止まず、実質上の中止に追い込まれた。「原爆使用は正義であり、それに水を差すべきでない」というのが大方の意見だった。広島と長崎のキノコ雲は、米国人にとっては正義と勝利の象徴であり、決してそれが邪悪なものであってはならなかった。その後も、原爆展が度々企画されたが、悉《ことごと》く中止となった。平成八年（一九九六）に原爆ドームが世界遺産に登録された時も、米国はこれに反対した。

このように米国では、およそ日本人には想像できない、強い原爆アレルギーが残っていた。原爆の負の側面を語ることは、米国では禁忌中の禁忌だったといえる。大統領の被爆地訪問は困難な政治課題だった。たとえオバマ大統領でも終戦五十年の年では実現できなかったであろう。

それから二十年が経過した。終戦七十年となる平成二十七年（二〇一五）に、米国で変化が生じた。世論調査会社ユーガブが同年七月の世論調査で、十八歳～二十九歳と、三十歳～四十四歳の若い世代では、原爆投下を「誤り」とする人が、「正しい」とする人を上回ったのだ。特に十八歳～二十九歳の層はより批判的で、「誤り」が四五％で「正しい」が三一％、また三十歳～四十四歳でも「誤り」が三六％で「正しい」が三三％だった。世代が限定されているとはいえ、米国の世論調査で否定が肯定を上回ったのは戦後七十年間で初めてのことだった。

大統領の広島訪問は本来困難なことだけに、その調整は薄氷を踏むような緊張の連続だったと思われる。日本が平成二十八年（二〇一六）のＧ７議長国であることを安倍晋三内閣は巧みに利用し、広島を外相会談の場としたことが決定打となった。それまで広島を訪問した米国公人の筆頭は大使だったため、閣僚級筆頭の国務長官が広島を訪れたことは、三段飛びを果たしたに等しい。その結果、ケネディ大使とケリー国務長官が大統領に広島訪問を促し、ホワイトハウスが本格的に検討することになったという。

そこで壁になり得るのがメディアの反応と国民感情だった。当時大統領選挙の真っ只中であり、ここで猛烈な反対運動が起きれば、大統領の広島行きは断念せざるを得ない。ところが、米国民の意識の変化は、大統領の広島訪問を後押しする大きな力になっていた。『ワシントン・ポスト』『ニューヨーク・タイムズ』などの米国主要紙は揃って、社説で大統領は広島を訪問すべきであると主張した。広島訪問を望み続けたオバマ大統領の強い意志と、上手にその環境を整えた安倍総理の手腕、そして何よりもその二人の信頼関係は、あらゆる困難を突破し、長年不可能とされた偉業を成し遂げる力を生み出したのである。

❖「謝罪」を凌駕する言葉と態度があった

米国側が最後まで気を揉んだのは、大統領の行動が、原爆投下を謝罪するものととられる危険性だった。いくら米国世論が原爆否定に傾きつつあるとはいえ、日本に謝罪すべきとの世論は未だ形成されてはいない。米国民の大半が「原爆投下は終戦を早め、一〇〇万人の米兵の命を救った」と信じている以上、大統領の謝罪は許容されるはずはない。

日本でも「謝罪しないなら来なくてよい」との強硬意見もあった。しかし、日本政府と被曝者の大半は「謝罪は求めない」との立場を取った。大統領の広島訪問を前に、共同通信が広島と長崎で被曝者一一五人に面接式のアンケートを実施したところ、原爆投下の是非に踏み込み謝罪することを「求めない」と答えた人が七八・三%、「求める」とした人は一五・七%だった。日本は、大統領の謝罪の言葉よりも、大統領が広島に足を運ぶことを重視したのである。

オバマ大統領の広島での演説を分析するにあたり、謝罪ととられてはいけない米国の事情があったことは考慮する必要がある。確かに大統領は演説で、原爆投下の是非や、謝罪については全く触れなかった。しかし、大統領は次のような言葉で演説を始めている。

「七十一年前、雲一つない明るい朝、空から死が落ちてきて、世界は変わった。閃光と火の壁は都市を破壊し、人類が自らを破壊する術《すべ》を手に入れたことを実証した。なぜ我々はこの地、広島に来るのか。それ程遠くない過去に解き放たれた恐ろしい力について考えるためだ。十万人を超える日本の男性、女性、子供たち、多くの朝鮮半島出身者（Korean）、そして捕虜となっていた十数人の米国人を含む犠牲者を追悼するためだ」

そして大統領は、広島で命を落とした「罪なき人々」についても次のように言及した。

「我々はこの都市の中心に立ち、爆弾が落ちた瞬間を自ら想起し、目の前の光景に困惑する子供の恐怖を自ら感じる。我々は静かな叫びを聞く。我々はあの恐ろしい戦争やその前の戦争、その後に起きた戦争で殺された全ての罪なき人々に思いを馳せる」

確かに、ぼかした表現になっているが、広島に立つことで「殺された罪なき人々」に思いを馳せるという意味であるから、これは米国へ配慮しつつも、原爆で「罪なき人々」が殺されたことを表現したものと読める。そして次の一文は、報道ではあまり取り上げられなかったが、大統領の演説の核心はここにあったと思う。

「全ての人のかけがえのない価値、全ての命が貴重であるという主張、我々は人類という一つの家族の仲間であるという根源的で必要な考え。我々はこれら全てを伝えなければならない。だからこそ、我々は広島に来たのだ。我々が愛する人々のことを考えられるように。子供たちの朝一番の笑顔のことを考えられるように。台所のテーブル越しに、妻や夫と優しく触れ合うことを考えられるように。父や母が心地よく抱き締めてくれることを考えられるように。我々がこうしたことを考える時七十一年前にもここで同じように貴重な時間があったことを思い起こすことができる。亡くなった人々は我々と同じだ」

広島の人たちは、米国人と同じように血の通った人間で、その罪のない人々の人生が瞬時にして失われてしまったことへの嘆きが語られている。ここには、米国人の日本に対する恨みや、人種の偏見などは見えない。そして大統領は、核保有国は「恐怖の論理から逃れ、核兵器なき世界を追求する勇気を持たなければならない」と述べ、次の言葉で演説を締め括った。

「世界はここで永遠に変わってしまったが、今日、この都市の子供たちは平和の中で日々を生きていくだろう。何と貴重なことだろうか。そのことは守る価値があり、そして全ての子供たちに広げる価値がある。それは私たちが選ぶことのできる未来だ。その未来では、広島と長崎は核戦争の夜明けとしてではなく、道徳的な目覚めの始ま

りとして知られるだろう」（以上、共同通信「オバマ氏スピーチ全文」二〇一六年五月二十七日、一部ひらがなを漢字にした）

そこには謝罪の言葉こそなかったが、それを凌駕する言葉があったと私は思う。そして、言葉より重視すべきは行動と態度ではなかろうか。オバマ大統領が多くの困難を乗り越えて広島の地を踏んだことは重大な意味を持つ。しかも献花、黙祷、演説、そして被曝者と固く握手を交わして抱き合った、あの大統領の自然な態度は、原爆が齎《もたら》した極めて残酷な結果に対する謙虚な反省の気持ちと、それを二度と繰り返さない強い意志が素直に表れたものだったろう。大統領と言葉を交わした坪井直さんは後に「手のぬくもりや風格、人格を感じた」と語った。直に大統領の手を握った本人がそう感じたのであるから、そこに真実がある。

日本は米国に謝罪を求めなかったが、それは決して日本が民間人の無差別殺戮を容認したのではない。我が国は戦争による唯一の被曝国として、核兵器が罪のない人々の命を奪うことに異を唱え続ける責任がある。もし私たちがそれを容認してしまったら、核兵器保有国が同じ過ちを犯すのを、日本が後押しすることになる。そうなったら、広島と長崎の犠牲は何の意味も為さなかったことになる。

❖完全なる和解への道

オバマ大統領の広島訪問は、世界中で好意的に報道された。しかも、大統領は米国民を置き去りにして独りよがりな考えで広島を訪れたのではなく、米国メディアと米国国民の圧倒的な支持を受けて広島にやってきた。また、訪問後も米国では概ね好意的に報道された。大統領広島訪問は、米国民の意思に基づいているのであり、そこに本当の価値があると思う。

そして、大統領は演説で「米国と日本は同盟関係を築くだけでなく、戦争を通じて得られるものよりもずっと多くのものを国民にもたらす友情を築いた」と語り、これに対して安倍総理は「日米同盟は世界に希望を生み出す同盟」と応じた。戦後育んできた日米の友情をこれほど分かりやすく、見える形で世界に示したことがこれまでにあったろうか。あの戦争を経て、強靱な同盟関係と友情を紡いできたことを「人類の英知」といわずして一体何を英知といおう。

さらに、大統領が「いつか証言する『Hibakusha』たちの声は聞けなくなる。それでも一九四五年八月六日の朝の記憶を風化させてはならない」と述べたことも、実に意義深い。一つは大統領が「Hibakusha（被曝者）」という日本語を使ったこと。これは被曝者に寄り添おうとする大統領の気持ちの表れであろう。もう一つは、これまで日本人が米国に向けて唱えていた「ノーモア・ヒロシマ」と同じ趣旨のことを、米国大統領自身が口にしたことである。これまで米国人が「リメンバー・パールハーバー」と日本を非難し、日本人が「ノーモア・ヒロシマ」と米国を糾弾することはあった。米国大統領が広島の悲劇を語り、その記憶を「風化させてはならない」と訴えたことは、まさに日米が七十一年の月日を経て、本物の和解をしつつあることの証であった。

そして、平成二十八年（二〇一六）十二月七日（ハワイ時間）にハワイで行われた真珠湾攻撃七十五周年の式典に安倍総理が出席してこれに応えたことで一つの形が完成した。無論、真珠湾攻撃で日本軍は民間人を殺戮していない。それでも、米国の大統領が「ノーモア・ヒロシマ」と投げかけ、日本の首相が「リメンバー・パールハーバー」と応えたことで、もう一つ次元の高い和解の段階に達した。

そして、最も高い次元の和解が成立するのは、将来米国人たちが、自らの力でその過ちに気付き、頭《こうべ》を垂れる時である。それがいつになるか知る由もない。だが、米国人は実に賢い。これまで先住民迫害、黒人の奴隷酷使など自らの過ちを認め、戒めとしてきた。同様に、彼等は原爆投下についても、自らの力でその過ちに気付く時が必ず訪れる。罪のない人を三〇万人も殺戮して、それが「正しい」訳がないのは、米国人が一番分かっている。原爆アレルギーはその意識の裏返しである。原爆が人命を救った事実はない。ただあるのは、原爆が罪なき人を殺した事実である。

先述の通り、米国の若年層では、原爆投下は「誤り」と考えるようになった。この訪問で、その勢いは更に加速するであろう。そして、今の若年層はあと二十年もすれば、米国の政治、経済、軍事を動かす中心的世代になる。原爆投下を肯定する論調は今後衰退することはあっても、伸びることはない。すなわち、米国の世論が将来「原爆投下は誤りだった」というところに着地するのは時間の問題といえる。米国民の圧倒的な支持を受けて大統領が過ちを言葉にする日を、私たち日本人はただ待つのみである。

将来もしそのような言葉を受けたなら、私たちは米国を許し、未来への希望を述べるだけのこと。それで日米の完全なる和解が成立するのである。その日が来るまで、私たちは温かい眼差しで友人たちを見守っていきたい。

❖約二〇〇年振りとなる譲位

平成二十八年（二〇一六）一月のフィリピン御訪問は友好親善が目的だったが、やはり両陛下の強い御希望により、比島戦没者の碑で御拝礼になった。マニラから約七〇キロメートル離れた山の中にあるため、ヘリコプターでの御移動となった。フィリピンでは約五一万人の日本人が戦没している。このフィリピンでの慰霊は、天皇陛下にとっては、慰霊の旅の終着点になった。

この年の八月八日には「象徴としてのお務めについての天皇陛下のおことば」が公表された。平成の天皇陛下は「既に八十を越え、幸いに健康であるとは申せ、次第に進む身体の衰えを考慮する時、これまでのように、全身全霊をもって象徴の務めを果たしていくことが、難しくなるのではないかと案じています」と仰せになり、譲位の御意向を示唆なさった。

皇室典範には譲位の規定がなく、皇位継承は天皇の崩御によってのみ行われることになっている。その後、譲位に関して国民的議論を経て、平成二十九年（二〇一七）に衆参両院で全会一致により「天皇の退位等に関する皇室典範特例法」が可決された。そして、平成三十一年（二〇一九）四月三十日を以って平成の天皇陛下は八十五歳にして譲位あそばされ、五月一日に皇太子徳仁《なるひと》親王殿下が御即位になった。新しい元号は「令和」とされた。天皇の譲位は、江戸時代後期に光格《こうかく》天皇が文化十四年（一八一七）に譲位なさって以来、二〇二年振りの譲位となった。

平成三十年（二〇一九）十二月二十日、平成の天皇陛下は、天皇としての最後の記者会見で「平成が戦争のない時代として終わろうとしていることに、心から安堵しています」と仰せになった。少年時代に先の大戦を体験なさり、昭和天皇から慰霊の旅を受け継いで、常に世界と日本の平和を願っていらっしゃった陛下が、三十年間の平和に言及なさったことは、実に感慨深い。

思えば、現代日本人は戦争がないことが、当たり前になってしまっているのではなかろうか。昭和、大正、明治は、それぞれ大きな戦争があり、孝明天皇の時代も戊辰戦争、馬関戦争、薩英戦争などを経験している。戦争らしい戦争のなかった時代といえば、その父帝の仁孝《にんこう》天皇の御世にまで遡らなければならない。平和は何事にも代え難く、平和であってこそ国民は幸せになり得る。身を以って平和な時代を築いて下さった平成の時代の両陛下に感謝申し上げたい。我が国を取り巻く環境は益々困難になっている。平和な時代が、令和、そしてその先の時代にも続くには、私たち国民も余程努力をしないといけない。

平成の時代は決して平坦な時代ではなかった。昭和の後を受け継いだ平成は、国際社会が大きく変動する中で、日本国民の価値観も大きく変化した時代でもあった。敗戦により物事の価値観が一気に転換した昭和の時代とは異なり、平成の時代は、ゆっくり大きく価値観が変化した時代であり、昭和とはまた違った難しい時代だったと思う。

それでも、両陛下が、常に国民に絶大なる関心を向け、国民に寄り添う努力と工夫を積み上げて下さったことで、昭和と平成を通して「天皇と国民の絆」は変わらずに保たれた。故に、日本は今日も日本なのである。

17 令和

❖「歴代天皇のなさりよう」

令和元年（二〇一九）五月一日、皇居宮殿で剣璽等承継《けんじとうしょうけい》の儀《ぎ》が行われ、古《いにしえ》より歴代天皇に伝えられた三種の神器《しんき》が新天皇陛下に継承された。同日、即位後朝見《ちょうけん》の儀が行われ、その後、十月に即位礼正殿《そくいれいせいでん》の儀《ぎ》、また十一月に大嘗祭《だいじょうさい》が斎行《さいこう》され、一連の皇位継承儀礼が完了した。天皇陛下は第一二六代であらせられる。こうしてまた新しい日本の時代が始まった。

即位後朝見の儀では、天皇陛下が初めて勅語を賜った。そこには、短いながらも令和の時代の天皇像が明確に示されていた。

「日本国憲法及び皇室典範特例法の定めるところにより、ここに皇位を継承しました。この身に負った重責を思うと粛然たる思いがします。

顧みれば、上皇陛下には御即位より、三十年以上の長きにわたり、世界の平和と国民の幸せを願われ、いかなる時も国民と苦楽を共にされながら、その強い御心《みこころ》を御自身のお姿でお示しになりつつ、一つ一つのお務めに真摯に取り組んでこられました。上皇陛下がお示しになった象徴としてのお姿に心からの敬意と感謝を申し上げます。

ここに、皇位を継承するに当たり、上皇陛下のこれまでの歩みに深く思いを致し、また、歴代の天皇のなさりようを心にとどめ、自己の研鑽《けんさん》に励むとともに、常に国民を思い、国民に寄り添いながら、憲法にのっとり、日本国及び日本国民統合の象徴としての責務を果たすことを誓い、国民の幸せと国の一層の発展、そして世界の平和を切に希望します」（宮内庁ウェブサイト）

全体の半分ほどで、上皇陛下について言及なさり、上皇陛下のお築きになった天皇像を継承することをお示しになった。また、この勅語は、概ね上皇陛下の即位礼正殿の儀での勅語を踏襲したものだったが「歴代の天皇のなさりようを心にとどめ」の部分は、新たに加えられているため、この部分は天皇陛下の強い御意志の表れと思われる。

天皇陛下は、皇太子時代にも歴代天皇について言及なさったことがある。皇太子時代の平成二十九年（二〇一七）のお誕生日に際しての記者会見でのことである。「象徴天皇の在り方」についてお話しになる中で、後奈良《ごなら》天皇が、疾病の流行に際して、宸筆《しんぴつ》の般若心経を全国の一宮に奉納なさったことや、疾病等で納経なさった天皇として、嵯峨《さが》天皇、後嵯峨《ごさが》天皇、伏見《ふしみ》天皇、後光厳《ごこうごん》天皇、後花園《ごはなぞの》天皇、後土御門《ごつちみかど》天皇、後柏原《ごかしわばら》天皇を挙げ、次のように仰せになった。

「私自身、こうした先人のなさりようを心にとどめ、国民を思い、国民のために祈るとともに、両陛下がまさになさっておられるように、国民に常に寄り添い、人々と共に喜び、共に悲しむ、ということを続けていきたいと思います」（宮内庁ウェブサイト）

上皇陛下と上皇后陛下と歴代天皇の「なさりよう」を心にとどめつつ、天皇の責務をお果たしになるとのお考えに、伝統を継承する責任感、そして皇統を受け継ぐ意識を垣間見《かいまみ》ることができよう。

では、過去にばかり倣《なら》うお考えかといえば、そうではない。「即位後朝見の儀」の勅語にある「常に国民を思い、国民に寄り添いながら」の部分は、時代の変化とともに柔軟に変化させなければならないことであり、創造的な部分といえよう。

例えば、歴代天皇で、初めて日本各地を巡幸なさったのは明治天皇だった、戦後の全国巡幸《じゅんこう》で群衆の中にお入りになり、戦争や災害の被災地を御訪問になって、初めて被災者に直接お声をお掛けになったのは昭和天皇だった。そして、被災地で膝を付けて目線を下げて被災者と対話なさったのは上皇陛下だった。いずれも大きな変化といえる。昭和天皇が歴代天皇で初めてお田植えをなさったのも同様である。このように、上皇陛下が国民に寄り添うお姿は、歴代天皇のなさった創意工夫をお引継ぎになってこそ体現しえたものと拝察される。

保守と革新は対極のものと観念されることが多いが、保守とは、革新の連続により初めて受け継がれるものなのである。大切なものを守り次に伝えていくためには「何を変えるか」ではなく、「何を変えないか」が大切ではなかろうか。二〇〇〇年以上、皇統が受け継がれてきたのは、歴代天皇がことある度に神武創業の精神に立ち返って、皇祖皇宗《こうそこうそう》から受け継いだ大御心《おおみごころ》を大切になさったからに他ならない。守るべきものを明確にした上で、改革を実行するのが正しいものの考えであることが分かる。

令和二年（二〇二〇）は、中国の武漢から始まった武漢肺炎（新型コロナウイルス）が全世界に伝播し、世界中で多くの死者が出たほか、世界経済が麻痺する事態に陥った。

政府が緊急事態宣言を出した三日後の四月十日、両陛下は、新型コロナウイルス感染症対策専門会議の副座長である尾身《おみ》茂《しげる》氏から進講をお受けになった。午後五時半からのご進講は当初四十分の予定だったところ、午後七時までの一時間半に及んだ。両陛下は、それだけ熱心に諸々のことを御下問になったことと思われる。

天皇陛下が皇太子時代に、疫病の流行に際して祈りを捧げた歴代天皇について仰っていたこと、そして、そのような「歴代天皇のなさりよう」について即位後朝見の儀で仰せになったことは、とても偶然とは思えない。日本は他国と比べると、武漢肺炎の感染者と死亡者は少なく抑え込めている。その理由については議論百出ではあるが、天皇陛下の祈りの力、そしてそのような陛下の真摯なお姿に接した国民の努力も影響しているのではないかと思う。

❖日本領土への中国の野心

二十一世紀の日本の最大の課題は、日本国の存立をいかに守るかである。戦後、平成時代までは、追従を許さない強大な軍事力を持った米国に守られてきたうえ、中国の実力はまだ小さかった。しかし、世界情勢は今後激変する。米国の優位は今後相対的に低下し、中国の実力が増大することは明らかで、日米安保だけで日本の安全が担保される時代ではなくなる。また、有事の際にどれほど米国が日本を守ってくれるかは、その時の米国世論次第であり、今後、日米安保は「ないよりあった方がよい」程度に見ておく必要がある。

令和二年（二〇二〇）、米国の安全保障研究機関「戦略予算評価センター」が「日本の海洋パワーに対する中国の見解」と題する調査報告書を作成した。このことは『産経新聞』が詳細を伝えている。報告書は「中国はこの五年ほどで海軍力を劇的に増強し、日本に対して大幅な優位を獲得した」とし、日本の海上自衛隊はこれまでアジアでの主要な海洋パワーとしての戦闘力や抑止力を保持してきたが、今では中国に確実に後れをとり、その能力逆転はインド太平洋における戦後の重要なパワーシフトであると述べる。

この報告書が特に懸念したのは、中国側が日本に対して海軍力で優位に立ったことで「自信と誇り」を強め、対日戦略で好戦的な傾向を増してきた点である。しかも、日中で軍事衝突が生じても、米国は介入しないというのが中国の読みだという。現に中国は尖閣諸島への間合いを詰めてきていて、日常的に領海に公船を侵入させている。日中間の軍事衝突の危険性は確実に増していると見なければならない。

中国は尖閣諸島の領有権を主張し、実際に奪還に向けた行動を起こしているが、中国が沖縄の領有権を主張し始めていることは看過できない。平成二十五年（二〇一三）五月八日付の中国共産党機関紙『人民日報』は、沖縄県について「歴史上の懸案であり、未解決の問題だ。改めて議論する時期が来た」と主張する学者の論文を掲載した。これまで、沖縄の地位が未確定という主張をする中国の研究者はいたが、共産党機関紙がこれを取り上げたのは異例である。

そしてその三日後の五月十一日には人民日報の国際情報紙である『環球時報』が、沖縄の独立勢力を「育成すべき」と中国政府に提案する社説を掲載した。社説は「日本が最終的に中国と敵対する道を選んだならば、中国はこれまでの政府の立場の変更を検討し、琉球（沖縄）問題を歴史的な未解決の懸案として再び提出しなければならない」と主張した。その具体的方法として、先ず「琉球問題に関する民間レベルの研究・討論を開放し、日本が琉球を不法占拠した歴史を世界に周知させる」。次に「中国政府が琉球問題に関する立場を正式に変更し、国際会議などで問題提起する」。それでも日本政府が中国と敵対する姿勢を続けるならば「琉球国の復活を目指す組織を中国が育成し、支持すべきだ」と提案した。そして更に「二〇〜三〇年がたてば、中国の実力は強大になる。決して幻想ではない」と主張している。同紙編集長の胡錫《こしゃく》進《しん》氏は習近平国家主席の周辺に近いと見られている。

また、平成二十三年（二〇一一）にクリントン米国務長官（当時）が過去に南シナ海の領有権問題を中国と協議した際に、中国側が「ハワイの領有権を主張することもできる」と発言したことを述べている。また、太平洋軍のキーティング司令官（当時）が平成十九年（二〇〇七）に訪中した際、中国海軍幹部から「ハワイより東を米軍、西を中国海軍が管理しよう」と持ち掛けられたと証言している。そして、平成二十五年の米中首脳会談の席で、習近平主席はオバマ大統領に「太平洋には両大国を受け入れる十分な広さがある」と語ったことは有名である。中国の野心は留まるところを知らない。

中国はアメとムチを使い分けることで有名である。一連の報道により、日本が尖閣諸島の領有権で譲歩しない場合、中国は沖縄の独立勢力を育成し、沖縄の領有権問題を問う発想が政権中枢にあることが分かる。琉球が清に朝貢していたことを理由に領有権を主張するなら、古墳時代に日本も宋に朝貢した事例があるため、同じ理屈で日本も中国の一部ということになろう。暴論の極みである。まして、清と中華人民共和国は別の国であり、清に朝貢したことをもって、中国の領有が認められるはずがない。

日本領土を中国の野心から守るには、第一に、国防に対する日本国民の意識を高める必要があり、第二に、日本侵略を目論む中国がそれを断念するほどの防衛力を日本が保持すること、第三に、日米同盟を強化し有事には必ず米軍が介入すると中国に信じさせることが不可欠となる。それに追加するなら、日本と台湾が緊密に連携することである。中国とて、日本、米国、台湾が鉄板の連携をすれば、そこに戦いを挑むのは容易ではない。故に尖閣が狙われるのである。台湾が尖閣諸島の領有権を主張しているからである。

歴史が示すように、中国は「孫子の兵法」の国であり、合理的な判断をすると考えてよい。つまり、明らかに不利であると知りながら戦端を開くことはない。軍事的抑止力は、中国に対しては有効に機能する。

近年、米中貿易戦争、米中テクノロジー戦争、米中通貨戦争が進行している。米中を軸に、かつての東西冷戦と同じような対立構造となる可能性がある。自由で人権を尊重する資本主義の国の経済と、不自由で人権がない共産主義の国の経済が覇権を争う時代に入ると見られる。そのように世界情勢が大きく変化する中で、日本はどのように独立を維持するのか、国民一人ひとりが当事者として意識を高めていかなければならない。

先の大戦から学ぶことは二つある。高度な情報を収集する力と、国際情勢を読み解く力を持ち、世界の動向を先読みして、いかなる状況に至っても「絶対に戦争を回避すること」が第一である。そのような努力をしてもどうしても戦争が回避できない場合は、被害を最小限に抑えて「絶対に戦争に勝利すること」が第二である。そのために、今日本が何を為すべきか、真剣に議論しなければならない。

❖現在の皇室は二〇〇〇年の集大成

神武創業の始めから、日本は激動の時代をいくつも乗り越えて現在に至る。時代毎に天皇の在り方は変化してきたが、「祈る存在」ということは変わることがない。

幕末の孝明《こうめい》天皇は、欧米列強からの浸食を食い止めようと、臣下を激励し、祈りの力によって日本を守ろうとなさった。明治天皇は、公務に邁進することで、能力のある臣下を的確に信任激励なさって彼らに勇気と力を与え、以って日本をいち早く近代化させ、富国強兵の国に導き、日本を存立させた。大正天皇は、人類の普遍的な価値観を大切になさり、誰もが模範とする理想的な家族像をお示しになり、天皇と国民との心理的距離を近づけた天皇だった。

そして、昭和天皇は、そのような三代の天皇の異なった要素を余すところなくお引き継ぎになった、均衡の取れた天皇でいらっしゃったと思う。平成の天皇陛下は、全ての要素をさらに積み上げ、神武天皇以来の集大成とも申し上げるべき御存在ではなかろうか。そして、そのような先帝を受け継ぐ今上《きんじょう》天皇も、歴代でも理想的な天皇にお成りあそばすことだろう。

しかし、皇族が減る傾向にあることは危惧しなければならない。歴史的に皇族は天皇を補佐する役割を担ってきたが、皇族不在では多様化する御公務に対応することは難しい。平成十八年（二〇〇六）に秋篠若宮《あきしののわかみや》殿下がご誕生あそばしたものの、将来若宮殿下が天皇に即位なさる時、宮家は一つもなくなることがほぼ確実である。皇室典範を見直し、今後一定数の皇族を確保する方法を検討しなくてはならない。安易に女性天皇と女系天皇を容認するのではなく、伝統に則って、先ず男系継承を維持する方法を考えなくてはならない。

悠久の歴史の中、皇室は何度も危機に遭遇したが、奇跡的に全てを乗り越え、現在の皇室がある。そして世界の君主の中で、皇室は世界最古の家柄であり、我が国は現存する国家の中で最も長い歴史を持つ。かつての皇室がそうだったように、皇室が存続することで、将来の日本はあらゆる危機を乗り越えていくに違いない。

先の大戦で全てを失った日本だったが、終戦から僅か二十三年間で、百数十の国々を抜いて世界第二位の経済大国に躍進した（現在は第三位）。明治期の奇跡の成長を、再び成し遂げたのである。近代初期に経済弱小国だった国の中で経済大国に成長して列強に加わった国は日本だけだったが、大戦終結時に経済弱小国だった国の中で経済大国に成長して列強に加わった国も日本だけである。この偉業を成すには多くの人々の努力があった。戦後の日本の復興はどのように果たされたのか、記憶にとどめておきたい。

今の日本が平和で、豊かで、安全で、世界から尊敬され、そして文化の香りも高い国であるのは、先人たちが努力を積み上げてきたお陰である。先の大戦では、自らの命を投げ出して祖国日本を守ろうとした若い兵士たちがいた。歴史を学ぶということは、自分のルーツを知ることでもある。本書で扱った全ての時代は、我々の先祖たちが生き抜いてきた時代である。歴史には「流れ」があり、歴史は「過去」と「今」、そして「未来」を繋げるものである。未来の「日本」や「世界」を知るために、私たちは歴史を勉強する。私たちは二〇〇〇年以上の経験と叡智の蓄積を「歴史」という形で学ぶことができる。今を生きる私たち日本人がこの日本国史を最大限に活かす時、日本の未来が拓けるのである。

およそ世界の王や皇帝は軍事施設の中に住むものである。現在の皇居は徳川の城だが、一〇〇〇年以上、歴代天皇がお住みになった京都御所には、濠も石垣も櫓《やぐら》もなく、中には兵が駐留する施設すらない。外部とはたった一枚の塀で区切られているだけで、平城京や藤原京も同様だった。天皇が民の幸せを祈り、民は天皇を敬愛して国を支えてきた。そのような我が国の国体を、目で見ることができるのが京都御所の佇《たたず》まいではなかろうか。日本は天皇の知らす国なのである。

解説

皇學館大学教授
新田　均

「『天皇の国史』を文庫化するので下巻（日本の中世〜日本の現代）の解説を書いていただきたい」との依頼がＰＨＰ研究所の藤木英雄さんから届いた。中身については「解説に限らず、竹田恒泰先生とのご縁、交流のエピソード等についても」とのことだった。竹田さんには、現在、私が勤務している皇學館大学現代日本社会学部で「日本国家論」と「日本政治論」を講じていただいている他、これまで色々とお世話になってきた。即座にお引き受けした。

竹田さんとの最初の出会いは、彼が主宰している竹田研究会の伊勢での研修に私が講師として招かれた時だったと思う。確か皇位継承問題について話したように記憶している。それ以来、竹田研究会の研修が伊勢であると本学の教室を講義に使っていただいたり、研修後の夕食をご一緒したりという関係が続いている。

ある席で、日本の酒作りの伝統を守るために「国酒禊《こくしゅみそぎ》プロジェクト」を実施していると話して下さった。竹田さん自身も田植えや仕込みに参加して、愛媛県で日本酒を作っているという。この取り組みに刺激を受けて、私も、米作りと神事とのつながりを復活させるために、皇學館の学生が田植え、稲刈り、醸造始め、醸造終わりの四回、神事を行うプロジェクトを始めた。酒の名前は「神都の祈り」。今年で六年目を迎えるが、東儀秀樹《とうぎひでき》さん作曲のテーマ曲ができたり、ロンドンの酒セレクションで最高賞、ボルドーの酒チャレンジで金賞をとったりと、竹田さんの思いに応えられるような展開になってきている。

また、竹田さんには、私が理事を務める「伊勢麻振興協会」の顧問を引き受けていただいている。この取り組みは、日本の神事に不可欠の素材である大麻繊維（精麻《せいま》）の生産が今や風前の灯火である現状を克服するために、伊勢の企業家が提唱し、それに三重県の神社界が応える形で始まった。偏見に基づく多くの不合理な規制を乗り越えて国産大麻の栽培をなんとか実現し、開始五年目にして、伊勢神宮に精麻を奉納することができた。竹田さんは、その奉納に参加して下さり、ユーチューブの「竹田恒泰チャンネル」でも紹介して下さった。

＊　＊　＊

竹田さんはお国のために実に様々な活動に挺身しておられる。私との関わりは、その一部に過ぎないが、竹田さんの原動力は、彼の歴史観・国家観にあると私は見ている。平成十八年（二〇〇六）に最初の著書である『語られなかった皇族たちの真実』（小学館）を出版されて以来、本作品の単行本を令和二年（二〇二〇）に刊行するまで、実に単著二一冊、共著一〇冊、雑誌記事二一一本を世に送り出され、本作品はその集大成になったといわれている。つまり、竹田さんの歴史観・国家観の集大成が本作品なのである。

その核心とは何か。本作品は「日本は天皇の知らす国である」という宣言で始まり、同じく「日本は天皇の知らす国なのである」という断言で閉じられている。竹田さんによれば「『日本とは何か』という問いに真摯に向き合うと、自ずとこの答えに辿り着く」という。その実例として、大日本帝国憲法を起草する大役を担った井上毅《こわし》をあげられている。井上は、憲法の冒頭に日本の国柄を簡潔に書くために、日本国史を総ざらいする必要があり、『古事記』『日本書紀』をはじめとする国史に関係する膨大な量の本を読み込んだ。その結果を彼は「日本帝国ハ万世一系ノ天皇ノ治《しら》ス所ナリ」と、帝国憲法第一条の草案で表現した。「しらす」は天孫降臨の際の神勅に由来し、「知る」の敬語である。つまり、日本とは、天皇が国の状態をよく理解して治める国ということになる。ただし、「しらす」は古語であったために、伊藤博文の判断で、この意味は残して、一般的な「統治ス」に修正された。

竹田さんが本作品を執筆された意図は、井上毅が膨大な量の本の山に分け入り、漸《よう》く答えに辿り着いた過程を、この一冊を読むだけで、読者に体験してもらうことである。したがって、日本神話から始めて、考古学と史学の最新の学説を数多く取り込み、現代に至るまでが語られている。そして、その語り方は、従来の通史が、めまぐるしく交代する権力者を中心としていたのに対して、二〇〇〇年来変わることがなかった天皇を軸に据えている。本作品が『天皇の国史』と銘打たれる所以《ゆえん》である。

また、これまでの「日本史」は、まるで外国人が日本の歴史を学んでいるかのように、感情を排して淡々と綴られるのが常だった。本作品は、そのような反省に立って、現存する最古の国家である我が国の歴史を、日本人の、日本人による、日本人のための歴史として、感動を持って綴ることを意図している。これまた、本作品が、「天皇の国史」と銘打たれる所以である。

*　　*　　*

冒頭で述べたように、私に課された使命は、文庫版の本書（下巻）の中世から現代までの解説である。しかし、専門が近代に限られる私が「解説」するというのはおこがましいので、「天皇の国史」という観点から興味を引かれた言葉を、各時代ごとに抜き書きして、その責に代えたいと思う。

鎌倉時代

※北条氏はなぜ上皇を処刑しなかったか

《承久の変で朝廷はにわかに力を落としたが、それでも存続したことは『皇室の底力』の一つといえる。逆に何者によっても倒されることのない最強の地位を確保したこともまた事実である。後にも先にも日本史において、朝廷を倒すための戦争は一度も起きたことがない。》

室町時代

※皇位簒奪を目指した足利義満

《我が国は二〇〇〇年以上の長きに亘《わた》り、男系の血筋を継承してきた。天皇の正統性の原理は血統なのであり、これを違えてしまったら、もはやそれは天皇ではあり得ない。廷臣たちは義満のいいなりだったはずだが、太上天皇尊号宣下ばかりは命懸けで却下した。》

安土桃山時代

※織田信長は秩序の破壊者か保護者か

《正親町天皇と信長の関係は、全期間を通じて極めて良好だったと結論できる。》

《足利義満や豊臣秀吉と異なり、信長は、朝廷に入り込んで、自ら朝廷政治を差配しようとする気概が見られない。そのことから、信長が目指したのは、天皇の後ろ盾による武家政権を立てることだったと思われる。しかし、官職に無頓着だった信長は、

将軍に任じられることを目標としていたとも思えない。》

江戸時代

❖幕府と激しく対立した後水尾天皇

《家康が死去した元和二年（一六一六）、家康に東照大権現の神号を贈ったのは後水尾天皇だった。家康が自らを神として拝めと命じたところで神にはなれない。だが、天皇は人を神にする力を持っているのである。》

❖御所千度参りと窮民救済の申し入れ

《飢饉で困り果てた町人たちはそれまで何度も京都町奉行所へ願い出たが救済の措置はなされず、その結果民衆は御所へ直接救済を訴えることになったのが、この御所千度参りの始まりだった。そのような政治的な背景の他に、千度参りでは民衆が天皇を神と捉えて豊作を祈願する宗教的な要素が存在している。人々は主に五穀豊穣を祈った。》

明治時代

❖「五箇条の御誓文」の意味

《『五箇条の御誓文』は第一項に『広ク会議ヲ興《おこ》シ万機《ばんき》公論《こうろん》ニ決《けっ》スヘシ』（広く人材を集めて会議を開き、重要なことはすべて公《おおやけ》に議論して決めましょう）と掲げている。古《いにしえ》より日本には独裁をよしとする思想はなく、虚心坦懐に話し合いをすることで自ずと正しい答えを得られると信じられてきた。〔中略〕『古事記』にも、重要なことは神々が話し合いをして決めたことが記されている。〔王政復古の〕大号令がいう「至当の公議」は、御誓文にこのように表現された。そしてこの方針は、やがて大日本帝国憲法として結実し、議会の設置に繋がっていく。》

❖日本を小国から大国に押し上げた偉大な明治天皇

《明治天皇の時代は、優秀な政治家たちが命をかけて政治に没頭した時代だった。明治天皇は能力ある政治家たちを的確に信任激励なさり、その威光は彼らに勇気と力を与えた。明治天皇なくして我が国の近代化はなかったといえよう。》

大正時代

❖摂政設置の両陛下の憲法上の問題点

《現在の両陛下をはじめ皇族方のなさりようは、大正天皇に由来するものが多い。人間的で家庭的な皇室の在り方が既にそうであるし、誰とでも分け隔てなく積極的にお話しになるのも大正天皇由来である。現在ではあまりに普遍的であるため大正天皇を想起しないが、現在の皇室の原型は大正天皇が作り出したものといっても過言ではない。》

昭和時代(戦前・戦時期)

❖支那事変で戦時体制に入った日本

《昭和十五年（一九四〇）六月二十五日、秩父宮が病に倒れ、間もなく肺結核と診断され、現役を退き療養生活に入った。これは日本にとって不幸なことだった。それから僅か四カ月の間に、後に述べるように日独伊三国同盟が締結され、日本軍が北部仏印《ほくぶふついん》（フランス領インドシナ）に進駐する。もし秩父宮が肺結核に罹らず、参謀本部戦争指導班にいたら、両方とも簡単に決まったはずがない。石原莞爾は戦後になって「（秩父宮）殿下がご病気になられさえしなかったら、太平洋戦争は起りはしなかったろう。一九四〇年（昭和十五年）まで殿下は参謀本部におられた。殿下こそは陛下と国民を結びつけ、戦争をさけることができた唯一人のお方であった。殿下は日華事変開始に反対され、後には、東亜連盟の理念にもとづいてこれを処理しようとなされた」（マーク・ゲイン『ニッポン日記』一九六三）と語っている。》

昭和時代（戦後期）

❊東久邇宮内閣成立と皇族の特派

《玉音放送があった翌日の昭和二十年（一九四五）八月十六日、皇族の朝香宮鳩彦《あさかのみややすひこ》王、東久邇宮稔彦《ひがしくにのみやなるひこ》王、竹田宮恒徳《たけだのみやつねよし》王、閑院宮春仁《かんいんのみやはるひと》王に昭和天皇から突然の御召《おめ》しがあった。昭和天皇は緊張した面持ちで「ご苦労だが君たち夫々《それぞれ》が手分けして第一線に行って自分に代わって自分の心中をよく第一線の将兵に伝え、終戦を徹底させて欲しい」と仰せになった（竹田恒徳「終戦秘話」一九八六）。敵と向かい合う第一線の軍が矛を収めないと、聖断は水泡に帰す。しかし、軍には徹底抗戦を主張する者もいて、武装解除を徹底させるには皇族を派遣する以外になかった。》

❖昭和の無血開城と一一宮家の皇籍離脱

《海軍航空隊の一部は最後まで抗戦の構えだったが、各地を回って説得したのは高《たか》松《まつのみや》宮だった。それらが奏功し、占領軍の先遣隊が厚木《あつぎ》飛行場に降り立った八月二十八日までに全軍の武装解除は完了した。占領軍の進駐に当たり、銃弾の一発も暴発しなかったことは、江戸城無血開城に続く「昭和の無血開城」というべきもので、歴史的にも稀有である。》

平成時代

❖約二〇〇年振りとなる譲位

《両陛下が、常に国民に絶大なる関心を向け、国民に寄り添う努力と工夫を積み上げて下さったことで、昭和と平成を通して「天皇と国民の絆」は変わらずに保たれた。故に、日本は今日も日本なのである。》

令和

❖「歴代天皇のなさりよう」

《即位後朝見の儀では、天皇陛下が初めて勅語を賜った。そこには、短いながらも令和の時代の天皇像が明確に示されていた。〔中略〕全体の半分ほどで、上皇陛下について言及なさり、上皇陛下のお築きになった天皇像を継承することをお示しになった。また、この勅語は、概ね上皇陛下の即位礼正殿の儀での勅語を踏襲したものだったが「歴代の天皇のなさりようを心にとどめ」の部分は、新たに加えられているため、この部分は天皇陛下の強い御意志の表れと思われる。》

渡部昇一《わたなべしょういち》先生の『日本史から見た日本人』の刊行が始まったのは昭和四十八年、私が中学三年の時だったが、実際に手に取ったのは大学に入ってからだった。当時の渡部先生は四十代後半、博覧強記、新進気鋭の保守論客で、貪るように読んだことを覚えている。しかし、その後は、最新の学説を踏まえつつ、分かりやすく、かつ、独自の視点から、問題意識を強烈に刺激する通史を書く人物は長らく現れなかった。本書は、一人で中学校の歴史教科書を書くという〝無謀〟な試みに挑戦してきた竹田さんだからこそ書き上げられた大著である。あの頃の私にとっての渡部先生の著書がそうだったように、今日の若者に本書が貪り読まれることを願ってやまない。

主要参考文献

第三部　日本の中世

〈項目をまたいで参考にした文献〉

久水俊和＝石原比伊呂編『室町・戦国　天皇列伝―後醍醐天皇から後陽成天皇まで』（戎光祥出版、二〇二〇年）
脇田晴子『天皇と中世文化』（吉川弘文館、二〇〇三年）

8 鎌倉時代

石井進『日本の歴史7―鎌倉幕府（改版）』（中公文庫）（中央公論新社、二〇〇四年、初出一九七一年）
五味文彦『鎌倉時代論』（吉川弘文館、二〇二〇年）
坂井孝一『承久の乱―真の「武者の世」を告げる大乱』（中公新書）（中央公論新社、二〇一八年）
関幸彦『敗者の日本史6　承久の乱と後鳥羽院』（吉川弘文館、二〇一二年）
永井晋『鎌倉源氏三代記』（吉川弘文館、二〇一〇年）
服部英雄『蒙古襲来と神風―中世の対外戦争の真実』（中公新書）（中央公論新社、二〇一七年）
兵藤裕己『後醍醐天皇』（岩波新書）（岩波書店、二〇一八年）
本郷和人『承久の乱―日本史のターニングポイント』（文春新書）（文藝春秋、二〇一九年）

美川圭『後白河天皇―日本第一の大天狗』(ミネルヴァ書房、二〇一五年)
森茂暁『後醍醐天皇―南北朝動乱を彩った覇王』(中公新書)(中央公論新社、二〇〇〇年)

9 室町時代

石原比伊呂『室町時代の将軍家と天皇家』(勉誠出版、二〇一五年)
小川剛生「足利義満の太上天皇尊号宣下」(『藝文研究』慶應義塾大学藝文学会、二〇一一年)一〇一、一九六－二一七頁
上念司『経済で読み解く日本史―室町・戦国時代』(飛鳥新社、二〇一九年)
田中健夫「足利将軍と日本国王号」(『前近代の国際交流と外交文書』吉川弘文館、一九九六年)
中世後期研究会編『室町・戦国期研究を読みなおす』(思文閣出版、二〇〇七年)
橋本雄「室町幕府外交は王権論といかに関わるのか?」(『人民の歴史学』東京歴史科学研究会、二〇〇〇年九月)一四五、一－一一頁
橋本雄「室町幕府外交の成立と中世王権」(『歴史評論』歴史科学協議会、一九九八年十一月)五八三号、一九－三三頁
桃崎有一郎『室町の覇者足利義満―朝廷と幕府はいかに統一されたか』(ちくま新書)(筑摩書房、二〇二〇年)
森茂暁『南朝全史―大覚寺統から後南朝へ』(講談社、二〇〇五年)
森幸夫「足利義嗣の元服に関する一史料」(『古文書研究』二〇一四年)七七、一一四－一一六頁

第四部　日本の近世

〈項目をまたいで参考にした文献〉

藤井讓治『天皇の歴史5　天皇と天下人』（講談社学術文庫）（講談社、二〇一八年、初出二〇一一年）

神田裕理『朝廷の戦国時代—武家と公家の駆け引き』（吉川弘文館、二〇一九年）

10 安土桃山時代

今谷明『信長と天皇—中世的権威に挑む覇王』（講談社現代新書）（講談社、一九九二年）

金子拓『織田信長〈天下人〉の実像』（講談社現代新書）（講談社、二〇一四年）

『兼見卿記・第一（新訂増補）』（八木書店、二〇一四年）

桐野作人「信長への三職推任・贈官位の検討」（『歴史評論』校倉書房、二〇〇五年九月）六六五号、六五－八一頁

堺有宏「信長は、なぜ蘭奢待を切り取ったのか」（『信長研究の最前線2』洋泉社、二〇一七年）一五七－一七二頁

高澤等『新・信長公記』（ブイツーソリューション、二〇一一年）

日本史史料研究会編『信長研究の最前線—ここまでわかった「革新者」の実像』（歴史新書y）（洋泉社、二〇一四年）

日本史史料研究会監修、渡邊大門編『信長研究の最前線2—まだまだ未解明な「革新者」の実像』（歴史新書y）（洋泉社、二〇一七年）

橋本政宣『近世公家社会の研究』（吉川弘文館、二〇〇二年）

ペリン／ノエル（川勝平太訳）『鉄砲を捨てた日本人―日本史に学ぶ軍縮』（中公文庫）（中央公論社、一九九一年）
堀新「信長公記とその時代」（『信長公記を読む』吉川弘文館、二〇〇九年）一―三五頁
堀新『織豊期王権論』（校倉書房、二〇一一年）

11 江戸時代

青木美智男『大系日本の歴史11　近代の予兆』（小学館、一九九三年）
家近良樹『孝明天皇と「一会桑」―幕末・維新の新視点』（文春新書）（文藝春秋、二〇〇二年）
伊良子光孝「天脈拝診―孝明天皇拝診日記一」（『医譚』一九七五年四月）四七号、二八四一―二八五二頁
伊良子光孝「天脈拝診―孝明天皇拝診日記二」（『医譚』一九七六年四月）四八号、二八七七―二八九四頁
岡部信彦「感染症の診断・治療ガイドライン―追補　天然痘（痘瘡）」（『日本医師会雑誌』二〇〇一年十二月）一二六巻一一号、一五五九―一五六一頁
刑部芳則『公家たちの幕末維新―ペリー来航から華族誕生へ』（中公新書）（中央公論新社、二〇一八年）
鎌田道隆『お伊勢参り―江戸庶民の旅と信心』（中公新書）（中央公論新社、二〇一三年）
川村純一『病いの克服―日本痘瘡史』（思文閣出版、一九九九年）
久住真也『幕末の将軍』（講談社選書メチエ）（講談社、二〇〇九年）
久保貴子『後水尾天皇―千年の坂も踏みわけて』（ミネルヴァ書房、二〇〇八年）
坂田吉雄「孝明天皇毒殺説に関して」（『産大法学』一九八〇年九月）一四巻二号、一四六―一五〇頁
サトウ／アーネスト（坂田精一訳）『一外交官の見た明治維新』（全二巻）（岩波文庫）（岩波書店、一九六〇年）

渋沢栄一『徳川慶喜公伝』（全四巻）（東洋文庫）（平凡社、一九六七年－一九六八年）
上念司『経済で読み解く日本史―江戸時代』（飛鳥新社、二〇一九年）
高埜利彦「江戸時代の皇位継承」（『論集　近世の天皇と朝廷』朝幕研究会編、岩田書院、二〇一九年）
武部敏夫『和宮』（人物叢書）（吉川弘文館、一九六五年）
田辺太一（坂田精一訳校注）『幕末外交談』（全二巻）（東洋文庫）（平凡社、一九六六年）
辻達也編『日本の近世2　天皇と将軍』（中央公論社、一九九一年）
仁科邦夫『犬の伊勢参り』（平凡社新書）（平凡社、二〇一三年）
ねずまさし「孝明天皇は病死か毒殺か」（『歴史学研究』岩波書店、一九五四年七月）一七三号、二八－三六頁
東久世道禧『竹亭回顧録　維新前後』（博文館、一九一一年）
藤井譲治『徳川家康』（人物叢書）（吉川弘文館、二〇二〇年）
藤田覚『幕末の天皇』（講談社選書メチエ）（講談社、一九九四年）
藤田覚『近世政治史と天皇』（吉川弘文館、一九九九年）
藤田覚『光格天皇―自身を後にし天下万民を先とし』（ミネルヴァ書房、二〇一八年）
古川薫『幕末長州藩の攘夷戦争』（中公新書）（中央公論社、一九九六年）
三鬼清一郎『大御所　徳川家康―幕藩体制はいかに確立したか』（中公新書）（中央公論新社、二〇一九年）
村和明『近世の朝廷制度と朝幕関係』（東京大学出版会、二〇一三年）
山川浩（遠山茂樹校注、金子光晴訳）『京都守護職始末』（全二巻）（東洋文庫）（平凡社、一九六五年－一九六六年）
山本博文『徳川将軍と天皇』（中公文庫）（中央公論新社、二〇〇四年）
吉田常吉「孝明天皇崩御をめぐっての疑惑」（『日本歴史』霞ヶ関書房、一九四九年五月）一六号、五一－五九

第五部　日本の近代

〈項目をまたいで参考にした文献〉

アキタ／ジョージ＝パーマー／ブランドン（塩谷紘訳）『「日本の朝鮮統治」を検証する　1910－1945』（草思社、二〇一三年）
芦沢紀之編『秩父宮雍仁親王』（秩父宮を偲ぶ会、一九七〇年）
牧野伸顕『牧野伸顕日記』（中央公論社、一九九〇年）

12 明治時代

明治天皇『新輯明治天皇御集』（全二巻）（明治神宮、一九六四年）
板谷敏彦『日露戦争、資金調達の戦い―高橋是清と欧米バンカーたち』（新潮選書）（新潮社、二〇一二年）
伊藤之雄『明治天皇―むら雲を吹く秋風にはれそめて』（ミネルヴァ書房、二〇〇六年）
稲田正次『明治憲法成立史』（全二巻）（有斐閣、一九六〇－一九六二年）
稲田正次『教育勅語成立過程の研究』（講談社、一九七一年）
井上毅「言霊」（『梧陰存稿・巻一』六合館書店、一八九五年）一三頁（井上毅伝記編纂委員会編『井上毅伝・資料編第三』国学院大学図書館、一九六九年、六四六頁所収）
呉善花『韓国併合への道（完全版）』（文春新書）（文藝春秋、二〇一二年、初出二〇〇〇年）
大日方純夫「対外問題・対外政策と明治天皇―日清戦後から日露戦後へ」『明治期の天皇と宮廷』（梓出版社、

二〇一六年）五七－一〇〇頁
勝岡寛次『明治の御代—御製とお言葉から見えてくるもの』（明成社、二〇一二年）
金子堅太郎『日露戦役秘録』東京府教育会編（博文館、一九二九年）二一七－二一九頁
木村毅『広島大本営の明治天皇』（雪華社、一九六六年）
キーン／ドナルド（角地幸男訳）『明治天皇』（全二巻）（新潮社、二〇〇一年）
崔基鎬『歴史再検証　日韓併合—韓民族を救った「日帝36年」の真実』（祥伝社黄金文庫）（祥伝社、二〇〇七年）
里見岸雄『明治天皇（新版）』（錦正社、二〇一三年、初出一九六八年）
角田房子『閔妃暗殺—朝鮮王朝末期の国母』（新潮社、一九八八年）
遠山茂樹『明治維新と天皇』（岩波書店、一九九一年）
新田均『「現人神」「国家神道」という幻想—近代日本を歪めた俗説を糺す。』（PHP研究所、二〇〇三年）
福沢諭吉「日清の戦争は文野の戦争なり」（時事新報、一八九四年七月二十九日付
松浦光修『明治維新という大業—〝大東亜四百年戦争〟のなかで』（明成社、二〇一八年）
水間政憲『ひと目でわかる「日韓併合」時代の真実』（PHP研究所、二〇一三年）
Eliza Ruhamah Scidmore, *As the Hague Ordains*, 2009
Sidney Lewis Gulick , *The White Peril in the Far East*, 2009

13 大正時代

大正天皇（木下彪謹解）『大正天皇御製詩集』（明徳出版社、一九六〇年）
大正天皇（岡野弘彦解説）『大正天皇御集　おほみやびうた』（明徳出版社、二〇〇二年）

石川忠人『漢詩人　大正天皇―その風雅の心』（大修館書店、二〇〇九年）
佐々木惣一『日本憲法要論』（金刺芳流堂、一九三〇年）三五五－三五九頁
里見岸雄『帝国憲法概論』（立命館出版部、一九四二年）四九〇－四九二頁
四竈孝輔『侍従武官日記』（芙蓉書房、一九八〇年）
ディキンソン／フレドリック『大正天皇―一躍五大洲を雄飛す』（ミネルヴァ書房、二〇〇九年）
鳴門市ドイツ館史料研究会編『松山のドイツ兵捕虜と収容所新聞「ラーガーフォイアー」』（愛媛新聞社、二〇一九年）
原敬『原敬日記』（全六巻）（福村出版、一九六五年―一九六七年）
原武史『大正天皇』（朝日選書）（朝日新聞社、二〇〇〇年）
ベルツ／エルウィン（ベルツ／トク編）（菅沼竜太郎訳）『ベルツの日記』（全二巻）（岩波文庫）（岩波書店、一九七九年）
美濃部達吉『逐条憲法精義』（有斐閣、一九二七年）三一七頁
森清治『ドイツ兵捕虜の足跡―板東俘虜収容所』（新泉社、二〇一九年）

14 昭和時代（戦前・戦中期）

高松宮宣仁親王『高松宮日記』（全八巻）（中央公論社、一九九六年－一九九七年）
アルペロビッツ／ガー（鈴木俊彦＝岩本正恵＝米山裕子訳）『原爆投下決断の内幕―悲劇のヒロシマナガサキ』（全二巻）（ほるぷ出版、一九九五年）
粟屋憲太郎＝伊香俊哉＝小田部雄次＝宮崎章編、岡田信弘訳『東京裁判資料　木戸幸一尋問調書』（大月書店、一九八七年）

石射猪太郎『外交官の一生』（中公文庫）（中央公論社、一九八六年）三〇四頁
石原莞爾『世界最終戦争（増補版）』（毎日ワンズ、二〇一一年、初出二〇〇八年）
石原莞爾生誕百年祭実行委員会編『永久平和への道―いま、なぜ石原莞爾か』（原書房、一九八八年）
ウォーカー／J・サミュエル『原爆投下とトルーマン』（彩流社、二〇〇八年）
岡田啓介『岡田啓介回顧録（改版）』（中公文庫）（中央公論新社、二〇一五年、初出一九五〇年）
奥住喜重＝工藤洋三訳『米軍資料　原爆投下の経緯―ウェンドーヴァーから広島・長崎まで』（東方出版、一九九六年）
川田稔『昭和陸軍全史』（全三巻）（講談社現代新書）（講談社、二〇一四年－二〇一五年）
木戸幸一『木戸幸一日記』（全二巻）（東京大学出版会、一九六六年）
木戸幸一『木戸幸一日記―東京裁判期』（東京大学出版会、一九八〇年）
木村朗＝カズニック／ピーター（乗松聡子訳）『広島・長崎への原爆投下再考―日米の視点』（法律文化社、二〇一〇年）
軍事史学会編『大本営陸軍部戦争指導班　機密戦争日誌（新装版）』（全二巻）（錦正社、二〇〇八年、初出一九九八年）
ゲイン／マーク（井本威夫訳）『ニッポン日記』（筑摩書房、一九六三年）一七八頁
後藤致人『内奏―天皇と政治の近現代』（中公新書）（中央公論新社、二〇一〇年）
近衛文麿『失はれし政治－近衛文麿公の手記』（朝日新聞社、一九四六年）
小堀桂一郎『昭和天皇』（PHP新書）（PHP研究所、一九九九年）
迫水久常『機関銃下の首相官邸―二・二六事件から終戦まで（新版）』（恒文社、一九六四年）
嶋田繁太郎『嶋田繁太郎無表題備忘録』（防衛研究所所蔵）（未刊行）

嶋田繁太郎（軍事史学会編）『嶋田繁太郎備忘録・日記Ⅰ』（錦正社、二〇一七年）
嶋田繁太郎（軍事史学会編）『嶋田繁太郎備忘録・日記Ⅲ』（錦正社、二〇二〇年）
下村海南『終戦記』（鎌倉文庫、一九四八年）
杉山元（参謀本部編）『杉山メモ』（全二巻）（原書房、一九六七年）
高松宮宣仁親王伝記刊行委員会編『高松宮宣仁親王』（朝日新聞社、一九九一年）
寺崎英成＝テラサキ／マリコ／ミラー編著『昭和天皇独白録―寺崎英成御用掛日記』（文藝春秋、一九九一年）
東郷茂徳『時代の一面―東郷茂徳外交手記』（原書房、一九八九年）
橋本徹馬『天皇秘録』（紫雲荘、一九五三年）一頁
長谷川毅『暗闘―スターリン、トルーマンと日本降伏』（全二巻）（中公文庫）（中央公論新社、二〇一一年）
原田熊雄『西園寺公と政局』（全九巻）（岩波書店、一九五〇年―一九五六年）
フーバー／ハーバート（渡辺惣樹訳）『裏切られた自由―フーバー大統領が語る第二次世界大戦の隠された歴史とその後遺症』（全二巻）（草思社、二〇一七年）
細川護貞『情報天皇に達せず』（全二巻）（同光社磯部書房、一九五三年）
細川護貞『細川護貞座談―文と美と政治と』（中央公論社、一九八六年）
細谷千博＝入江昭＝後藤乾一＝波多野澄雄編『太平洋戦争の終結―アジア・太平洋の戦後形成』（柏書房、一九九七年）
山田克哉『原子爆弾―その理論と歴史』（ブルーバックス）（講談社、一九九六年）
レー／ジョージ／ブロンソン、藤永二美訳、吉重丈夫編『「満洲国建国」は正当である―米国人ジャーナリストが見た、歴史の真実』（PHP研究所、二〇一六年）
レコード／ジェフリー（渡辺惣樹訳・解説）『アメリカはいかにして日本を追い詰めたか―「米国陸軍戦略研

究所レポート」から読み解く日米開戦』（草思社、二〇一三年）
Stimson Diary, November 25, 1945
Truman, *Off the Record*, ed. Robert H. Ferrell, 1980
Japan's Road to the Pacific War, The Final Confrontation: Japan's Negotiations with the United States, 1941
朝日新聞「有題無題」昭和十六年十月十七日付

第六部　日本の現代

15 昭和時代（戦後期）

芦部信喜『憲法（第六版）』（岩波書店、二〇一五年、初出一九九三年）
大西雄三『悲劇の泰東丸―樺太終戦と引揚げ三船の最後』（みやま書房、一九八四年）
海上保安庁編『海上保安白書（昭和四十一年版）』（大蔵省印刷局、一九六六年）
加藤進「戦後日本の出発―元宮内次官の証言」（『祖国と青年』日本青年協議会、一九八四年八月）
樺太終戦史刊行会編『樺太終戦史』（全国樺太連盟、一九七三年）
官報號外、昭和二十一年一月一日「詔書」
木戸幸一『木戸幸一日記―東京裁判期』（東京大学出版会、一九八〇年）
木下道雄『宮中見聞録』（新小説社、一九六八年）
木下道雄『側近日誌』（文藝春秋、一九九〇年）
宮内庁侍従職編『おほうなばら　昭和天皇御製集』（読売新聞社、一九九〇年）
坂本義和＝ウォード／R．E．編『日本占領の研究』（東京大学出版会、一九九五年）

嵩信彦『伝説となった日本兵捕虜―ソ連四大劇場を建てた男たち』（角川新書）（KADOKAWA、二〇一九年）
清水伸編『逐条日本国憲法審議録』（全四巻）（有斐閣、一九六二年－一九六三年）
高木清寿『東亜の父　石原莞爾』（たまいらぼ、一九八五年）
高橋史朗『天皇と戦後教育』（ヒューマンドキュメント社、一九八九年）
高橋史朗『検証　戦後教育―日本人も知らなかった戦後五十年の原点』（モラロジー研究所、一九九五年）
高柳賢三＝大友一郎＝田中英夫編『日本国憲法制定の過程―連合国総司令部側の記録による原文と翻訳』（全二巻）（有斐閣、一九七二年）
竹田恒徳『雲の上、下思い出話―元皇族の歩んだ明治・大正・昭和』（東京新聞出版局、一九八七年）
東京裁判研究会編『東條英機宣誓供述書―天皇に責任なし責任は我に在り』（洋洋社、一九四八年）
Fellers memorandum to commander in chief, October 2, 1945. フェラーズ文書（フーバー研究所所蔵）box 3
野中俊彦＝戸松秀典＝江橋崇＝高橋和之＝高見勝利＝浦部法穂編（芦部信喜監修）『注釈憲法・第一巻』（有斐閣、二〇〇〇年）
早瀬利之『石原莞爾　マッカーサーが一番恐れた日本人』（双葉新書）（双葉社、二〇一三年）
藤田尚徳『侍従長の回想』（講談社学術文庫）（講談社、二〇一五年、初出一九六一年）
ブラウ／モニカ（繁沢敦子訳）『検閲―原爆報道はどう禁じられたのか（新版）』（時事通信社、二〇一一年、初出一九八八年）
北海道新聞社編『慟哭の海―樺太引き揚げ三船遭難の記録』（道新選書）（北海道新聞社、一九八八年）
マッカーサー／ダグラス（津島一夫訳）『マッカーサー回想記』（全二巻）（朝日新聞社、一九六四年）
三島由紀夫「果たし得てゐない約束―私の中の二十五年」（サンケイ新聞、一九六五年七月七日付夕刊

宮沢俊義『憲法の原理』（岩波書店、一九六七年）
村山常雄編「シベリア抑留死亡者名簿」（http://yokuryu.world.coocan.jp/ichiran2.html）令和二年四月三十日閲覧
January 25, 1946, CA57235-MacArthur to WARCOS-JCS, *Foreign Relation of the United States*, 1946, Vol. 8, p. 396
朝日新聞「名劇場の陰　抑留の歴史—ウズベキスタン　保存へ改修」二〇一四年五月三十日付

16 平成時代

「東北地方太平洋沖地震に関する天皇陛下のおことば」宮内庁ウェブサイト
宮内庁編『道—天皇陛下御即位十年記念記録集、平成元年〜平成十年（新装版）』（NHK出版、二〇〇九年）
宮内庁編『道—天皇陛下御即位二十年記念記録集、平成十一年〜平成二十年』（NHK出版、二〇〇九年）
宮内庁編『道—天皇陛下御即位三十年記念記録集、平成二十一年〜平成三十一年』（NHK出版、二〇一九年）
寛仁親王「とどのおしゃべり—近況雑感」（『ざ・とど』八十八号、柏朋会、二〇〇五年九月）
寛仁親王＝櫻井よしこ「独占会見　天皇さま　その血の重み—なぜ私は女系天皇に反対なのか」（『文藝春秋』二〇〇六年二月）
織田和雄『天皇陛下のプロポーズ』（小学館、二〇一九年）
ハーウィット／マーティン（山岡清二監訳）『拒絶された原爆展—歴史のなかの「エノラ・ゲイ」』（みすず書房、一九九七年）
河北新報「防災無線　声の主姿なく」二〇一一年四月十二日付
河北新報「最後まで避難呼び掛け　不明の職員遺体発見」二〇一一年五月二日付

NHKニュース「宮城・南三陸町　防災無線の〝命の呼びかけ〟全音声録音見つかる」二〇一二年三月九日
朝日新聞「『陛下支えるため』皇后さま草履に　震災追悼式で和服姿の理由」二〇一二年三月十六日付
読売新聞「天安門事件『死者一万人』推計　英機密公文書　発生直後、中国側の見方」二〇一七年十二月二十五日付
毎日新聞「土記：硫黄島のギンネム＝青野由利」二〇一八年七月十四日付
共同通信「被爆者七八％、米へ謝罪求めず　広島、長崎の一一五人アンケート」二〇一六年五月二十二日付
共同通信「オバマ氏スピーチ全文」二〇一六年五月二十七日付
東京新聞「原爆投下で一〇〇〇人世論調査、米四四歳以下『誤り』多数」二〇一五年八月五日付夕刊

17 令和

産経新聞「人民日報『沖縄の領有権未解決』毛沢東以前に先祖返り」二〇一三年五月十日付
産経新聞「『琉球復活組織育成を』中国紙、今度は沖縄帰属社説」二〇一三年五月十二日付
産経新聞「中国海軍、海自より大幅優位　米研究機関報告書『尖閣奪取、日本屈服も容易に』」二〇二〇年五月二十二日付
産経新聞「軍事的優位で中国自信　米報告　尖閣『米不介入を想定』警告」二〇二〇年五月二十二日付

◆各部（上・下巻）をまたいで参考にした文献

葦津珍彦『葦津珍彦選集・第一巻―天皇・神道・憲法』（神社新報社、一九九六年）
伊藤博文『憲法義解』（岩波文庫）（岩波書店、一九四〇年、初出一八八九年）
井上秀雄『古代朝鮮』（講談社学術文庫）（講談社、二〇〇四年、初出一九七二年）

大久保利謙『岩倉具視（増補版）』（中公新書）（中央公論社、一九九〇年、初出一九七三年）
鎌田純一『神宮史概説』（神社新報社、二〇〇三年）
韓国考古学会編（武末純一監訳）（庄田慎矢＝山本孝文訳）『概説　韓国考古学』（同成社、二〇一三年）
鬼頭宏『人口から読む日本の歴史』（講談社学術文庫）（講談社、二〇〇〇年、初出一九八三年）
熊谷正秀『日本から観た朝鮮の歴史―日朝関係全史』（展転社、二〇〇四年）
河野本道『アイヌ史・概説』（北方新書）（北海道出版企画センター、一九九六年）
早乙女雅博『朝鮮半島の考古学』（同成社、二〇〇〇年）
瀬川拓郎『アイヌの歴史―海と宝のノマド』（講談社選書メチエ）（講談社、二〇〇七年）
高城修三『紀年を解読する―古事記・日本書紀の真実』（ミネルヴァ書房、二〇〇〇年）
竹内睦泰『超速！日本史の流れ（増補改訂版）』（ブックマン社、二〇一三年）
竹田恒徳「終戦秘話」（『偕行』偕行社、一九八六年一月）三－六頁
出野正＝張莉『倭人とはなにか―漢字から読み解く日本人の源流』（明石書店、二〇一六年）
日本考古学協会編『日本考古学・最前線』（雄山閣、二〇一八年）
藤尾慎一郎＝松木武彦編『ここが変わる！日本の考古学―先史・古代史研究の最前線』（吉川弘文館、二〇一九年）
藤本強『考古学でつづる日本史』（同成社、二〇〇八年）
文化財研究所奈良文化財研究所編『日本の考古学』（全二巻）（学生社、二〇〇七年）
北條芳隆＝杉原敏之＝中山誠二＝瀬口眞司＝瀬川拓郎＝宮地聡一郎＝設楽博己＝北島大輔＝谷澤亜里＝村上恭通＝辻田淳一郎＝石村智＝池淵俊一＝諫早直人＝北條芳隆（北條芳隆編）『考古学講義』（ちくま新書）（筑摩書房、二〇一九年）

本郷恵子『院政―天皇と上皇の日本史』（講談社現代新書）（講談社、二〇一九年）
美川圭『院政―もうひとつの天皇制』（中公新書）（中央公論新社、二〇〇六年）
水野俊平（李景珉監修）『韓国の歴史（増補改訂版）』（河出書房新社、二〇一七年、初出二〇〇七年）
谷田川惣『皇統は万世一系である』（日新報道、二〇一一年）
八幡和郎『令和日本史記―126代の天皇と日本人の歩み』（ワニブックス、二〇一九年）

◆本書（上・下巻）に関連する著者の書籍及び記事

竹田恒泰『語られなかった皇族たちの真実―若き末裔が初めて明かす「皇室が2000年続いた理由」』（小学館、二〇〇六年）
竹田恒泰『エコ・マインド―環境の教科書』（ベストブック、二〇〇六年）
竹田恒泰「孝明天皇と明治維新―討幕に絶大な影響を与えた若き天皇の緊張と怒り」（『Ｖｏｉｃｅ』ＰＨＰ研究所、三五〇号、二〇〇七年二月）一一六－一二三頁
竹田恒泰『怨霊になった天皇』（小学館、二〇〇九年）
竹田恒泰『現代語古事記』（学研パブリッシング、二〇一一年）
竹田恒泰「アメノオシホミミを生んだ神はどの神か―記紀のウケヒ神話から神統を考える」『日本国史学』（日本国史学会編、二〇一二年十月号）一号、六〇－八二頁
竹田恒泰『古事記完全講義』（学研パブリッシング、二〇一三年）
竹田恒泰『アメリカの戦争責任－戦後最大のタブーに挑む』（ＰＨＰ新書）（ＰＨＰ研究所、二〇一五年）
竹田恒泰『天皇は本当にただの象徴に堕ちたのか―変わらぬ皇統の重み』（ＰＨＰ新書）（ＰＨＰ研究所、二〇一七年）

竹田恒泰『天皇は「元首」である』（産経新聞出版、二〇一九年）
竹田恒泰他『中学歴史』（令和書籍、二〇二二年）
小林節＝竹田恒泰『憲法の真髄』（ベスト新書）（ＫＫベストセラーズ、二〇一八年）
久野潤＝竹田恒泰『決定版　日本書紀入門』（ビジネス社、二〇一九年）
谷田川惣＝竹田恒泰『入門「女性天皇」と「女系天皇」はどう違うのか』（ＰＨＰ研究所、二〇二〇年）

政権担当者・出来事対照表

政権を担った主な人物を時系列で並べた。それぞれ名前の下には、主に補佐した人物を示したものもある。人物の右側にはその時代の重要な出来事を挙げた(数字は西暦)。歴史の流れを把握するのに活用されたい。

上 巻

古墳時代末期		
欽明天皇	538	仏教伝来
敏達天皇		
用明天皇		
飛鳥時代		
崇峻天皇		
蘇我馬子		
推古天皇	603	冠位十二階を制定
聖徳太子	604	十七条の憲法を制定
	607	第2回遣隋使(小野妹子)
舒明天皇	630	第1回遣唐使
蘇我蝦夷		
皇極天皇	645	乙巳の変
蘇我入鹿		
孝徳天皇	646	大化の改新の詔
中大兄皇子		
中臣鎌足		
斉明天皇	663	白村江の戦い
天智天皇		
弘文天皇	672	壬申の乱
天武天皇		
持統天皇	694	藤原京遷都
文武天皇	701	大宝律令
	702	大宝の遣唐使
奈良時代		
藤原不比等	710	平城京遷都
	712	『古事記』完成
	720	『日本書紀』完成
長屋王	723	三世一身法
	729	長屋王の変
藤原四子	729	光明子立后
橘諸兄	740	藤原広嗣の乱
玄昉	743	墾田永年私財法
吉備真備		
藤原仲麻呂	752	大仏開眼供養
道鏡	769	宇佐八幡宮神託事件
藤原百川		
平安時代		
桓武天皇	784	長岡京遷都
	794	平安京遷都
平城天皇		
藤原薬子→藤原仲成		
嵯峨天皇	810	薬子の変
藤原良房	866	応天門の変
藤原基経	884	基経、関白に
宇多天皇	894	遣唐使中止/〈寛平の治〉
醍醐天皇	902	延喜の荘園整理令
	905	『古今和歌集』/〈延喜の治〉
藤原忠平	939-940	平将門の乱
	939	藤原純友の乱
村上天皇		〈天暦の治〉
藤原実頼		摂関常置
藤原道長		
藤原頼通	1051-62	前九年の役
後三条天皇	1069	延久の荘園整理令
白河院	1083-87	後三年の役
	1086	院政開始
鳥羽院		
後白河院	1156	保元の乱
	1159	平治の乱
平清盛	1167	清盛、太政大臣に
後白河院	1185	壇ノ浦の戦い(平氏滅亡)

⑮足利義昭	1568 信長上洛
	1573 室町幕府滅亡

安土桃山時代

織田信長	1575 長篠の戦い
	1582 本能寺の変
豊臣秀吉	1590 天下統一
	1592/1597　文禄・慶長の役

江戸時代

（※①～⑮は将軍の代数）

①徳川家康	1600 関ケ原の戦い
	1603 家康、征夷大将軍に
②徳川秀忠	1609 琉球征服
	1615 武家諸法度（一国一城）
	禁中並公家諸法度
③徳川家光	1627 紫衣事件
	1635 武家諸法度（参勤交代）
	1637 島原・天草一揆
④徳川家綱	1669 シャクシャインの戦い
⑤徳川綱吉	〈天和の治〉
⑥徳川家宣	〈正徳の治〉
新井白石	1710 閑院宮創設
⑦徳川家継	
⑧徳川吉宗	1716-45　〈享保の改革〉
⑨徳川家重	
⑩徳川家治	1772 長崎の貿易を奨励
田沼意次	1782-87　天明の飢饉
⑪徳川家斉	1787-93　〈寛政の改革〉
松平定信	
⑫徳川家慶	1837 大塩平八郎の乱
水野忠邦	1841-43　〈天保の改革〉
⑬徳川家定	1853 ペリー来航
阿部正弘	1854 日米和親条約
堀田正睦	〈安政の改革〉
	1858 条約勅許拒否
⑭徳川家茂	1858 日米修好通商条約
井伊直弼	安政の大獄
安藤信正	1860 桜田門外の変
⑮徳川慶喜	1863 八月十八日の政変
	1867 大政奉還

下　巻

鎌倉時代

源頼朝	1192 頼朝、征夷大将軍に
源頼家	
源実朝	1203 北条時政、初代執権に
北条義時	1221 承久の乱（承久の変）
	六波羅探題設置
北条泰時	1232 御成敗式目（貞永式目）
北条時頼	1247 宝治合戦
	1252 皇族将軍（宗尊親王）
北条時宗	1274/1281　文永・弘安の役
北条貞時	1297 永仁の徳政令
北条高時	1324 正中の変
	1331 元弘の変
	1333 鎌倉幕府滅亡
後醍醐天皇	1333 建武の新政（建武の中興）

室町時代

（※①～⑮は将軍の代数）

①足利尊氏	1338 尊氏、征夷大将軍に
	1350 観応の擾乱
②足利義詮	
③足利義満	1392 南北朝合一
	1394 義満、太政大臣に
	1404 日明貿易開始
④足利義持	1411 日明貿易中断
⑤足利義量	
⑥足利義教	1432 日明貿易再開
⑦足利義勝	1441 嘉吉の土一揆（徳政令）
⑧足利義政	1457 コシャマインの戦い
	1467-77　応仁の乱
⑨足利義尚	1485 山城国一揆
	1488 加賀国一向一揆
⑩足利義稙	
⑪足利義澄	
⑫足利義晴	1543 鉄砲伝来
⑬足利義輝	1549 キリスト教伝来
	1560 桶狭間の戦い
⑭足利義栄	

昭和時代(戦前・戦中期)

㉖田中義一	3	張作霖爆殺事件
㉗浜口雄幸	5	金輸出解禁、昭和恐慌
㉘若槻礼次郎	6	満洲事変
㉙犬養毅	6	金輸出再禁止
	7	満洲国建国
㉚斎藤実	7	国際連盟脱退
㉛岡田啓介	10	天皇機関説問題
	11	二・二六事件
㉜広田弘毅	11	軍部大臣現役武官制復活
㉝林銑十郎		
㉞近衛文麿	12	盧溝橋事件、日中戦争
㉟平沼騏一郎	13	ノモンハン事件
㊱阿部信行	14	第二次世界大戦勃発
㊲米内光政		
㊳近衛文麿	15	日独伊三国同盟
	16	日ソ中立条約
㊴近衛文麿	16	南部仏印進駐
㊵東條英機	16	真珠湾攻撃
	17	ミッドウェー海戦
㊶小磯国昭	20	東京大空襲、沖縄戦
㊷鈴木貫太郎	20	広島・長崎に原爆投下
		ポツダム宣言受諾

明治時代

(※①～㊷は総理大臣の代数。以降、出来事は元号、明治時代の「1」とは明治元年を表す)

有栖川宮熾仁親王	1	戊辰戦争勃発
三条実美・岩倉具視	1	五箇条の御誓文
木戸孝允	4	廃藩置県
西郷隆盛	5	学制
	6	徴兵制、地租改正
大久保利通	8	樺太・千島交換条約
	10	西南戦争
大隈重信	12	沖縄県設置
伊藤博文		
①伊藤博文	18	内閣制度
②黒田清隆	22	大日本帝国憲法
③山縣有朋	23	教育勅語、第1回総選挙
【大日本帝国憲法下】		
④松方正義		
⑤伊藤博文	27	日清戦争勃発
⑥松方正義	30	金本位制確立
⑦伊藤博文		
⑧大隈重信		
⑨山縣有朋		
⑩伊藤博文		
⑪桂太郎	35	日英同盟
	37	日露戦争勃発
⑫西園寺公望		
⑬桂太郎	43	日韓併合条約
⑭西園寺公望		

大正時代

⑮桂太郎	2	第一次護憲運動
⑯山本権兵衛		
⑰大隈重信	3	第一次世界大戦勃発
⑱寺内正毅	7	シベリア出兵、米騒動
⑲原敬	9	国際連盟加盟
⑳高橋是清	10	ワシントン会議
㉑加藤友三郎	12	関東大震災
㉒山本権兵衛		
㉓清浦奎吾	13	第二次護憲運動
㉔加藤高明	14	治安維持法、普通選挙法
㉕若槻礼次郎		

著者紹介
竹田恒泰（たけだ　つねやす）
昭和50年（1975）、旧皇族・竹田家に生まれる。明治天皇の玄孫に当たる。慶應義塾大学法学部法律学科卒業。専門は憲法学・史学。作家。平成18年（2006）に著書『語られなかった皇族たちの真実』（小学館）で第15回山本七平賞を受賞。令和３年（2021）には第21回正論新風賞を受賞。著書はほかに『日本はなぜ世界でいちばん人気があるのか』『日本人はなぜ日本のことをよく知らないのか』『日本人はいつ日本が好きになったのか』『日本人が一生使える勉強法』『アメリカの戦争責任』『天皇は本当にただの象徴に堕ちたのか』『日本の民主主義はなぜ世界一長く続いているのか』（以上、ＰＨＰ新書）、『現代語古事記』（学研プラス）など多数ある。

本書は、2020年８月にＰＨＰ研究所から刊行された作品に加筆修正を施し、上巻・下巻（鎌倉時代〜令和）に分冊して、文庫化したものです。

ＰＨＰ文庫　天皇の国史［下］

2022年８月15日　第１版第１刷

著　者　竹田恒泰
発行者　永田貴之
発行所　株式会社ＰＨＰ研究所
東京本部　〒135-8137　江東区豊洲5-6-52
ＰＨＰ文庫出版部　☎03-3520-9617（編集）
普及部　☎03-3520-9630（販売）
京都本部　〒601-8411　京都市南区西九条北ノ内町11

PHP INTERFACE　https://www.php.co.jp/

組　版　株式会社PHPエディターズ・グループ
印刷所
製本所　図書印刷株式会社

ISBN978-4-569-90246-3

PHP新書

日本人が一生使える勉強法

竹田恒泰　著

「夢を持つことのデメリット」「プラス思考よりもマイナス思考」などのマインドセットから、竹田流・情報インプット術、円滑なコミュニケーションの極意までを大公開。

PHP新書

アメリカの戦争責任

竹田恒泰 著

戦後70年を超えても、これまで絶対に語られなかった「戦争責任」がある。気鋭の作家が戦後日本にとっての最大のタブーに挑み、新しい日本の展望を切り拓く。

PHP文庫

日本人の原点がわかる「国体」の授業

竹田恒泰　著

現存する国家の中で世界最古の歴史をもつ日本。なぜ日本は、二〇〇〇年以上も存続し、繁栄ができたのか？　それは、国体（国のかたち）を守り続けることができたからである。

PHP文庫

日本がもっと好きになる神道と仏教の話

竹田恒泰／塩沼亮潤 著

神道と仏教抜きに、日本の伝統精神を語ることはできない。その本質に迫るべく、神道に精通した旧皇族と、仏教の極意を体得した大阿闍梨が、相互の垣根を越えて、語り合う。

PHP文庫

天皇の国史［上］

竹田恒泰 著

日本は天皇の知らす国である――。「これまでの研究活動と執筆活動の集大成となった」と、著者自らが語る日本の通史を早くも文庫化。下巻と同時刊行。